HILDEGARD VON BINGEN

DAS BUCH VON DEN STEINEN

HILDEGARD VON BINGEN

DAS BUCH VON DEN STEINEN

NACH DEN QUELLEN
ÜBERSETZT UND ERLÄUTERT VON

PETER RIETHE

OTTO MÜLLER VERLAG SALZBURG

Riethe, Peter:
Hildegard von Bingen, Das Buch von den Steinen / nach den Quellen übers. und erl. von Peter Riethe. - 3., völlig veränd. Aufl. - Salzburg : Müller, 1997
ISBN 3-7013-0946-9

3., völlig veränderte Auflage

ISBN 3-7013-0946-9

23 Farbbilder nach Fotos von Manfred Grohe
1 Farbbild von Prof. DDr. Peter Riethe
Umschlag: Prof. Karl Weiser, Salzburg
Satz: Fotosatz Rizner, Salzburg
Druck und Bindung: Landesverlag, Linz

FÜR LISELOTTE

INHALT

EINFÜHRUNG – VORWORT

Das naturkundlich-medizinische Werk Hildegards, der ›Liber Subtilitatum diversarum naturarum creaturarum‹ (LSu) umfaßt zwei Teile: den ›Liber simplicis medicinae‹ (LSM = ›Physica‹), eine Naturkunde der einfachen Heilmittel, und den ›Liber compositae medicinae‹ (LCM = ›Causae et Curae‹), das Buch der zusammengesetzten Heilmittel, geordnet nach Krankheiten, deren Ursachen und Heilung. Die Echtheit dieser zwischen 1152 und 1158 verfaßten Schriften ist gesichert, doch läßt sich die ursprüngliche Textgestalt aus den bisher bekannt gewordenen Handschriften (Hss.) nicht eindeutig ermitteln.

»Die Basis des LSu ist nicht die Vision, sondern die natürliche Erkenntnis und Erfahrung« (Schrader u. Führkötter 1956, 58). »Beide Werke gehören nicht zu den Visionsschriften« (Führkötter 1989, 225). Dies gilt mit Nachdruck auch für das IV. Buch ›Von den Steinen‹.

Es behandelt Minerale und Gesteine, vornehmlich »edel Gesteine, das heißt adeliges, edles, herrliches, deshalb auch kostbares Gestein, seit dem 14. Jahrhundert auch in einem Wort geschrieben: edelstein« (Lüschen 37).

In den Mittelpunkt der Edelsteineigenschaften rückt Hildegard den für jeden Stein komplexen Entstehungsprozeß und die medizinisch-magischen Wirkungen. Im Hintergrund bleibt demgegenüber die allegorische Deutung der Edelsteine, doch weist Hildegard in der Vorrede auf den moralisch-geistlichen Bezug des ganzen Stoffbereichs hin.

Zur Quelle des natürlichen Wissen der Zeit über die Steine gehören sowohl die Bibel – hier weniger auffällig als im Buch ›Von den Tieren‹ – als auch pagan-antike und ma. Lapidarien. Es legte sich daher nahe, auch in dieser Studie überlieferungsgeschichtliche Zusammenhänge zu prüfen und den Hildegard-Text mit den überkommenen Steintexten zu vergleichen. Der Vergleich brachte Einzelzüge ans Licht, die in ähnlicher, verwandter oder vergleichbarer Form in Hildegards Steinbuch Eingang gefunden haben.

So wird z.B. das außerordentliche Grün des ›*Smaragdus*‹ in den literarischen Quellen des Altertums und Mittelalters als charakteristisches Merkmal des lebhaft grünen Steines in übereinstimmender Weise lebendig und anschaulich beschrieben. Ebenso gehen Hildegards Ansichten über die Eigenschaft des ›*Magnes*‹ (Magnetsteins), Dinge anzuziehen und festzuhalten, mit der schriftlichen Tradition konform.

Eine Tradition der genannten Art weist auch der ›*Ligurius*‹ auf, dessen merkwürdige Entstehung aus dem Harn des Luchses alle Hss. beschreiben. Die Stoffgeschichte des Luchssteins, des ersten Steins in der dritten Reihe des hohenpriesterlichen Brustschildes, überliefern antike Autoren wie C. Plinius Secundus d.Ä., Solinus, Aelianus und nach ihnen ma. Autoritäten wie Isidorus von Sevilla, Beda Venerabilis, Hrabanus Maurus und Marbod von Rennes.

Der Entstehungsprozeß des ›*Cristallus*‹ aus »bestimmten gefrorenen Wassern« ist unverwechselbar hildegardisch, doch haben auch schon nach antiker Lehre äußere Einwirkungen am Entstehungsort des Steins, wie Eis, Schnee und Wasser, einen direkten Einfluß auf dessen Werden.

In gleicher Weise erwähnen die Alten die blutstillende Wirkung des roten oder rötlichen ›Cornelion‹ und die des ›Jaspis‹, die beide nach Hildegard das Nasenbluten stillen.

Der Bestand der von Hildegard überlieferten Bezeichnungen leitet sich in erster Linie von den biblischen Edelsteingruppen ab. Darüber hinaus werden die lat. Bezeichnungen ›*prasius*‹ (Prasem), ›*magnes*‹ (magnetischer Stein), ›*marmor*‹, ›*calx*‹ (Kies, Kalkstein, Kalk) und das mittellat. ›*alabastrum*‹ (Alabaster) gebraucht. In zweiter Linie folgen Namen heimischen Ursprungs, darunter ›*b(p)erle(i)n*‹ (Flußperlen), ›*gri(e)szstein*‹ (Sandstein), ›*calc(k)stein*‹ (Kalkstein), ›*duck(h)stein*‹ (Tuffstein), ›*wacke(i)n*‹ (Feldstein) ›*et similes*‹ (u. ähnliche), also Steine im landläufigen Sinn bzw. solche des praktischen Lebens.

Geistliche Interpretationen der Steine sind selten. Eine Ausnahme machen die christlichen Elemente in den ›Heilssprüchen‹ und die Heilzeremonien, die unter dem Zeichen des Kreuzes vor sich gehen.

Auch die Farben der Steine, die in den literarischen Quellen stark variieren, lassen sich aus Hildegards Ausführungen erschließen. Ihre Darstellung der Entstehungsgeschichte der Steine, deren Wachsen in Tages- und Nachtzeiten von atmosphärischen Ausstrahlungen, Stimmungen oder Störungen, wie etwa einer Mondfinsternis, beeinflußt wird, gibt Anhaltspunkte für die Farbendeutung. Die Namen der Steine in den Kapitelüberschriften genügen jedoch nicht, um die »zu verschiedenen Zeiten, verschieden beantwortet[e]« (Lüschen 37) Frage nach der (einfachen oder komplexen) Farbe des betreffenden Steins zu klären.

In Verbindung mit den Eigenschaften der Steine stehen Hildegards Belehrungen über die medizinischen und magischen Kräfte der Steine, die unter dem Aspekt betrachtet werden, ob sie zu Heilzwecken geeignet oder ungeeignet sind. Dementsprechend werden zahlreiche Steine in übertragenen Arzneiformen gegen körperliche und zerebrale Funktionsstörungen angewandt, wobei auch Praktiken des ›Besprechens‹ in Form von Gebeten, Segenssprüchen und Beschwörungen empfohlen werden. Eine diesbezügliche Textstelle, die dem religiösen und abergläubischen Bereich zugeordnet werden kann, liefert die Verwendung des Smaragds.

»Und wenn jemand, von der Fallsucht (caducus morbus) überwältigt zu Boden fälllt, dann schiebe ihm, der so am Boden liegt, einen Smaragd in den Mund, und sein Geist wird wieder aufleben. Und nachdem jener aufgestanden ist und diesen Stein aus dem Mund genommen hat, soll er ihn aufmerksam anschauen und sprechen: ›Wie der Geist des Herrn den Erdkreis erfüllt hat, so erfülle er das Haus meines Körpers mit seiner Gnade und vertreibe den Teufel aus ihm, auf daß es niemals mehr erschüttert werden kann.‹ Das soll er auch die neun folgenden oder mehr Tage morgens tun, und er wird geheilt werden« (Struck 7,8-17; Migne 1249C-1250B).[1]

Hildegards Verständnis und Bewertung der Steine als Heilmittel beruht weitgehend auf der antiken Elementenlehre, die jedoch umgeformt und in Hildegards eigene Denk- und Sichtweise eingeschmolzen wird.

»Ein Mensch, der heftige Magenschmerzen hat, lege den Ligurius für eine kurze Stunde in Wein oder Bier oder Wasser und nehme ihn dann heraus. Die Flüssigkeit wird von den Kräften des Steins durchzogen, so daß sie von ihm ihre Kraft empfängt. So verfahre man fünfzehn Tage lang und gebe dem Kranken ein wenig davon zu trinken ...« (Struck 74,5-12; Migne 1263AB).

Es ist bemerkenswert, daß Hildegard die Heilwirkung des Ligiurius, dessen Existenz schon von Plinius bezweifelt wurde, an die mineralische Substanz dieses Steins knüpft.

Während in der 1. und 2. Auflage unsere Übersetzung der von Daremberg und Reuss für die PL besorgten Edition als der damals einzigen greifbaren Ausgabe der ›Physica‹ folgte (J. P. Migne, Patrologiae cursus completus, series latina, Bd. 197, Paris 1882, Sp. 1247C-1266B) gibt die hier vorgelegte Übersetzung den in der Zwischenzeit von Raimund Struck edierten lat. Text des hildegardschen Steinbuches wieder.[2] Struck legte seiner Ausgabe den Text der Florentiner Hs. (s. u. S. 39ff.) zugrunde, die nicht nur in einzelnen Wendungen vom Migne-Text abweicht, sondern auch zahlreiche Passagen aufweist, die bei Migne fehlen. Im Vergleich zur 1. und 2. Auflage ist daher die neue Übersetzung um ca. ein Viertel umfangreicher. Erweitert wurde auch der erklärende Teil: zahlreiche Anmerkungen, Erläuterungen und Tabellen sind neu hinzugekommen. Ferner wurde die zwischenzeitlich erschienene Literatur eingearbeitet.

Herrn Vollmann gilt mein aufrichtiger Dank. Sein unbestechliches Urteil und seine fachliche Kritik in Fragen der Textinterpretation ist der dritten Auflage in vielfältiger Weise zugute gekommen. Der Verfasser hat von der Erfahrung des Herrn Vollmann in philologischer Hinsicht in den nach seiner Emeritierung verfaßten Büchern viel profitiert.

Herrn W. Weiskirchner (†), Institut für Mineralogie, Petrologie und Geochemie der Universität Tübingen, danke ich für die Auswahl der Steine, Herrn M. Grohe für die Herstellung der Fotografien.

Ich danke Frau G. Faiß für die fortwährende Sorgfalt und Umsicht beim Schreiben des Manuskripts, Frau G. Hinrichs für die aufmerksame Durchsicht der Arbeit und dem Otto Müller Verlag, Salzburg, für die seit 1959 konstruktive Zusammenarbeit.

HERKUNFT DER EDELSTEINE

Die Vorrede des 4. Buches bietet eine originelle Version von der Herkunft der Edelsteine, die denkbar verschieden ist von der antiken und ma. Betrachtungsweise, und nahezu keine Merkmale enthält, die sich mit dieser decken.

»Jeder Edelstein hat Feuer und Feuchtigkeit in sich. Der Teufel schreckt jedoch vor den Edelsteinen zurück, haßt und verachtet sie, weil er nicht vergessen hat, daß ihre Zier an ihm selbst erstrahlte, bevor er aus seiner von Gott gegebenen Herrlichkeit herabstürzte; zudem, weil einige Edelsteine aus dem Feuer entstehen, in dem er selbst seine Strafe erleidet. Denn nach dem Willen Gottes ist er durch das Feuer besiegt worden und in das Feuer gestürzt, so, wie er auch durch das Feuer des Heiligen Geistes überwunden wird, wenn immer die Menschen durch den gegenwärtigen Anhauch des Heiligen Geistes seinem Schlund entrissen werden« (Struck 1,1–10; Migne 1247C).

Die alttestamentlichen Auslegungen Hildegards, die Luzifers Aufstand und Sturz thematisieren (Ez 28, 13-19), wechseln unvermittelt über in eine ungewöhnliche Entstehungslehre der Edelsteine.

Sie entstehen aus den Elementen Feuer und Wasser. Der Entstehungsort liegt im Osten und in jenen Gegenden, in denen Berge und Flüsse von der Sonnenglut heiß und wie Feuer sind. Auf phantasievolle Weise wird das Werden der Edelsteine durch eine Überschwemmung erklärt, die die Elemente in einer Art Schaum miteinander verbindet. Endet die Überflutung, bleiben die neugebildeten ›Schaumstoffe‹ an den verschiedensten Stellen der Berge haften.

Kosmische Einflüsse wie Sonnenintensität und Temperaturschwankungen erhärten den Schaum zu Stein und geben ihm Farbe und Kraft. Als Folge der Austrocknung lösen sich die Steine als Edelsteine von ihren Stellen und fallen in den Sand.

So entsteht der *Diamant* auf bestimmten Bergen in südlichen Gegenden und der *Karneol* wird im Sande gefunden. Setzt Hochwasser ein, wird der *Achat* hochgespült und in andere Länder getragen.

Durch die Verpflanzung der Steine vom ursprünglichen Ort ihrer Entstehung in andere Gegenden ist es den Menschen möglich, diese zu finden und die ihnen zugeschriebenen wertvollen Eigenschaften zu nutzen.[3]

Die Entstehung der Edelsteine aus der Verbindung von Wasser und Feuer spiegelt sich anschaulich in dem Satz wider:

»d.h. sie ›singelent‹ (sprühen), *wie es etwa glühendes Eisen oder ein glühender Stein tut, wenn Wasser über ihn gegossen wird«* (Struck 2,5-7; Migne 1247D).

Eine allegorische Auslegung der edlen Steine zur moralisch-geistlichen Belehrung des ma. Menschen schließt sich an:

»denn die Natur der genannten Edelsteine fühlt sich angezogen von allem sittlich Guten und Nützlichen und abgestoßen von menschlicher Verworfenheit und Bosheit, so wie die Tugenden die Laster verwerfen und die Laster nicht mit den Tugenden zusammen wirken können« (Struck 3,14-17; Migne 1248D).

Noch einmal kommt Hildegard auf die Revolte des edelsteingeschmückten Engelfürsten zurück, der mit seinem Sturz auch die Edelsteine einbüßt:

»Aber wie Gott den Adam nicht nur wiederherstellte, sondern ihn darüber hinaus erhöhte, so ließ Gott weder den Glanz noch die Kräfte dieser Edelsteine vergehen; vielmehr wollte er, daß sie sich auf Erden der Wertschätzung und des Lobpreises (durch die Menschen) erfreuten und (den Menschen) als Heilmittel dienten« (Struck 4,13–16; Migne 1250A).

Darunter fallen auch solche Steine, deren Entstehen an eine tierische Substanz geknüpft wird: Der Magnetstein »entsteht aus dem Speichel giftiger Schlangen« (Struck 71,1-24; 1262B). »Aus einer bestimmten Art – nicht jeder – des Luchsurins«, entsteht der Luchsstein (Struck 73,1f.; Migne 1262D).

Auch die Perle, Produkt des Tierreiches, ist unmittelbar mit der Geschichte der Edelsteine verbunden. Die Flußperlen entstehen aus gewissen Muscheltieren, d.h. Tieren, die in Schalen liegen und im Meer sowie in ganz bestimmten großen Strömen leben.

Echte Perlen, ›margarite‹, werden von unechten ›berlen« unterschieden. Als äußeren Anlaß für die Entstehung und Farbgebung der Flußperlen führt Hildegard die Verschmutzung des Wassers an, nicht aber die klassische Genese durch Blitz und Tau (Ohly 1974).

Das Werden der Steine ist an bestimmte Tages- und Nachtzeiten gebunden. Von besonderer Bedeutung sind dabei etwa der Sonnenaufgang oder -untergang, bestimmte Witterungsbedingungen wie Regen und Wolken, und andere irdische und kosmische Einflüsse, wie z.B. eine Mondfinsternis. Hildegards originelle Vorstellungen von der Entstehung und Kristallisation gewisser Edelsteine, entsprechen auf diese Weise dem Zifferblatt der Uhr und weisen jedem Stein eine bestimmte Stunde zu: Der *Smaragd* entsteht bei Sonnenaufgang, der *Hyazinth* in der ersten Stunde des Tages, der *Onyx* um die dritte Stunde, wenn Wolken vor die Sonne ziehen, und aus verschiedenen Wolken wird er zu einem Ganzen vereinigt (conglutinatur). Zwischen der dritten Stunde und der Mittagszeit wird aus dem Schaum des Wassers der *Beryll.* Wenn die sechste Stunde schon zu Ende ist, wächst der *Sardonyx,* der *Saphir* um die Mittagszeit. Nach dieser entsteht bei starken Regengüssen der *Sarder;* der *Topas* bildet sich um die neunte Stunde des Tages. Gegen die neunte Stunde wächst auch der *Chrysolith*, der *Jaspis* bei Sonnenuntergang und der *Prasius* zur Abendzeit, der *Chalzedon*, wenn die Sonne schon fast verschwunden ist, und wenn sie sich schon ganz den Blicken entzogen hat, der *Chrysopras.*[4]

Dieser Beugung unter das Gesetz des Uhrzeigers entziehen sich jedoch der *Karfunkel* und der *Amethyst*, denn ersterer entsteht bei einer Mondfinsternis, während letzterer sich dann bildet, wenn die Sonne einen Hof hat.

Die Tageszeiten korrespondieren mit den Elementen (Feuer, Luft, Wasser, Erde) und den dazugehörenden Qualitäten (warm/trocken, warm/feucht, feucht/kalt, trocken/kalt). Die äußeren Kräfte beeinflussen das Werden des Steins sowie dessen Farbe und bestimmen seine medizinischen und magischen Wirkungen.

Prasem, Topas, Chrysolith und Achat entstehen bei großer Sonnenintensität, wenn man will, in der Hitze des Mittags. Die Verbindung von letzteren mit Luftfeuchtigkeit, Wasser und Tau bringt den *Prasem* zum Wachsen, die Kombination mit Luftfeuchtigkeit erzeugt den *Chrysolith*, und reine Luft mit Sonnenglut läßt den *Achat* kristallisieren. Mit der Bemerkung »calidus est« werden die Steinkapitel *Onyx, Beryll, Sardonix, Saphir, Diamant, Magnetstein, Ligurer* und *Kalk* eingeleitet.

Der *Hyazinth* und der *Jaspis* sind mehr von der Luft als vom Feuer bzw. der Sonne abhängig. Der *Amethyst* und der *Achat* sind warm und feuerartig, ersterer ein wenig luftartig, letzterer bezieht mehr Kraft von der Luft und dem Wasser als vom Feuer. Das *Saphir* ist trübe, aber feuriger als Luft oder Wasser.

Der *Alabaster* ist lauwarm, der *Chrysopras* von gemäßigter Wärme. *Karneol* und *Sarder* entwickeln sich bei Sonnenwärme und kalter Luft. Die *übrigen Steine* entstehen in verschiedenen Erden und Regionen. Dazu zählen: *›marmor‹*, der *›griezstein‹* (Sandstein), der *›calckstein‹* (Kalkstein), sowie der in Bingen/Rh. unter dem gebräuchlichen Trivialnamen *›duckstein‹* bekannte Tuffstein und die *›wacken‹* (Feldsteine).

Einfache Farben und komplexe Farbenbezeichnungen ergänzen die Beschreibung der Steine. Dem Smaragd liegt eine besondere Farbensymbolik zugrunde:

»Der Smaragd wächst frühmorgens bei Sonnenaufgang, wenn die Sonne beherrschend auf ihrer Bahn einsetzt, ihren Lauf zu vollbringen. Zu diesem Zeitpunkt ist die Grüne der Erde und der Gräser am kräftigsten; denn dann ist die Luft noch kalt, aber die Sonne schon warm, und dann saugen die Kräuter die Grüne so kräftig wie ein Lamm, das Milch saugt, so daß die Hitze des Tages kaum hinreicht, die Grünkraft dieses Tages so weit zu reifen und zu nähren, daß sie fähig wird, Früchte hervorzubringen <...>. Der Smaragd ist deswegen so kräftig, weil die Sonne ihn gebiert, und weil seine gesamte Substanz aus der Grüne der Luft stammt« (Struck 6,1-10; Migne 1249B).

Neben dem *Smaragd* entstammt der *Prasius* der Grünkraft des Taues, während der *Chrysopras* sich trübe und grünlich (*›grunfar‹*) zeigt, der *Topas* dem Golde mehr als der Farbe *›glaricus‹* (sandgelb) ähnelt. Der *Ligurer* ist ein schöner, der *Achat* ein schimmernder Stein. Der *Kristall* aber ist von schwärzlicher Farbe. Ortsabhängig ist die Farbe der reinen *Perlen.* Die *Flußperlen* können trübe oder leuchtendklar sein. Trübe erscheint auch der *Saphir.* Unterschiedliche Farben werden dem *Jaspis* und den *übrigen Steinen* zugewiesen.

Letztere entstehen *nicht auf denselben Bergen und in der beschriebenen Weise, sondern gehen aus irgendwelchen anderen nützlichen und unnützen Dingen hervor; durch sie kann Gutes und Böses, ihrer Natur entsprechend, mit Zustimmung Gottes, bewirkt werden«* (Struck 4,1-4; Migne 1248D-1249A).

QUELLEN

Die bisherige Forschung hat deutlich gemacht, daß es nur ganz selten möglich ist, für das naturkundliche Schrifttum Hildegards biblische, patristische, pagan-antike oder ma. Quellen zu benennen (Riethe 1996, 20ff.).

Zumindest biblischen Hintergrund hat jedoch die von Hildegard um einen besonderen Zug erweiterte Darstellung von Luzifers Erhebung und Fall: Bei seinem Sturz verlor Luzifer die Edelsteine, die ihn zuvor geschmückt hatten. Dies veranlaßt Hildegard zur einer moralisch-geistlichen Auslegung, wie sie sie auch sonst in den Vorreden darzubieten pflegt (Struck 1,2-11; Migne 1247C).

Altes und Neues Testament (AT, NT) nennen eine Reihe von Edelsteinen, die auch zur stofflichen Basis des Buches von den Steinen zählen.

Zwölf dieser Steine bedecken den rechteckigen Brustschild des Hohenpriesters, worin in vier horizontalen Reihen je drei Steine eingesetzt waren; außerdem finden verschiedene Steine an anderen Stellen des AT Erwähnung. Im NT schmückt eine weitere Gruppe von zwölf Edelsteinen die Grundpfeiler des neuen Jerusalems.

Von diesen Belegstellen »ging die allegorische Deutung der Edelsteine wesentlich aus« (Meier 1977, 14; ebd. 67-135; siehe Tab. 1).

Belegstellen im AT: Edelsteine an der Brusttasche der Hohenpriester (2Mo 28,17–20; 39,10–13; vgl. Hes 28,13)							
	MT	LXX	LÜ	EÜ	RevEB	ZÜ	GN
1.	*'ōdem*	*sardion*	Sarder	Rubin	Karneol	Karneol	Rubin
2.	*piṭedā*	*topazion*	Topas	Topas	Topas	Topas	Topas
3.	*bāreqet*	*smaragdos*	Smaragd	Smaragd	Smaragd	Smaragd	Smaragd
4.	*nōphek*	*anthrax*	Rubin	Karfunkel	Rubin	Rubin	Karfunkel
5.	*sappīr*	*sappheiros*	Saphir	Saphir	Saphir	Saphir	Saphir
6.	*yāhalōm*	*iaspis*	Diamant	Jaspis	Jaspis	Jaspis	Jaspis
7.	*leschem*	*ligyrion*	Lynkurer	Achat	Hyazinth	Hyazinth	Achat
8.	*schebō*	*achatäs*	Achat	Hyazinth	Achat	Achat	Hyazinth
9.	*'achlāmā*	*amethystos*	Amethyst	Amethyst	Amethyst	Amethyst	Amethyst
10.	*tarschīsch*	*chrysolithos*	Türkis	Chrysolith	Türkis	Chrysolith	Chrysolith
11.	*schōham*	*beryllion*	Onyx	Karneol	Onyx	Soham	Karneol
12.	*yaschepeh*	*onychion*	Jaspis	Onyx	Nephrit	Onyx	Onyx
Weitere Belegstellen im AT							
	zekokit	Hiob 28,17	edles Glas	Glas	Glas	Glas	Glas
	rā'mot	Hiob 28,18	Korallen	Korallen	Korallen	Korallen	Korallen
		Hes 27,16	Korallen	Korallen	Korallen	Korallen	Korallen
	gābīsch	Hiob 28,18	Kristall	Kristall	Bergkristall	Kristall	Kristall
	penīnīm	Hiob 28,18	Perlen	Perlen	Perlen	Perlen	Perlen
		Klgl 4,7	Korallen	Korallen	Korallen	Korallen	Korallen
		Spr 3,15	Perlen	Perlen	Korallen	Korallen	Edelsteine
	kadkōd	Jes 54,12	Kristall	Rubin	Rubine	Rubin	Rubin
		Hes 27,16	Rubine	Rubine	Edelsteine	Granaten	Edelsteine
	'egdach	Jes 54,12	Rubin	Beryll	Karfunkel	Karfunkel	Karfunkelstein
	qerach	Hes 1,22	Kristall	Kristall	Kristall	Kristall	Kristall
Belegstellen im NT (Offb 21,19 f)							
	griech.		LÜ	EÜ	RevEB	ZÜ	GN
1.	iaspis		Jaspis	»	»	»	»
2.	sappheiros		Saphir	»	»	»	»
3.	chalkedon		Chalzedon	»	Chalcedon	Chalzedon	»
4.	smaragdos		Smaragd	»	»	»	»
5.	sardonyx		Sardonyx	»	»	»	»
6.	sardion		Sarder	Sardion	Sardis	Karneol	Karneol
7.	chrysolithos		Chrysolith	»	»	»	»
8.	beryllos		Beryll	»	»	»	»
9.	topazion		Topas	»	»	»	»
10.	chrysapragos		Chrysapras	»	»	»	»
11.	hyakinthos		Hyazinth	»	»	»	»
12.	amethystos		Amethyst	»	»	»	»

Schmuck-, Edel- und Halbedelsteine, wie sie in verschiedenen Bibelübersetzungen vorkommen (Bibellex. II 420).

Siglen: MT (Masoretischer Text), LXX (Septuaginta, griech. Übers. des AT), LÜ (Die Bibel nach M. Luthers Übers., neu bearb. 1984), EÜ (Einheitsübersetzung), RevEB (Revidierte Elberfelder Bibel), ZÜ (Zürcher Bibel), GN (Gute Nachricht. Das NT im heutigen Deutsch).

Die Frage, welche Steine in den Grundtexten gemeint sind, war für die Übersetzer augenscheinlich nur schwer zu beantworten. Die Interpretationen weichen erheblich voneinander ab (Lüschen 38).

Hildegards Lehre von der Entstehung und Herkunft der Edelsteine und der Art und Weise ihrer Verteilung durch Flüsse *»in andere Gegenden, wo sie schließlich von dem Menschen gefunden werden«*, ist überkommenes Wissen.

»Die Beschreibung des Ortes mit Bergen, Flüssen und Sonnenwärme sowie die Verteilung der Steine durch Flüsse in die bewohnte Erde erinnert auffallend an die Version von den *Paradiesessteinen*[5] und wirkt wie ihre naturkundliche Ausfüllung. Mit diesem Bericht verbindet Hildegard eine theologische Überlieferung von der Herkunft der Edelsteine, die sich mit der von den Paradiesessteinen eng berührt. Von Ez. 28, 11ff. ausgehend, ist sie jedoch an die Person Luzifers gebunden. Auf dem mons sanctus – seit der patristischen Exegese dem Paradiesesberg – ist danach Luzifer mit Edelsteinen reich geschmückt, sein Sturz bringt ihm ihren Verlust. Gott überläßt sie – so Hildegard – daraufhin den Menschen …« (Meier 1977, 344f.).

In sprachlicher Hinsicht stehen die Namen Hildegards denen der Steine bei Epiphanius von Salamis nahe, der die vier Reihen von Edelsteinen im Brustschild des Hohenpriesters mit den Namen der zwölf Stämme Israels in Verbindung bringt. Der Sarder (1. Stein der ersten Reihe) entspricht folglich dem Erstgeborenen Jakobs, Ruben.[6] Die Namen der biblischen Edelsteine haben im Steinkatalog Hildegards ihre Spuren hinterlassen. Für den Diamanten, den Magnetstein, den Alabaster und die »übrigen Steine« einschließlich der »Flußperlen« gibt es jedoch keine Analogie im biblischen Bereich.

1. Sardius. Ruben L.	2. Topazius. Symeon L.	3. Smaragdus. Leni L.
4. Carbunculus. Iudas L.	5. Sapphirus. Dan B.	6. Iaspis. Neplithali B.
	VRIM. THYM- MIM.	
7. Lyncurius Gad. Z.	8. Achates. Aser Z.	9. Amethystus. Isachar L.
10. Chrysolithus. Zabulon L.	11. Beryllus. Ioseph R.	12. Onyx. Beniamin R.

Die Erläuterungen (S. 124–159) gehen im einzelnen auf die Berührungspunkte zwischen Hildegards Darstellungen und dem überlieferten Steinwissen ein. Einzelzüge sind im antiken und ma. Schrifttum belegt, jedoch fehlen genaue Parallelen. Die zentralen Quellbereiche werden im folgenden stichwortartig erfaßt:

Bibel: die Verteilung der Steine durch die Flut (Praefatio, 16). Ligurius im Brustschild des Hohenpriesters (19)

Antike: das ungewöhnliche Grün des Smaragds (1); Abschreckung von Dämonen (9); giftige Tiersekrete, Schutz gegen Trunkenheit, Beredsamkeit (15); Härte des Diamants, ›Diamant und Bocksblut‹ (17); Magnetstein (18) und Ligurius (19); der Kristall eine Art Eis (20).

Mittelalter: das bemerkenswerte Grün des Smaragds, Epilepsie (1); behebt Augenleiden (2,6,8); Traurigkeit (3); legt Streit bei (4); abschreckende Wirkung auf Dämonen (9); Traum- und Trugbilder, Geburtsstein (10); wider die Trunkenheit (add. B), tierische Gifte, beeinflußt Gabe der Beredsamkeit (15); Härte des Diamants, ›Diamant und Bocksblut‹ (add. B); ›Keuschheitsprobe‹ (add. B); Eigenschaften des Magnet- (18) und Luchssteins (19); Kristall der Gruppe Eis, Schnee, Wasser zugeordnet (20).

Umstritten ist, ob Hildegard über die biblischen Steine hinaus unmittelbar Kenntnis von antik-ma. Steinkunde erlangte, nachdem diese in den Strom schriftliterarischer und außerliterarischer Wissensvermittlung eingegangen war.

Eine entfernte Ähnlichkeit mit »arabischen Lehren« weist »die Version von den Paradiesessteinen« auf (Meier 1977, 344f.). Doch konnte die Verteilung von Steinen durch Überschwemmung der Flüsse (inundatio fluviorum, Struck 3,2; Migne 1247D) ebensogut von Hildegard an Ort und Stelle beobachtet werden, wie die Texte im LCM (Buch II p. 48,27-34 ed. Kaiser) und im LSM (Struck 61,19; Migne 1260B) deutlich machen.

Eine kritische Haltung nimmt unter den namhaften Autoren zur Stoffgeschichte Creutz (307) ein, dessen vergleichende Untersuchungen mit dem Satz schließen: »Wer in der gesamten medizinischen Literatur vor Hildegard ein Analogon suchen wollte, würde schwerlich Erfolg haben.« Auch Struck (93) sieht keine Anzeichen für »übereinstimmende Textstellen im Vergleich mit einer Reihe antiker und ma. Lapidarien«.

Da die Qualitäten des »heilsam Warmen und Feuchten <...> aus der spätantiken griechischen Medizin« (Meier 1977, 255f.) mit verstreuten Belegen aus antiken Quellen, separaten Ansätzen in lat. und mittellat. Lapidarien, christlichen Steinbüchern und einem bisher vernachlässigten mhd. Steinbuch, dem sog. ›Prüler Steinbuch‹, vergleichbar sind, konnten hier versprengte Steindeutungen aus der literarischen oder mündlichen Überlieferung nachgewiesen und zur Erklärung herangezogen werden.

Vergeblich wäre jedoch der Versuch, wörtliche Entsprechungen aus dem vorhildegardschen lithologischen Schrifttum dingfest zu machen. Hätte Hildegard lat. Steinbücher der vor- und nachchristlichen Jahrhunderte genutzt, hätte sie für viele Dinge die lat. Entsprechungen vorgefunden, und es wäre unnötig gewesen, dafür nach Ausdrücken in der Muttersprache bzw. in ihrem Heimatdialekt zu suchen. In der Einfügung solcher Elemente verrät sich jedoch geradezu die ›Handschrift‹ Hildegards.

In diesem Zusammenhang wurde wiederholt auf die Bücherschätze naheliegender Klöster oder nahestehender Personen verwiesen. So könnte unter anderen Siward von Uppsala Hildegard naturkundliche Schriften zur Verfügung gestellt haben. Siward besaß eine für die damalige Zeit ansehnliche Bibliothek medizinisch-naturkundlicher Bücher, zu deren Grundbestand neben einem Kräuterbuch (herbarium) auch ein Steinbuch (lapidarium) in einem Bande sowie zwei Marmorsteine und ein ›Stein‹ aus Silber (marmoreos lapides duos et unum de argento) zählten (Riethe 1952, 29ff.).

MEDIZINISCHE UND MAGISCHE WIRKUNGEN

Neben mineralogischen Aspekten behandeln orientalisch beeinflußte Steinbücher der Antike (Lithika) die verborgenen medizinischen oder magischen Kräfte von Steinen, vornehmlich von Edelsteinen aufgrund ihrer Farbe und Wertschätzung. Ihre Spuren sind noch in den Steinbüchern des Ma. (Lapidarien) erkennbar. Plinius[7] lehnt dies zwar als leeres Geschwätz (vanitas) ab,[8] zählt aber im 37. Buch der ›Naturalis Historia‹ »elf Verfasser solcher Werke« auf (Pauly III 681).

»Erhaltene Steinbücher dieser Art sind das erste Buch der Kyraniden[9] und der ganz verwandte Lapidar des Harpokration, deren Ursprünge in die Blütezeit alexandrinischer Wissenschaft zurückgehen dürften« (Meier 1977, 59).

Zu den Steinbüchern, die magisch geprägte medizinische Heilkräfte behandeln, gehören apokryphe Sammelwerke des 2.–5. Jh. n. Chr., wie etwa die sog. ›orphischen Lithika‹[10] (4. Jh.) und der spätantike lateinische Damigeron[11] (5. Jh.), der im Ma. von Marbod von Rennes[12] (11. Jh.) wieder aufgegriffen wurde. In seinem für das Ma. klassisch gewordenen Lehrgedicht versichert er, Gott habe den Edelsteinen besondere Kräfte gegeben. Dies deckt sich mit der Auffassung Hildegards.[13]

Der überlieferten Lehre von der geheimen, göttlichen Kraft der Steine, die sich dort wirksam erweist, wo diese berührt, in Amulettform getragen oder mit ›Gebeten, Segenssprüchen und Beschwörungen‹ besprochen werden, konnte sich auch Hildegard nicht entziehen.

APOTROPÄISCHE WIRKUNG

Eine ausgesprochen apotropäische Wirkung besitzt der *Jaspis,* der keine wirren Träume in die Seinssphäre eines Menschen dringen läßt und deren Einfluß verhindert.

»Wenn Blitze und Donner (im Traum) erscheinen und toben, ist es gut für den Menschen, einen Jaspis bei sich zu haben, weil die Traumbilder und Trugbilder der Dämonen dann von ihm fernbleiben und ihn in Ruhe lassen« (Struck 46,10-12; Migne 1257B).

Seit den ältesten Zeiten wird Gold als Finger-Ring mit mehr oder weniger edlen Steinen verarbeitet, und als Schmuck-, Symbol- oder Amulett-Ring getragen.

»Wenn dieser Stein ›Saphir‹ in einem Ring von reinstem, nämlich von ›gebrant golt‹ (geläutertem Gold) ohne ›blech mal‹ (Metallfehler) gefaßt ist, und wenn unter dem Stein nichts anderes ist als Gold, dann kann der Mensch jenen Ring, in dem der Stein gefaßt ist, als Heilmittel in den Mund nehmen, und es wird nicht schaden. Wenn aber etwas anderes dabei ist als Gold, nützt es nichts, wenn man ihn in den Mund legt, weil dann an dem Ring etwas Gegensätzliches ist« (Struck 27,15-28,7; Migne 1254A).

Zu den apotropäischen Riten gehört auch ein Verfahren, bei dem ein Saphir unter Verwendung einer mit schristlichen Glaubenselementen versetzten Beschwörungsformel zur Abschreckung eines boshaften Geistes herangezogen wird, welcher als Krankheitsverursacher gilt.

»Wenn ein Mensch von einem bösen Geist besessen ist, dann stecke einen Saphir in einen Wachsklumpen und nähe den Wachsklumpen in einen Lederbeutel; dann hänge ihm diesen Beutel um den Hals und sprich: ›Schändlicher Geist, weiche schnell von diesem Menschen, so wie bei deinem ersten Fall die Herrlichkeit deines Glanzes schnell von dir gewichen ist.‹[14] *Dadurch wird der böse Geist hart bedrängt und von dem Menschen weichen – es sei denn, es ist ein besonders wilder und bösartiger –, und es wird ihm besser gehen«* (Struck 28,9-17; Migne 1254AB).[15]

Die Austreibungszeremonie schildert den »schändlichen Geist« wesensgleich mit dem »gefallenen Engelfürsten«.

GEBÄRENDE STEINE

Nach Plinius wird dem *Päanit*[16] und dem Aëtit[17] die Proprietät zugeschrieben, schwanger zu werden und zu gebären. Aus diesem Grunde sollen diese Steine auch imstande sein, Gebärenden zu helfen.

Die genannte Eigenschaft des Päanits bezeugen auch Solinus[18] und Marbod[19], die des Aëtits der lat. Damigeron, der griechische Physiologus, Marbod und die arabische Steinkunde (cf. ›Adlerstein‹ [Aëtit], in: HDA I 189ff.; RE XIII 1 , Sp. 756, l. c.).

Der Physiologus bezeichnet den Aëtit als ›Gebärstein‹ (Meier 1977, 466ff.); daneben findet sich für ihn auch die Bezeichnung ›Klapperstein‹ (König u. Hopp 1992, 192).

Geburteinleitende Fähigkeiten besitzen bei Hildegard die Edelsteine Sarder und Jaspis. Den Einsatz von Edelsteinen bei einer schweren Geburt (›contra partus difficultatem‹) beschreibt die folgende Textstelle:

»Und wenn eine schwangere Frau, von Schmerz überwältigt, nicht niederkommen kann, ›striche‹ (streiche) den Sarder über ihre beiden ›lendenen‹ (Lenden) und sprich: ›Wie du, Stein, auf Gottes Geheiß hin am ersten Engel erglänztest, so tritt du,

Kind, hervor, als Mensch erglänzend und in Gott ruhend‹ – und halte dann sogleich den Stein an den Geburtsweg, d.h. an die Scham der Frau, und sprich: ›Öffnet euch, ihr Wege, und du Pforte, um jener Erscheinung willen, da Christus als Gott und Mensch erschienen ist und die Riegel der Unterwelt geöffnet hat; so sollst auch du, Kind, bei dieser Pforte hinausgehen, ohne zu sterben oder deiner Mutter den Tod zu bringen‹« (Struck 35,1-11; Migne 1255AB).

Die apotropäische Wirkung des Jaspis hält die ›maligni aerei spiritus‹ (Dämonen) und die alte Schlange in Schranken, die Gebärende und Kind bedrohen.

»Wenn eine Frau ein Kind gebiert, soll sie von der Stunde an, da die Geburt beginnt, während der ganzen Zeit des Kindbetts einen Jaspis in der Hand halten, und die bösartigen Luftgeister werden in dieser Zeit ihr und dem Kind um vieles weniger schaden können. Denn die Zunge der alten Schlange verlangt nach dem Schweiß des aus dem Schoß der Mutter austretenden Kindes; daher bedroht sie zu dieser Zeit gleichermaßen Mutter und Kind« (Struck 47,11-48,1; Migne 1257BC).

Eine positive Wirkung des Jaspis auf den Geburtsverlauf behaupteten schon Dioscurides[20], Marbod[21] und das deutsche ›Steinbuch‹.[22]

PRAKTIKEN DES ›BESPRECHENS‹

Es ist selten möglich, »das Magische vom Religiösen in den Heilssprüchen sauber zu trennen« (Kieckhofer 84), was z.B. auch für die Anweisung gilt, bei der Anwendung des *Topas* ein Gebet zu sprechen.

»Lege auch täglich den Topas morgens auf dein Herz und sprich: ›Gott, der groß ist über allen und in allen, möge mich um seiner Ehre willen nicht verwerfen, sondern mich in seinem Segen erhalten, bestärken und befestigen.‹ Solange du das tust, wird dich das Unheil meiden. Denn von Gott hat der kräftereiche Topas die Macht, Ungemach vom Menschen abzuwenden, weil er wächst, wenn die Sonne sich zum Niedergang wendet« (Struck 41,16-42,3; Migne 1256B).

Die Senkung der Körpertemperatur wird durch einen eindeutig magischen Ritus erzielt, der in einem vom Kranken gesprochenen Heilspruch endet.

»Wenn jemand Fieber hat, grabe er mit dem Topas drei kleinere Gruben in ein weiches Brot, gieße reinen Wein in dieselben und fülle, wenn der Wein versickert ist, von neuem Wein nach. Dann betrachte er sein Gesicht in dem Wein, den er in die Gruben gegossen hat, wie in einem Spiegel und spreche: ›Ich sehe mich an wie in dem Spiegel, in dem Cherubim und Seraphim Gott anschauen, auf daß Gott dieses Fieber von mir vertreibe.‹ So verfahre er immer wieder, und er wird geheilt werden« (Struck 38,9-17; Migne 1255D-1256A).

Die Praktiken des ›Besprechens‹ gehen in der folgenden Auswahl von Gebeten, Segenssprüchen und Beschwörungen so ineinander über, daß auf eine spezifizierte Einteilung der Heilssprüche verzichtet wurde.

Die Gefahren, denen man in bestimmten Bereichen ausgesetzt ist, drohen z.B. von Dämonen, deren Wesenszüge Hildegard als ›bösartig‹, ›hartnäckig‹, ›nachgiebig‹ und ›wild‹ charakterisiert und die auch als Luftgeister (›aerei spiritus‹) oder Teufel beschrieben werden. Ihre Angriffe werden von bestimmten Edelsteinen abgewehrt.

In der folgenden Therapieanweisung für den Fall eines ›vom Teufel Besessenen‹[23], verkörpern der Widersacher Gottes und die Dämonen gemeinsam das Böse, wie überhaupt klassenmäßig Dämonen und Teufel zusammengehören.

»Wenn ein Mensch vom Teufel besessen ist, dann gieße etwas Wasser über den Stein und sprich: ›Ich gieße dich, Wasser, über diesen Stein unter Anrufung jener Kraft, mit der Gott die Sonne samt dem umlaufenden Mond erschuf.‹[24] *Dann flöße dem Besessenen auf irgendeine Art und Weise das Wasser ein«* (Struck 52,21-53,5; Migne 1258CD).

»Zum Austreiben eines bösartigen Dämons nützt der Chrysopras nicht viel, weil ein solcher Dämon bösartig und wild ist. Trotzdem setzt er ihm in jenem Menschen zu und schwächt ihn dabei. Er wird auf eine andere Weise ausgetrieben werden, wenn Gott es will« (Struck 54,5-9; Migne 125)A).

Die Rituale lassen vermuten, daß man vom Erfolg nicht felsenfest überzeugt war, weil man ohnmächtig abwarten mußte, ob die Wirkung des *Chrysopras* ausreichen würde, die Krankheitsverursacher zu veranlassen, sich zu mäßigen. Hilft die Kraft des Steines nicht, wendet man sich vertrauensvoll an Gott und bittet um sein Wohlwollen.

Ein Wunderstein ist allerdings auch der *Chrysolith,* dessen Kräfte die Luftgeister abschreckt.[25]

»Es gibt Menschen, die aufgrund ihrer Natur und infolge teuflischer Einflüsterung übelwollend sind <...> Diese Leute sollen häufig oder immer einen Diamant[26] *in ihren Mund legen. Dessen Kraft ist so stark, daß sie die Boshaftigkeit und das Übel, das in ihnen ist, auslöscht«* (Struck 66,14-67,3; Migne 1261CD).

»Der Teufel ist diesem kleinen Stein feindlich gesonnen, weil er der Kraft des Teufels widersteht. Daher verabscheut ihn der Teufel bei Tag und Nacht« (Struck 70,5-7; Migne 1262A).

Auch den *Sardonyx* haßt und meidet der Teufel »wegen seiner Reinheit«.

Und an allen Orten, wo sich ein *Karfunkel* befindet, können die überirdischen Gewalten ihr Teufelswerk nicht ausüben.

»Wenn ein Mensch wahnsinnig ist oder wenn er in irgendein Blendwerk verstrickt ist, dann benetze ein anderer einen Magnetstein mit seinem Speichel und bestreiche

den Scheitel des Wahnsinnigen mit dem so angefeuchteten Stein, seine Stirn aber quer und speche: ›Du Übel des Wahnsinns, weiche um jener Kraft willen, mit der Gott die Kraft des vom Himmel stürzenden Teufels in eine Kraft zum Nutzen des Menschen gewandelt hat!‹ Der Kranke wird hierauf den Gebrauch seiner Sinne wiedergewinnen« (Struck 72,3-10; Migne 1262C).[27]

Die medizinischen und magischen Prozeduren, die bei verschiedenen Krankheiten zur Anwendung kommen, stimmen weitgehend überein, doch ist, wie schon gesagt, das Magisch-Medizinische vom Religiösen in den Heilssprüchen nicht sauber zu trennen. Wenn die Heilverfahren etwas bewirkten, so lag dies im Gottvertrauen des Beters, der fest an die Kraft des Wundersteins glaubte, wie es z.B. auch bei der Verwendung des *Sarders* erkennbar ist.

»Wenn also ein Mensch aufgrund dieser oder jener Seuche und Krankheit solches Kopfweh hat, daß er hierdurch fast wahnsinnig wird, dann binde man einen Sarder in einer Mütze, einem Tuch oder einem Beutel auf seinen Scheitel und spreche: ›Wie Gott den ersten Engel in die Tiefe stürzte, so nehme er, N., diesen Wahnsinn von dir und gebe dir vernünftigen Sinn zurück!‹ Und er wird geheilt werden« (Struck 31,5-10; Migne 1254D).[28]

Ebenso hilft der Sarder bei Gehörsturz.

»Wem das Gehör durch eine Krankheit empfindungslos geworden ist, tauche den Stein in unvermischten Wein und lege ihn feucht in ein dünnes Leinentuch und stecke ihn in das taube Ohr. Dann lege er ganz feines ›werck‹ (Werg) außen über das Tuch, damit die Wärme des Steins in das Ohr dringt. Das wiederhole er häufig, und er wird sein Gehör wiedererlangen« (Struck 31,15-32,2; Migne 1254D-1255A).

Die Heilanzeige, die hinter dieser Verordnung gegen Taubheit steht, gehört in das Reich des Sympathieglaubens, daß Gleiches durch Gleiches (similia similibus curentur) geheilt werden könnte. (Zu ›Taubheit‹ cf. auch Kap. X. ›De Jaspide‹: Struck 44,19-45,11; Migne 1257A.)

Die Hss. F, W und Fr beschreiben eine Fieberbehandlung, die eindeutig magische Züge aufweist. Die damit verbundene Praktik des ›Besprechens‹ enthält ein religiöses Element, das inhaltlich mit der Vorrede übereinstimmt:

»Und wenn einer sehr starkes Fieber in sich hat, durch die acuta[29] und riddo[30] und jegliches Übel im Menschen leicht entsteht, derart, daß auch seine Haut äußerlich warm zu werden beginnt (Herpes febrilis, Fieberbläschen?),*soll er, wenn er nach dem ersten Schlaf den ersten Urin läßt, auf der Stelle den Sarder in den Urin legen und sagen: ›Ich werfe dich in diesen Urin in jenem Glanz, der nach Gottes Willen im ersten Engel strahlte und wiederum zu Gott zurückstrahlte, auf daß du, Fieber, von diesem Menschen abfallest und weichst, so wie der Glanz dieses Steines vom ersten Engel wegen seines Hochmutes abfiel!‹ Und so verfahre er drei Nächte hindurch,*

weil unmittelbar nach dem ersten Schlaf der Urin des Menschen am stärksten ist« (Struck 32,16-33,8).[31]

Sonderbar ist auf den ersten Blick auch die Therapieanweisung zur Behandlung der Gelbsucht, die durch die angebliche Kraft des Sarders gemeinsam mit der Harnflüssigkeit behoben werden soll.

»Auch wer ›gelesocht‹ (Gelbsucht) hat, verfahre nachts in ähnlicher Weise mit Urin und dem Sarder, so, wie oben beschrieben, spreche die angegebenen Worte und mache es drei Nächte lang so; dann wird er geheilt werden« (Struck 33,8-11; Migne 1255A).

Im Zusammenhang mit der hellen bis dunkelgelben Hautfarbe bei einer Ikterusform und der äquivalenten Harnfarbe macht das magische Beiwerk um Sarder und Urin jedoch Sinn, da es dem Ähnlichkeitsprinzip entspricht.[32]

FÖRDERUNG GEISTIGER FUNKTIONEN

Die edlen Steine beeinflussen das menschliche Verhalten. Sie nehmen Einfluß auf zwischenmenschliche Beziehungen und versprechen ihren Trägern verstandesmäßigen Gewinn, Denk- und Erkenntnisvermögen. So verfügt eine Reihe von Edelsteinen über mysteriöse Funktionen:

Das Tragen des *Berylls* in der Hand (›Handschmeichler‹?) macht nicht ›stridig‹ und führt zur Beruhigung des ›Streithansels‹, d.h. der Stein legt Streit bei.

Den fünf Sinnen des Menschen verleiht der *Sardonyx* besondere Schärfe:

»Denn wenn ein Mensch den Sardonyx bei sich trägt, soll er ihn auf die bloße Haut legen und ihn auch oft in den Mund nehmen, so daß sein Atem in berührt <...>, *alsdann werden Verstand und Wissen sowie alle Sinne seines Körpers gestärkt; es werden von diesem Menschen Jähzorn, Dummheit und Zuchtlosigkeit genommen«* (Struck 22,14-23,5; Migne 1252C-1253A).[33]

Der magischen Kraft des Sardonyx bedient man sich auch, um sich aus der Sphäre einer sinnlichen Leidenschaft zu befreien. Es liegt nahe, hinter der folgenden Textstelle eine vom Glauben her gesteigerte Angst vor der sexuellen Befriedigung zu vermuten; soll doch der Stein die Lust aus den Bereichen von Lenden und Nabel herausziehen.

»Und wenn ein Mann oder eine Frau aufgrund ihrer Natur heftig in fleischlicher Begierde entbrennen, dann soll der Mann einen Sardonyx an seine ›lankin‹ (Lenden) legen, die Frau aber über ihren Nabel, und sie werden ein Heilmittel gegen diese Lust haben« (Struck 23,10-14; Migne 1253A).

Mangelt es jemandem an leichter Auffassungsgabe und gutem Willen, so wendet man den *Saphir* an, der klaren Verstand und ungetrübte Erkenntnis vermittelt.

»Auch wer dumm ist, so daß ihm jedes höhere Wissen abgeht, und trotzdem klug sein möchte <...>«, dem kommt der Saphir entgegen, der zu einem intellektuellen Gewinn führt: *»et stultitia in eo minuetur et prudentior solito fiet«* (Struck 27,6-11; Migne 1253D-1254A).

Ebenso schwächt und vereitelt ein Saphir sinnliche Leidenschaft (S. 69; cf. dazu die textkritischen Anmerkungen von Meier 1977, 491f.).

Solange ein Mensch den *Chrysolith* dem Herzen auflegt, sichert dieser ihm Wissen zu, weil der Stein dem Herzen von seiner Kraft abgibt.

Der *Chalzedon* vermittelt Festigkeit und Ruhe (constantia), um eine überzeugende Rede zu halten. Die Beredsamkeit wird von der Wärme des Atems und der Feuchtigkeit der Zunge auf den Stein übertragen. Hautnah getragen wirkt der Chalzedon ›contra iracundiam‹ (Jähzorn), *selbst wenn dieser* [scil. Mensch] *ihm* [scil. einem anderen] *Anlaß zu gerechtem Zorn gegeben hätte«* (Struck 50,9f.; Migne 1258A). Analog dazu legt sich der heftige Unwille bei der Anwendung eines *Saphir.* Auch der *Diamant* wendet Jähzorn und Lüge, Boshaftigkeit und Übel ab, solange er seine Wirkung im Mund entfalten kann.

Unmittelbar auf die Haut appliziert, macht die Natur des *Achats* den Menschen tüchtig, verständig und klug in der Rede (prudentem in sermone). Noch Schopper (122) geht auf diese Proprietät ein:

»Ferner schreibet man diesem Edelengestein dem Achaten die Krafft zu / daß er den Menschen der es träget / beredt machet / daß er seine Sachen wol reden vnd fürbringen könne« (zit. nach Meier 1977, 448).

DAS KREUZ ALS SCHÜTZENDES ZEICHEN

Kreuzzeichen und Weihwasser dienen als Abwehrmittel, die dauernden Schutz vor Dämonen und sonstigem Unheil gewähren. Auf die dem Weihwasser zugeschriebenen exorzistischen Wirkungen geht Hildegard nicht ein, das Kreuzzeichen als schützendes Zeichen jedoch begegnet vielfach in ihren Texten.

»Ursprünglich religiöses Symbol <...> erhält es bald den Charakter eines mehr oder minder magisch wirksamen Zeichens und Amuletts« (HWA V 535).

Wird ein warmes Weizen- und ungesäuertes Brot (›derf brot‹) in Kreuzesform eingeschnitten und ein Hyazinth durch den Schnitt gezogen, werden Zaubersprüche machtlos und ist Teufelswerk vergeblich.

»Zieh diesen Stein [Hyazinth] *durch jenen Schnitt in Kreuzesform von oben nach unten und sprich: ›Gott, der dem Teufel alle Kostbarkeit der Steine wegnahm, nachdem er sein Gebot übertreten hatte, möge von dir, N., alle schädlichen Geister und*

jeglichen Zauberbann vertreiben und dich von dem Schmerz dieses Wahnsinns befreien« (Struck 12,11-16; Migne 1251AB).[34]

»Dann zieh denselben Stein ein zweites Mal, diesmal quer, durch das warme Brot und sprich: ›Wie der Glanz, den der Teufel an sich hatte, von ihm genommen wurde zur Strafe für sein Vergehen, so soll auch dieser Wahnsinn, der dich, N., mit aller Art Blendwerk und mit aller Art Zauberwerk quält, von dir weggenommen werden und von dir ablassen.‹« (Struck 12,16-13,5; Migne 1251B)[35]

In diesem Text treffen wiederum Religion und Magie aufeinander, wobei die Beschwörung die Krankheit selbst und deren Verursacher anspricht.

Die Vorstellung von der Wirkung des Hyazinth kommt auch in der Empfehlung zum Ausdruck, diesen Stein in Kreuzesform durch warme Speisen zu ziehen.

»<...> indem du in sie hinein Kreuze machst, mit den gleichen Worten. Wenn du das häufig tust, wird er geheilt werden« (Struck 13,11-15; Migne 1251C).

Der Text ›contra libidinem‹ ist nur in den Hss. W, F und Fr enthalten:

»Und wessen Denken und Wollen und Körper die Libido entflammt hat, der habe einen Hyazinth bei sich; dieser löscht die Libido in ihm aus, da er durch seine Kraft und seine Wärme das Feuer des Blutes dämpft. Doch auch wenn ein Mensch bereits vor Libido glüht, soll er er aufmerksam den Hyazinth betrachten. Dann führt der (intensive) Blick dieses Menschen die Kräfte dieses Steines in sein Hirn und löscht die Libido darin aus. Und wenn sich in einem Menschen große und sehr starke Lust erhebt, erwärme er den Hyazinth an der Sonne oder am Feuer der oben genannten Hölzer, und mache mit ihm ein Kreuz über seinen Magen, seine Nieren und seinen Nabel und die Fleischeslust – mag es sich nun um einen Mann oder eine Frau handeln – wird sich in ihm legen, weil die Kraft und Wärme des Hyazinths durch die Wärme der Sonne oder der oben genannten Hölzer angeregt und außerdem durch die guten und heiligen Worte unterstützt wird; und damit löscht er die Hitze des menschlichen Blutes aus« (Struck 14,9-15,8).

Schlägt man mit demselben Stein das Kreuzzeichen über dem Herzen und übt man gleichzeitig die Praktik des ›Besprechens‹, wird auch Herzschwäche günstig beeinflußt.

Im strengen Sinne apotropäisch ist auch das kreuzweise Begehen des Hauses, welches bezwecken soll, einen Dieb fernzuhalten und einen Diebstahl unmöglich zu machen. (cf. auch HDA I 131ff.)

»Jede Nacht, bevor sich der Mensch ins Bett legt, trage er den Achat offen durch sein Haus, u.z. in Kreuzesform (in modum crucis), einmal das Haus der Länge nach und dann der Breite nach abgehend. Dann werden dort die Diebe ihre Absichten nicht durchführen können und keinen Erfolg haben und beim Stehlen den kürzeren ziehen« (Struck 65,11-15; Migne 1261B).

Während man die Wirkung pflanzlicher Heilmittel bei Hildegard von Bingen in einzelnen Fällen erwarten darf (Müller 1982, 8ff.), ist der Glaube an die heilenden Kräfte von Edelsteinen in seiner Gültigkeit schon im Altertum und Ma. (Stricker um 1250) umstritten. Hertzka u. Strehlow (1986) stellen in einer ›Edelsteinmedizin‹[36] Minerale und Gesteine vor, denen therapeutische Eigenschaften zugetraut werden. (cf. Müller 1990, 33ff.).

»Der Glaube daran geht zweifellos auf die schon in frühester Zeit gemachte Beobachtung zurück, daß gewisse wasserlösliche Minerale tatsächlich den menschlichen Organismus günstig oder ungünstig beeinflussen und diese Tätigkeit wurde namentlich auf die seltenen und durch ihre Eigenschaften auffallenden edleren Steine übertragen und denselben daher die verschiedenartigsten Kräfte zugeschrieben« (Mieleitner 452).

Auf die Frage, ob die medizinisch-magischen Praktiken und solche des ›Besprechens‹ in Hildegards ›Buch von den Steinen‹ real praktiziert wurden, kann es keine befriedigende Antwort geben. Der Verfasser jedenfalls steht den Experimenten jener Autoren, die im Namen Hildegards eine Lithotherapie betreiben und ›an den Mann zu bringen‹ versuchen, äußerst skeptisch gegenüber. Wie etwa läßt sich ein Satz wie dieser interpretieren:

»Möglicherweise beruht der Hildegardeffekt gegen das Nasenbluten [mittels eines Karneols] *auf einer psychosomatischen Komponente. Wenn man die verhältnismäßig kleinen (roten) Karneolsteine in Wein legt, sehen sie darin wie Blutstropfen aus. Ich habe in beiden Fällen die Karneolsteinchen vor den Augen der Patienten in warmen Wein legen lassen. Ob das mit zum Erfolg beiträgt? Bei Hildegard steht nichts von diesem ›Trick‹* <...>« (Hertzka u. Strehlow 1986, 95).

Wie reimt sich das zusammen, wenn auf der gleichen Seite paradoxerweise konstatiert wird: *»Sie hat fast sicher weder einen Karneol noch einen Sarderstein gesehen.«* Warum dann ›der Trick‹? Das Dilemma ist offensichtlich. Gerade auf solchen befremdlichen Aussagen beruht heute die Problematik einer naturheilverfahrenen Bewegung, die sich auf Hildegards medizinisch-naturkundliche Schriften beruft und einen Glauben daran suggeriert, der sich nicht realisieren läßt, ohne zum Aberglauben zu werden.

HEILVERFAHREN

ARZNEIFORMEN

Bei verschiedenen Erkrankungen und Krankheitskomplexen entwickeln die Edelsteine therapeutische Eigenschaften. Die Heilkraft hinsichtlich der einzelnen Krankheitsbilder kann von einem, zwei oder mehreren Edelsteinen übernommen werden. Krankmachend wirken aber die Flußperle (IV 22) und der Kalk (IV 25), falls ein Mensch oder ein Tier diese einnehmen.

Für die Behandlung diverser Krankheiten werden speziell zubereitete Edelsteine herangezogen, die Spuren mineralischer Bestandteile abgeben sollen. Die Abgabe dieser ›Mineralstoffe‹ erfolgt zumeist in ein Lösungsmittel bzw. an ein Resorptionsorgan.

ZUBEREITUNGEN FÜR DEN INNEREN GEBRAUCH (Beispiele)

Aufgüsse

Auf ein mit einem Tuch abgedecktes Gefäß wird ein *Smaragd* gelegt und mit erwärmtem, gutem Wein übergossen. Jener Wein wird mit Bohnenmehl zu einem Brei geformt und gegessen oder als Trank verabreicht. Er reinigt das Gehirn und vermindert Säfte und Speichel im Menschen. Mit Wasser oder Wein übergossen wirkt auch ein an der Sonne temperierter *Kristall.* Das Infusum (Aufgegossene), häufig getrunken, beeinflußt viele Erkrankungen.

Auszüge

In Dämpfe, die sich nach Erhitzen eines Ziegelsteines mittels Haferspreu entwickeln, wird ein *Topas* gehalten, dessen ›schwitzende‹ Zustandsform, zusammen mit einem pharmazeutischen Hilfsstoff eine lepröse Körperstelle aufbrechen soll.

Ein weiterer ›Aggregatszustand‹ desselben Steins wird mit siedendem Wein (Glühwein) aufbereitet und damit eine ›ungeschmalzene sufen‹ (Suppe) oder ein Brühlein bereitet. Wiederholt per os aufgenommen heilt die Zubereitung ein Milzleiden und vermindert die innere Fäulnis.

Elixiere

Als Extraktionsmittel wirkt ein in Wein oder Wasser inkorporierter *Diamant* gegen ›gelsucht‹, ›gicht‹ und ›apoplexia‹. Letztere *»ist jene Krankheit, die die eine Körperhälfte erfaßt, so daß sich der Mensch nicht mehr bewegen kann«* (Struck 68,6-8; Migne 1261D-1262A).

Eine Sonderstellung nimmt der *Ligur* (Bernstein) ein, der ›in Wein oder Bier oder Wasser‹ verabreicht nur Magenschmerzen beeinflussen soll.

Die Ingestion des gleichen Steines in Kuh- oder Schafsmilch, nicht aber Ziegenmilch (ligurium in lac uaccarum aut ouium, non autem in lac caprarum – Struck 75,12; Migne 1263BC) hilft bei Harnabflußbeschwerden.

Die Vorstellung, die sich Hildegard von der Wirkung gelöster Substanzen auf den Organismus macht, läßt unwillkürlich an die Zuführung von ›löslichen Mineralstoffen‹ denken. Im Text über den *Ligurer* führt sie aus:

»Die Flüssigkeit wird von den Kräften des Steins durchzogen, so daß sie von ihm ihre Kraft empfängt« (et liquor ille uiribus lapidis huius, perfunditur, ita quod inde uires accipit – Struck 74,7-9; Migne 1263B).

Nur in Umrissen zeichnet sich der Eindruck ab, Hildegard habe in dem fossilen Baumharz »Spurenelemente« vermutet, die nach der geschilderten Vorbehandlung in Lösung gehen, was immer bei den harten Edelsteinen undenkbar ist.

Pulver

Während die medizinische Wirkung der Edelsteine häufig durch bloße Anwesenheit allein genügt, stellt die Verabreichung des *Berylls* als Pulver eine Zubereitung der besonderen Form dar.[37] Die Anwendung gegen Gift in Speise und Trank und die drastische Darstellung der Wirkungsart sind sonst nicht bezeugt.

»Wenn ein Mensch Gift gegessen oder getrunken hat, so ›scaue‹ er unverzüglich ein wenig von dem Beryll in einen ›quecbrunen‹ (Quellwasser) oder in irgendein anderes Wasser und trinke dies auf der Stelle. Fünf Tage oder länger verfahre er so, indem er es einmal am Tag auf nüchternen Magen trinkt, und er wird das Gift durch Erbrechen ausspeien, oder es wird durch ihn hindurchgehen und hinten ausgeschieden werden« (Struck 20,14-21,1; Migne 1252CD).[38]

ZUBEREITUNG FÜR DEN ÄUSSEREN GEBRAUCH (Beispiele)

Salben und Kataplasmen

Weizenöl, vermischt mit einem Drittel Veilchensaft wird als Salbe auf die von der Lepra befallene Stelle aufgebracht, die vorher mit der Ausdünstung eines in Dampf gehaltenen *Topas* (s.o.) behandelt worden war.

»Auch wer an Sehschwäche leidet, lege einen Topas drei Tage und Nächte in

reinen Wein <...> und ›bestriche‹ (bestreiche)[39] *<...> mit dem so angefeuchteten Topas seine Augen, und zwar so, daß die Feuchtigkeit auch das Innere der Augen ein wenig benetzt«* (Struck 37,13-17; Migne 1255C).

»Und wenn jemandem die Augen vor Schmerz gerötet sind und ›serigent‹ (weh tun) oder wem sie schwach geworden sind, der nehme den Saphir nüchtern in seinen Mund, so daß er von seinem Speichel[40] *feucht werde; dann nehme er mit dem Finger etwas von dem Speichel auf, mit dem der Stein benetzt wurde, und bestreiche damit seine Augen, u.z. dergestalt, daß er auch innen die Augen berührt. Sie werden geheilt und klar werden«* (Struck 25,3-9; Migne 1253C).

Ein kompliziertes Wachspflaster[41] aus Kalk tötet die Würmer und heilt die befallene Stelle.

Gegen Fieber *»umwickle einen Prasem mit ein wenig Weizenbrot ›deich‹ (Teig), binde den so umwickelten Prasem in ein Tuch und lasse ihn drei Tage und drei Nächte über seinen Nabel gebunden; das ›fiber‹ wird von ihm weichen«* (Struck 48,16-49,3; Migne 1257D).

Massage

Gegen das Gift von Spinne und Schlange wirkt ein *Achat,* der nach Aufbereitung in Wasser gelegt wird, in welches man ein Leinentuch taucht. Mit diesem massiere (›berre‹) *»die Stelle des Körpers, an der sich der Stich befindet bzw. über die sich sonst ein Gift ergossen hat. Dann wird er geheilt werden«* (Struck 61,18-62,1; Migne 1260C).

KRANKHEITEN UND IHRE BEHANDLUNG

Das IV. Buch erläutert eine Vielzahl von Edel- und Halbedelsteinen, »Flußperlen« (IV 22), »Alabaster« (IV 24) und die »übrigen Steine« (IV 26), die zu Heilzwecken herangezogen werden, weil deren wunderbaren Kräfte bei körperlichen und psychischen Leiden sowie bei Vorhandensein von subjektiv empfundenen Störungen wirken sollen. Im folgenden werden einige Beispiele aus dem Bereich allgemeiner Erkrankungen und Besonderheiten einer bestimmten Krankheit oder einer Gruppe von Krankheiten – vorgestellt. Sie nehmen ein breites Spektrum ein und reichen von Augenkrankheiten bis zu dem Menschen, den ein Wurm an einer Stelle zerfrißt.[42]

Antike Grundlagen

Nach der antiken Tradition sieht Hildegard den Menschen aus der Perspektive der vier Elemente, Kardinalsäfte und Phlegmen. Auch sie sucht das Wesen der

Krankheit in einer Störung des Säftegleichgewichtes und orientiert sich an der zeitgenössischen Medizin, doch wird das System der Vierheit hildegardisch erschlossen. Von den vier Säften heißen Phlegmata die beiden herrschenden, Livores die beiden abhängigen. Überschreitet einer der Säfte seine Grenze, so ist der Mensch in Gefahr. Gesundheit bedeutet demnach die ausgewogene, Krankheit die gestörte Mischung der Säfte.[43] Der Einfluß der ›Vier-Säfte-Lehre‹ in den Steintexten ist vergleichsweise gering. Ein paar herausgegriffene Beispiele:

Einen Überfluß an Säften und Speichel (flecma et saliua) hemmt der *Smaragd.* Das Verdorbensein der Säfte (noxios humores) bekämpfen *Saphir, Chrysolith, Magnetstein* und *Onyx.* Die verschiedenen krankmachenden Eigenschaften der Säfte (uarias infirmitates humorum) beeinflußt der *Jaspis,* während Krankheitsursachen, die auf einer Störung des Säftegleichgewichts (in mutatione humorum) beruhen, ein *Karfunkel* bremst.

SYMPTOME

Die heilenden Fähigkeiten der Edelsteine beziehen sich häufig nur auf die für eine bestimmte Krankheit charakteristischen Krankheitszeichen, z.B. ›Gelbsucht‹ oder ganze Sammelgruppen von Erkrankungen, wie etwa Fieber, Herzschmerzen, solche des Magen-Darm-Traktes und Kopfschmerzen, ohne die Krankheitsursache im Einzelfall zu begründen.

Gelbsucht

Das bei verschiedenen Grundkrankheiten augenfällige Symptom ist charakterisiert durch die hell- bis dunkelgelbe Hautfarbe infolge des Übertritts von Gallenbestandteilen in Blut, Haut und die übrigen Körpergewebe.

Zur Behandlung der Hauterscheinung nutzt Hildegard den gelben bis dunklen Harn als ›Mittel zum Zweck‹. Dem ›Ähnlichkeitsprinzip‹[44] entsprechend wird der ins Gelbe und Braune hinüberspielende *Sarder*[45] als Heilmittel angewandt.[46]

Fieber

Die Senkung der Körpertemperatur bewirken zahlreiche Steine. Zumeist ist einfach von ›fiber‹ die Rede (so in den Kapiteln *Chrysopras, Perle, Karfunkel, Topas).* Aber auch spezifische Fieberarten werden genannt, wie etwa ›ardens fiber‹ *(Prasem)* und ›fortis fiber‹ *(Onyx).* Für das Symptom ›brennendes Fieber‹ wird ausnahmsweise die Ursache angegeben, nämlich ›die schädlichen Säfte, aus denen die Fieber entstehen‹ (noxios humores de quibus febres oriuntur fugat – Struck 19,3f.; Migne

1252B). Das Lateinische ›febris‹[47] (Fieberanfall, Fieber) verwendet der Text über den *Ligurer*, die mhd. Termini ›ridde‹ (›riddo‹) stehen für ›Wechselfieber‹ in dem Textabschnitt vom *Karfunkel*.

Schmerzen

Die Beschreibung von Schmerzen unterschiedlicher Qualität erfolgt nach anatomisch orientierten Angaben betreffender Körperregionen bzw. Organen, wobei ein Organ für sich allein oder mit anderen zusammen, von einem oder mehreren Edelsteinen beeinflußt werden kann.

Herzschmerzen. Magen- und Darmleiden

Vom *Smaragd* erwartet man, daß er »Schmerzen am Herzen oder am Magen oder in der Seite«[48] beseitigt. Ähnliches erhofft man vom *Kristall*, der Herz- oder Magenbeschwerden oder Bauchschmerzen[49] hemmen soll.

Herzschmerzen mit Seitenstechen vermag ein *Onyx* (Struck 17,8-16; Migne 1251D-1252A) zu lindern. Ausschließlich auf den dolor cordis sind *Chrysolith* (Struck 43,6-17; Migne 1256C) und *Hyazinth* (Struck 13,18-14,3; Migne 1251C) fixiert.

Onyx (Struck 17,16-18,4; Migne 1252A) und *Ligurer* (Struck 74,5-16; Migne 1263A) wirken gegen Magenbeschwerden (contra dolorem stomachi).

Kopfschmerzen

Zur Ausschaltung von Kopfschmerzen stehen nur wenige Edelsteine an: *Karfunkel* (Struck 56,18-57,8; Migne 1259C), *Perle* (Struck 81,15-82,3; Migne 1264B) und *Smaragd* (Struck 8,12-9,7; Migne 1250B).

Die Ursache des Kopfwehs sieht Hildegard in einem nicht klar umrissenen Zusammenhang »aufgrund dieser oder jener Seuche und Krankheit«.[50] Hier hilft der *Sarder* weiter.

Augenleiden

Dem geistigen Auge kommt in den theologischen[51] und medizinischen[52] Schriften Hildegards eine hohe Bedeutung zu. Auffallend häufig werden im IV. Buch Augenleiden diagnostiziert und mit edlen Steinen therapiert.

»Ein Mensch, der an Sehschwäche (caligo – »Dunkelheit«) *leidet oder dessen Augen trübe* (turbidi)[53] *sind oder ›swerent‹* (schmerzen), *halte den ›iachant‹* (Hyazinth) *gegen die Sonne, und jener erinnert sich sofort daran, daß er aus dem Feuer entstanden ist, und erwärmt sich schnell. Darauf soll er ihn mit Speichel ein wenig befeuchten und dann schnell auf die Augen bringen, so daß sie hierdurch erwärmt*

werden; das tue er häufig, und die Augen werden klar und gesund werden« (Struck 10,11-11,1; Migne 1251A).

Der *Onyx* beseitigt ›augswern‹ (Augenleiden), der *Saphir* hilft gegen Augenbeschwerden, die mit ›vel‹[54] bezeichnet werden. Letzterer bessert auch die vor Schmerz geröteten Augen, die ›serigent‹ (Struck 25,4; Migne 1253C), d.h. weh tun.

Unreinheiten aus dem Auge räumt der Stein auch bei Marbod[55] aus: »Tollit et ex oculis sordes«.

Gegen Sehschwäche hilft eine Verordnung mit dem *Topas, der seine* [des Kranken] *Augen hellsichtig werden läßt wie die beste Augensalbe«* (et oculos velut optimum collirium clarificat – Struck 38,5f.; Migne 1255D). Desgleichen heilt der *Kristall* die schwachen Augen, wenn er an der Sonne erwärmt und häufig den Augen aufgelegt wird.

Gicht

Der weit gefaßte Begriff ›gicht‹ steht im Ma. für Krankheitszeichen, die mit reißenden und ziehenden Schmerzen am Bewegungsapparat auftreten. Die durch eine Störung des Stoffwechsels verursachte Gicht hemmt eine Anzahl von edlen Steinen: *Chrysopras, Diamant, Jaspis, Karfunkel* und *Saphir.*

Insbesondere letzterer heilt und besänftigt den Stoffwechseldefekt, der das Krankheitsbild durch einen Aufruhr der Säfte (tempestas humorum) bzw. der kalten Säfte (frigidi humores) hervorruft.[56]

Neben dem Substantiv ›gicht‹ u.ä.[57] benutzt Hildegard das Adjektiv ›vergichtiget‹ (gichtig) bei *Diamant* und *Saphir,* wohl um die von dem Krankheitsbild befallenen Gelenke und ihre Umgebung zu beschreiben.

Hautkrankheiten

Ein Hautgeschwür (ulcus), das sich aufgrund eines parasitären Befalls durch ›Würmer‹ (uermes) entwickelt, bringt ein *Smaragd* zum Aufbrechen.

Man darf annehmen, daß mit ›macule in facie‹ die Formen krankhafter Hautveränderungen des Gesichts, die sogenannten ›Hautblüten‹ gemeint sind. Für eine frische Anschwellung (tumor), »die irgendwo am Körper des Menschen aufgetreten ist«, bleibt die Diagnostik undifferenziert.

Für Effloreszenzen und Anschwellungen wird der *Amethyst* als Heilmittel herangezogen. Eine ganze Reihe von Hautkrankheiten vermag ein erwärmter *Kristall* zu beeinflussen: die Drüsen und Skrofeln am Hals des Menschen (druse aut orfune in collo hominis ... – Struck 77,16f.; Migne 1263D), aber auch den ›hube‹ (Tumor). Wurmkrankheit (nessia) wird vertrieben, legt man den erwärmten Stein auf die schmerzende Stelle. (Vgl. dazu die Heilung von Wurmkrankheiten durch Kalk: IV 25).

Medizinische Wirkungen eigener und eigentümlicher Art kommen verschiedenen Steinen zu, deren Einfluß Körperteile oder Körperfunktionen betreffen.

Bißwunden

Die Bißstellen einer Spinne oder Schlange, wie z.B. die einer Viper, ›id est nater‹, heilen *Amethyst* und *Achat.*

Geburtshilfe

Eine schwere Geburt (partus difficultatem) erleichtert der *Sarder* und nach F, W, Fr auch der *Beryll* (Struck 21,11-22,5). Während der ganzen Zeit des ›kintbedis‹ (Kindbettes) kommt der *Jaspis* zum Einsatz.

Gehörstörungen

Sensibilitätsstörungen des Gehöres beeinflussen die edlen Steine *Jaspis* und *Sarder.*

Rhinogene Störungen

Während eine blutstillende Wirkung auf Blutfluß unterschiedlicher Art und Ursache (Meier 1977, 397ff.) im Altertum und Ma. zahlreichen Steinen zugeschrieben wird, ist die des roten *Karneols* von besonderer Art:

»Wenn jemand Nasenbluten hat, erwärme er Wein und lege in den warmen Wein den Karneol; gib ihm davon zu trinken, und die Blutung wird gestillt« (Struck 85,2-5; Migne 1265A).

Beim Karneol tritt das Therapieprinzip: »Ähnliches sollte durch Ähnliches geheilt werden« besonders deutlich in Erscheinung. Als einen weiteren blutstillenden Stein erwähnt die Hs. B (fol. 67^{r}) den Jaspis.[58]

Der ›naseboz‹ (Nasenschleim), den der Jaspis unterdrückt, dürfte Symptom für eine akute Rhinitis mit schleimig-eitriger Sekretion sein.

Harnabflußbehinderungen

Ist der Harnabfluß im Bereich der ableitenden Harnwege gestört, schafft der aus tierischer Substanz (Luchsharn) entstehende *Ligurer* (Bernstein) Erleichterung. Auch diese Verordnung steht in einem unmittelbaren Zusammenhang mit dem ›Ähnlichlichkeitsprinzip‹.

Epilepsie

In der Symptomatik der Epilepsie ist eines der Hauptsymptome der blitzartige Sturz infolge plötzlichen Tonusverlustes, von Hildegard ›morbus caducus‹ (Fallsucht) genannt. Contra morbum caducum finden *Smaragd* und *Chrysopras* sowie der *Achat* Verwendung.

»Ein Mensch der fallsüchtig und mondsüchtig (lunaticus) ist, trage den Achat immer bei sich, und zwar auf bloßer Haut; dann wird es ihm besser gehen. Denn häufig werden Menschen mit solchen Krankheiten geboren, häufig ziehen sie sich dieselben auch durch ein Übermaß an schlechten Säften und durch ansteckende Krankheiten zu« (Struck 63,10-15; Migne 1260D).

Die heilende Wirkung beruht auf Verabreichungen in Form von Aufschwemmungen des Steins in Speise und Trank und in Abhängigkeit vom Mondkreislauf (cf. Meier 1977, 375ff.), hier im Detail wiedergegeben:

»Wer unter Fallsucht leidet, lege einen Achat für drei Tage in Wasser, wenn gerade Vollmond ist, nehme ihn am vierten Tage wieder heraus, erhitze jenes Wasser ein wenig, so daß es nicht siedet. Dieses Wasser bewahre er auf und koche damit alle Speisen, die er bis zur Zeit des Neumonds verzehrt. Was auch immer er während dieser Zeit, während der Mond abnimmt, trinkt, Wein oder Wasser, er lege einen Achat hinein und trinke es so. In dieser Weise verfahre er zehn Monate lang, und er wird geheilt werden, es sei denn Gott will es nicht« (Struck 63,15-64,5; Migne 1260D-1261A).

Psychische Erkrankungen

Der Epilepsie nahe stehen vielschichtig auftretende psychische Funktionsstörungen denen verschiedene Edelsteine abhelfen.

Psychische Störungen, die mit Wahnideen (amentie) einhergehen, heilen *Hyazinth, Sarder* und *Diamant.* Gegen den Sexualtrieb (libido) wirken *Sardonyx* und *Saphir* gegen die Depression (melancholia) als Antidepressivum *Chrysolith* und *Diamant* (cf. Meier 1977, 378f.; Struck 104f. s.v.›Psyche‹).

Vom IV. Buch des LSM »Von den Steinen« sind bisher sechs Textzeugen bekannt geworden.

Aus dem 13./14. Jh.: Florenz, Biblioteca Mediceo-Laurenziana, Cod. Ashburnham 1323 (Sigle: F) und Wolfenbüttel, Herzog-August-Bibliothek, Guelferbytanus 56.2 August. 4° (Sigle: W).

Aus dem Beginn des 15. Jh.: Freiburg, Universitätsbibliothek, 178a (Sigle: Fr).

Aus der Mitte des 15. Jh.: Paris, Bibliothèque Nationale, lat. 6952 (Sigle: P), Rom, Biblioteca Apostolica Vaticana, Ferrajoli 921 (Sigle: V) und Brüssel, Bibliothèque Royale, 2551 (Sigle: B). Die Hss. F, W, P, V und B enthalten alle Bücher des LSM, Fr dagegen nur den ›Liber lapidum‹, der seinerseits in der Ausgabe des Straßburger Druckers Schott von 1533 fehlt.

Die Reihenfolge der Kapitel ist in allen Textzeugen gleich. Größere Unterschiede machen sich jedoch in Bezug auf den Umfang der Kapitel bemerkbar. Die Überlieferung spaltet sich in drei Gruppen: Die erste Gruppe, bestehend aus den älteren Textzeugen F, W und Fr, bietet den umfangreichsten Text; Gruppe 2, gebildet von den Hss. P und V, ist wesentlich kürzer; Gruppe 3, nur von der Hs. B repräsentiert, enthält noch weniger an gemeinsamem Text, lagert jedoch Elemente ein, die in den Gruppen 1 und 2 nicht vorkommen. Überlieferungsgeschichtlich stellt sich hier natürlich die Frage, ob der kürzeste Text bzw. die kürzeren Texte autornah sind und die längeren auf spätere Erweiterung zurückgehen, oder ob umgekehrt die ausführlichere Fassung von Hildegard stammt und der Textzustand in den Gruppen 2 und 3 durch Kürzung zustande gekommen ist. Die Frage ist in der Forschung noch nicht endgültig entschieden, doch entspricht das ›überschießende‹ Material so sehr der Denk- und Ausdrucksweise Hildegards, daß man eher die Langfassung für die authentische halten wird.

Den besten Text der Langredaktion weist die Hs. Fr auf, wenn man davon absieht, daß sie Hildegards deutsche Ausdrücke ins Lateinische rückübersetzt. F enthält viele kleinere Versehen, W größere, durch Unachtsamkeit (Augensprung) enststandene Lücken.

»Die Hs. Fl [Florenz] *erweist sich unter allen fünf Hss. als diejenige, die den homogensten und vollständigsten Text mit der für Hildegard typischen Verwendung mittelhochdeutscher Wörter enthält. Sie zeigt fast keinen Zusatz, der auf andere Quellen hindeutet. Außerdem war sie im Besitz des Klosters St. Matthias in Trier, das nicht allzu weit vom Rupertsberger Kloster entfernt war«* (Struck 97).

Diese Wertung von F ist zwar prinzipiell richtig, sie bagatellisiert jedoch die zahlreichen Schreibfehler dieser Hs. In der Edition macht sich dies insofern negativ bemerkbar, als Struck auch eindeutig falsche Lesarten von F in den Text setzt und richtige Lesarten von Fr, W, P und B in den Apparat verbannt. (Die Hs. V wurde von ihm noch nicht herangezogen.)

Trotz der genannten Mängel geht der Autor von Strucks Publikation als Basistext aus. Sie ist der folgenden Übersetzung zugrunde gelegt. Von ihr mußte jedoch an den Stellen abgewichen werden, wo entweder Struck falsch gelesen hat, oder wo der Text von F aus der Parallelüberlieferung zu verbessern ist. (Eine wertvolle Hilfe für die textkritischen Entscheidungen bildete dabei die hier erstmals ausgewertete Vatikanische Hs. V.) Alle Stellen, an denen vom Struckschen Text abgegangen werden mußte, sind in einem eigenen Register erfaßt. (s. S. 160 ff.) Bei Zitaten im Einführungs- und Anmerkungsteil wird grundsätzlich auf die Seiten-/Zeilenzahlen bei Struck verwiesen. Da jedoch Mignes Patrologie weitaus leichter zu greifen ist als die Strucksche Dissertation, wird überall dort, wo ein Text auch im Migne steht, zusätzlich die Fundstelle bei Migne verzeichnet.

Vergleichende Charakteristik der Handschriften

Die Freiburger Hs. verschärft noch die bereits in F zu beobachtende Tendenz, »mhd. Worte durch lat. Ausdrücke« zu ersetzen (Struck 89). Abgesehen von Schreiberversehen überliefern die Hss. F und Fr eine weitgehend übereinstimmende Textgestalt, während P in »Grammatik, Wortinterpretation und Satzbau oft gemeinsam mit B« von den übrigen Hss. abweicht (Struck 90). Dies gilt in gleichem Maße von V, dessen Text mit dem von P nahezu identisch ist. P, V und in noch höherem Maße B weisen Textkürzungen auf und lassen Textstellen vermissen, die den Schreibern ohne nennenswerten Informationswert schienen. Dies gilt v.a. für die zumeinst mit ›nam‹, ›quia‹ oder ›quoniam‹ eingeleiteten Sätze, in denen die Wirksamkeit einer Anwendung begründet wird. Es gilt aber auch für die Abschnitte mit Praktiken des ›Besprechens‹; außer in den Kapiteln über den Smaragd und den Saphir werden diese in P, V, B ausgelassen.

B kürzt und erweitert (s.o.). Erweiternd hinzugekommene Textstellen – oft aus Isidor – gehen näher auf die Steine und deren Fundorte ein, wie etwa »Onichinus lapis est indicus et arabicus ...« (B fol. 57v; cf. Erläuterungen). Der Text der Hs. W weist Textlücken auf, »die anders als in der Hs. B sicher nicht überlegt entstanden sind, sondern auf eine zerstörte Vorlage oder gar auf einen ausgesprochen zerstreuten Schreiber hinweisen« (Struck 91).

Darüber hinaus ist ein vom Haupttext abweichender Randtext im Kapitel vom »magnes« (W fol. 103r) bemerkenswert, der die Worte ›roxu‹ (uxor), ›atsac‹ (casta),

›sireilum‹ (mulieris), ›reilum‹ (mulier) und ›otcel‹ (lecto) durch umgekehrte Schreibweise verschlüsselt wiedergibt (cf. Struck 72, 92 mit Anmerkungen).

Bezüglich der Entstehung und der medizinisch-magischen Wirkungen der Steine waren seit der Antike die verschiedensten Theorien im Umlauf. Die folgenden Ausführungen zu diesem Themenkomplex sind als hinweisende Angaben zu verstehen, die in Einzelzügen einige überlieferungsgeschichtliche Zusammenhänge erhellen können, mehrheitlich aber zu dem Ergebnis gelangen, daß sich das Steinbuch Hildegards von den Lithika und Lapidarien unterscheidet und grundsätzlich etwas Neues bietet.

Der *Smaragd* entsteht an einem heiteren, strahlenden Morgen zur Zeit der stärksten Grünkraft des Tages, die dem Stein Farbe und Eigenschaften verleiht.

Er wächst *»... wenn die Grüne der Erde und der Gräser am kräftigsten ist; denn dann ist die Luft noch kalt, aber die Sonne schon warm, und dann saugen die Kräuter die Grüne so kräftig wie ein Lamm, das Milch saugt, so daß die Hitze des Tages kaum hinreicht, die Grünkraft dieses Tages so weit zu reifen und zu nähren, daß sie fähig wird, Früchte hervorzubringen.*

Daher ist der Smaragd ein gutes Mittel gegen alle Gebrechen und Krankheiten des Menschen, weil die Sonne ihn hervorbringt und weil seine gesamte Substanz aus der Grüne der Luft stammt« (Struck 6,3-10; Migne 1249B).

»... nicht bei allen Steinen werden Farben ebenso genau erklärt, da es Hildegard vor allem um die medizinischen Eigenschaften geht ...« (Meier 1977, 232).

Der Smaragd ist mit einer Vielzahl von medizinischen Kräften ausgestattet. Er setzt allen Gebrechen und Krankheiten Widerstand entgegen, lindert Herz, Magen- und Seitenschmerzen, beeinflußt die Fallsucht und mindert Kopfschmerzen. Der Stein hemmt darüber hinaus die übermäßigen Säfte, regelt den Speichelfluß und bekämpft schließlich noch die Würmer, die an einem Menschen zehren.

Der Hyazinth entsteht in der ersten Stunde des Tages aus dem Feuer, wenn die Luft bald diese, bald jene Farben aufweist, und er ist eher luftartig als feurig. Daher spürt er auch die Luft und verändert bisweilen seine Wärme entsprechend der Luft« (Struck 10,7-10; Migne 1250C-1251A).

Die Angabe Hildegards: »Trotzdem ist er auch feurig und warm, weil er aus dem Feuer entsteht« (et tamen etiam igneus et calidus est, quia ab igne gignitur – Struck 10,10f.; Migne 1251A), gewinnt an Bedeutung, weil ›igneus‹ eine Bewertung nach »Rot« ausdrucksstark formuliert und auch ›ab igne‹ »im Sinn von ›feuerfarbe‹ und ›feurig, vom Feuer‹« (Meier 1972, 270ff.) an einen roten Stein denken läßt.

Die Entstehung des Hyazinth nach Sonnenaufgang assoziiert neben rotfarben noch die Proprietät ›luftfarben‹, die eine gewisse Minderung (Mäßigung) im roten Farbton andeutet.

Der Name des Hyazinthes ist heute »auf den gelbroten oder roten Zirkon« eingeengt (Lüschen 241).

Nach Hildegard hilft der Stein gegen Sehschwäche, schützt vor Teufelswerk und Zauberei, sowie Herzschmerzen.

Die Hss. F, W, Fr haben – über P, V, B hinausgehend – weitere medizinische Anwendungsmöglichkeiten des Steins:

»... weil das Feuer und die Wärme eben dieses Steines die unrechte Wärme und die unrechte Kälte der Augen vertreiben, und der Speichel, der wegen der Wärme des menschlichen Körpers etwas heilkräftiger ist als anderes Wasser, die Kräfte dieses Steines durch seine warme Feuchtigkeit zu Heilwirkung anregt, wenn die Augen durch ihn naß werden. Und so heilt er die Augen« (Struck 11,1-6).

Hohes (ardens) Fieber bei Magenstörungen wird durch die Wärme und Kraft des Hyazinth veertrieben. Zur größeren Wirksamkeit des Steines verhilft ferner die Wärme der Sonne, die des Weins und eines in Wein deponierten feurigen Stahls:

»Und wer glühendes Fieber (fiber) im Magen hat, wodurch häufig das Ein-, Drei- und Viertagefieber entsteht, stelle reinen Wein in einem Tongefäß in die Sonne, damit er warm werde. Dann senke er einen Hyazinth in diesen Wein, damit er sich in dem Wein erwärme. Ferner tauche er kurzzeitig einen glühenden Stahl in diesen Wein. Davon trinke er auf nüchternen Magen und zur Nacht, wenn er ins Bett geht, drei oder mehr Tage lang und er wird geheilt werden. Doch wenn er am zweiten oder dritten Tage keine Sonne haben sollte, erwärme er den Wein an einem Buchen- oder Lindenholzfeuer, gebe den Hyazinth in den Wein, und tauche kurzzeitig einen glühenden Stahl hinein, wie oben beschrieben. Davon trinke er, und es wird ihm besser gehen, da die Wärme und Kraft des Hyazinths durch die Wärme der Sonne und des Weines und durch die veränderte Wärme des Stahls angeregt, schädliche Magensäfte beseitigt« (Struck 11,6-12,4).

Bemerkenswert ist auch der Textabschnitt von der Wirkung des Hyazinths gegen einen Lachkrampf:

»Und wenn irgendein Mensch von unbändigem Lachen geschüttelt wird, so daß ihm sehr nach Lachen zu Mute ist und er sich vor Lachen nicht mehr halten kann, dann stecke er schleunigst einen Hyazinth in seinen Mund, und das Lachen in ihm wird aufhören. Das Lachen ist nämlich zu allererst durch teuflische Eingebung entstanden, und die Kraft des Hyazinths vermag es deswegen zu unterdrücken, weil der Teufel dem aus dem Wege geht, was gut ist« (Struck 14,3-8).

»Der *Onyx* ist warm und wächst um die dritte Stunde des Tages bei dichtem (spissus) Gewölke, wenn die Sonne kräftig brennt, aber trotzdem Wolken vor die

Sonne ziehen, so daß die Sonne wegen der Wassermassen (inundatio aquarum) nicht durch sie hindurchscheinen kann. Er hat nicht viel Feuersglut in sich, sondern die Wärme der Luft, und er hat seinen Ursprung in der Sonnensubstanz und gewinnt seine feste Gestalt aus verschiedenen Wolken. Daher besitzt er große Wirkkraft gegen Krankheiten, die aus der Luft entstehen« (Struck 15,9-16; Migne 1251C).

Zwei Kräfte bedingen das Werden des Steins, die Funktion der Sonne und die Wetterwolken verschiedener Form und Farbe, daher auch die komplexe Farbe weißschwarz.

Ohne religiösen Bezug nimmt der Onyx Einfluß auf eine Reihe von Erkrankungen, die nach Symptomen oder befallenen Körperteilen und Organen beschrieben werden: Augenleiden, Herzschmerzen und ›Seitenstechen‹, Magen- und Milzleiden, Fieber und Traurigkeit, schlußendlich auch Rinderpest. Die Wirkung des Steins als ›Antidepressivum‹ wird in F, W, Fr näher begründet:

»Deswegen aber soll der Stein angeschaut werden, damit im Zurückstrahlen seine Wärme und Kraft den Blick des Menschen berührt, und deswegen muß man ihn auch dem Menschen in den Mund legen, damit sich seine gute Wärme mit dem Speichel des Menschen verbindet, auf daß diese ihn innerlich beruhige. Auf diese Weise wird er durch die Kraft eben dieses Steines Freude empfangen« (Struck 19,7-11).

Für die Entstehung des *Berylls* bestimmt Hildegard den Zeitraum zwischen der dritten Stunde des Tages und der Mittagszeit. Die Steinbildung selbst entwickelt sich aus dem Schaum des Wassers, wenn die Sonne ihn kräftig durchglüht, doch kommt die Kraft des Steins »mehr von der Luft und vom Wasser als vom Feuer«. Dennoch ist der Beryll auch feuerartig, wenngleich in geringem Maße.

Die Farbe des Steins überliefert die Hs. B (fol. 58^r) nach Isidor, Etym. XVI 7,5. Darnach ist der Beryll blaßgrün und – infolge des Schliffs – von sechseckiger Gestalt. Als Fundort gibt B – wiederum nach Isidor l.c. – Indien an (fol. 57^v).

Der Beryll schützt vor Gift in Speise und Trank und macht nicht ›stridig‹ (streitsüchtig).

Der *Sardonyx* wächst »wenn die sechste Stunde schon zu Ende gegangen und die erste Linie der neunten Stunde des Tages vorübergegangen ist«.

In dieser Zeitspanne wird der Stein von reiner, leuchtender Sonne genährt bis zu einem Zeitpunkt, zu dem die Luft kühl zu werden beginnt. *»Daher hat er mehr vom Feuer als von der Luft oder dem Wasser«* (Struck 22,6-11; Migne 1252D).

Altertum und Ma. schreiben dem Sardonyx eine rote Farbe mit schwarzweißer Bänderung zu: »... sofern man den Namen überhaupt noch gebraucht – ein Achat, der das Braun oder Braunrot des (heutigen) Sarders mit dem Weiß des Onyx verbindet« (Lüschen 311f.).

Seine medizinisch-magischen Kräfte dienen vorwiegend der Förderung geistiger

Funktionen, wie Verstand und Wissen, insofern er Jähzorn, Dummheit und Zuchtlosigkeit in einem Menschen zum Verschwinden bringt.

Der *Saphir* wächst in der Mittagszeit im gleißenden Sonnenlicht, doch wird die Luft durch diese Sonnenglut ein wenig dunstig. Der Stein ist deshalb *»trübe und überdies eher feuerartig als luftartig oder wasserartig«* (Struck 24,5-12; Migne 1253B).

Die Beschreibung entspricht nicht dem hellen bis schwarz-blauen Saphir, wie wir ihn kennen, sondern paßt mehr auf einen rötlich- bis orangegelben Saphir, der heute auch als ›Padparadscha‹ bezeichnet wird.

Die medizinisch-magischen Wirkungen des Saphirs zeichnen sich durch große Mannigfaltigkeit aus.

Der Stein symbolisiert zunächst die vollkommene Liebe zur Weisheit (plenam charitatem sapientiae designat – Struck 24,12f.; Migne 1253B). Er nützt gegen Augenleiden und Gicht, vermittelt intellektuellen Gewinn, beeinflußt den Jähzorn und dämpft sinnliche Leidenschaften.

Die Entstehung des *Sarders* ist nicht nur an eine bestimmte Tages- und Jahreszeit, sondern auch an meteorologische Einflüsse gebunden.

»Der Sarder wächst nach der Mittagszeit bei starken Regengüssen, wenn die Blätter der Bäume absterben, d.h. ›loubroz‹ (Laubwelke) ist, in der Herbstzeit; dann nämlich, wenn die Sonne sehr warm und die Luft kalt ist, und die Sonne ihn mit ihrer Röte wärmt. Daher ist er von der Luft und vom Wasser her rein und in der Abstimmung der Wärme gut gemischt und wendet daher mit seinen Kräften die Seuchenplagen ab« (Struck 30,12-31,4; Migne 1254CD).

Hildegard bestätigt den Sarder der Apokalypse und des Altertums in den Farben ›rot oder rötlich‹. Daß die sog. ›Laubwelke‹ des Herbstes den Farbton nach ›rotbraun‹ beeinflußt, läßt sich nicht ausschließen.

»Seit etwa 1200 n. Chr. wird dann der Name Karneol gebräuchlich, der Name Sarder wird eingeschränkt auf braunen Chalzedon« (Lüschen 311).

Der Sarder hilft bei verschiedenen Erkrankungen, so auch gegen das (in den Hss. P und V fehlende) starke Fieber. Bemerkenswert sind die oben genannten medizinisch-magischen Praktiken und solche des ›Besprechens‹ bei Gelbsucht und schwerer Geburt.

Entscheidend für das Wachstum des *Topas* ist die genau umrissene Tageszeit: kurz vor der neunten Stunde (circa nonam horam diei <...> cum iam fere ante nonam horam est, Struck 36,1f.; Migne 1255B) bei intensivster Sonnenstrahlung ohne Einfluß von atmosphärischen Störungen.

Die äußeren Einwirkungen bedingen die Qualitäten des Steins, der überaus rein, beträchtlich feurig und warm ist, wohingegen die Elemente Luft und Wasser in ihm nur spärlich vertreten sind.

Alle Merkmale zusammen ergeben eine komplexe Farbenbezeichnung.

»Jene Helligkeit (claritas) gleicht der des Wassers, aber seine Farbe ist dem Golde ähnlicher als der Farbe sandgelb (glarico) ...« (Struck 36,5-7; Migne 1255B).

An den Stein werden verschiedene Erwartungen geknüpft, wie etwa Vergiftungen (virgibnisse) und feindlichen Anschlägen (fechnisse) zu widerstehen.

Eine Reihe von Anwendungen bringt diese Kraft des Magischen zum Ausdruck.

»Der Chrysolith entsteht aus der Glut der Sonne und der Feuchtigkeit der Luft und des Meeres nach der Mittagszeit gegen die neunte Stunde des Tages« (Struck 42,6-8; Migne 1256C).

»Denn der Chrysolith hat gewisse Kräfte von den sieben Stunden des Tages, wie er denn auch in ebendiesen Stunden durch Mischung entstanden ist« (Struck 44,4f.; Migne 1256D).

Die Glut der Sonne (ardor solis) weist auf eine goldene oder gelbe Farbe des Steins hin, während die Feuchtigkeit der Luft (humiditas aeris) gleichzeitig eine Beimischung von Grün beinhaltet. Heute wird für den Stein die Farbe Grün in verschiedenen Tönungen bis gelb-grün angegeben (Lüschen 200).

Der Chrysolith hat lebenspendende Fähigkeiten:

»Das geht so weit, daß, wenn er im Augenblick der Geburt neben dem Jungen eines Vogels oder eines vierfüßigen Tieres liegen würde, dieses von seiner Kraft soviel Stärkung empfinge, daß es vor seiner Zeit anfangen würde, sich fortzubewegen« (Struck 42,7-11; Migne 1256C)

Die Texte der Hss. beschreiben die heilsame Wirkung des Steins gegen Fieber, Herzbeschwerden und Bauchweh. Darüber hinaus stärkt er das Wissen und schreckt Dämonen ab.

Der *Jaspis* ist *»mehr von der Luft als vom Wasser oder vom Feuer. Daher besitzt er eine unterschiedliche Färbung, weil dann, wenn die Sonne nach der neunten Stunde des Tages sich zum Untergang neigt, die Farbe der Sonne sich mit den Wolken häufig verändert«* (Struck 44,13-18; Migne 1257A).

»Der Jaspis des Altertums deckt sich nicht mit dem unsrigen. Zwar war er auch verschiedenfarbig wie der unsrige, doch so, daß Grün als Hauptfarbe, gelegentlich sogar <...> als einzige Farbe aufgezählt wurde <...>« (Lüschen 244).

Die medizinischen und magischen Eigenschaften des Jaspis sind vielseitig (s. o.). Nicht uninteressant ist etwa die in den Hss. mit leichten Unterschieden beschriebene Behandlung des ›nazeboz‹/›catarus‹ (Katarrhs) mit Hilfe des Jaspis. Bemerkenswerter jedoch die nur in der Gruppe F, W, Fr anzutreffende Verwendung des Jaspis zum Schutz vor Blitzschlag und die damit verbundene Erklärung zu Entstehung und Wesen von Blitz und Donner. (Struck 46,13-21).

Verschiedene Kräfte beeinflussen die Entstehung des *Prasem:* die letzten Strahlen der Sonne, die auf das Gestein des Gebirges fallen, die Feuchtigkeit der Luft und des Wassers sowie die Grünkraft des Taus (viriditas roris). Nach der ›dingabgeleiteten‹ Entstehung handelt es sich um einen grünen Stein, der nach Hildegard contra febrem und contra membrorum contusionem (Gliederprellungen) wirkt.

Der *Chalzedon*, »*der seine Wärme mehr aus der Luft, als aus der Sonne zieht, besitzt gute Kräfte*«. Liegt er einem Gefäßverlauf auf »*dann nimmt diese Ader und das Blut seine Wärme und seine Kraft auf und sie geben diese Kräfte an die anderen Adern und das übrige Blut weiter*« (Struck 49,18-50; Migne 1258A).

Der Stein verleiht Standfestigkeit gegen plötzlich ausbrechenden Zorn (contra iracundiam). Ferner trägt er dazu bei, Festigkeit und Beherztheit in der Rede zu gewinnen.

»*Der Chrysopras wächst zu der Stunde, da sich die Sonne schon ganz den Blicken entzogen hat; dann haben Luft und Wasser in stärkerem Maße eine trübe und grüne Farbe als sonst. Deshalb hat dieser Stein besondere Kraft bei Nacht, wenn der Mond von der Sonne her am kräftigsten ist, d.h. wenn er halb, aber noch nicht voll ist. Und deshalb hat er auch starke Kräfte und ist von ausgeglichener und gleichmäßiger Wärme, so daß er nicht allzu warm ist, sondern gemäßigt*« (Struck 51,1-7; Migne 1258B).

In den Hss. P und V ist an der Stelle des lat. Terminus ›viridis‹ (Struck 51,2) der mhd. (sicher hildegardsche) Terminus ›grunfar‹ erhalten. Mit dem mhd. Wort ›grunfar‹ (grüen-var, grünfarbig, Lexer I 1095) impliziert Hildegard die Entstehung und Farbe dieses Steines, den auch heute so genannten Chrysopras, einen durch Beimengungen von Nickelmaterialien durchscheinend bis undurchsichtig grün/apfelgrün (Lüschen 201) gefärbten Stein.

Hildegards Auffassung von den heilkundlichen und magischen Kräften dieses Steins weichen völlig von den Lehren früherer Autoren ab (s. o.).

Den Kapitelscluß ›contra demoniacos‹ bieten wiederum nur F, W und Fr:

»*Denn in den Steinen gibt es drei Kräfte, Härte, Feuer und Feuchtigkeit, die der Teufel in ihnen haßt, weil sie von Gott stammen. In den Edelsteinen (in nobilioribus lapidibus) findet sich – mehr als bei den übrigen Steinen – ein bestimmter Grad von Reinheit, die wiederum der Teufel in ihnen verabscheut. Und so wird die Bosheit des teuflischen Geistes geschwächt und gequält durch den Chrysopras, der eine ausgeglichene Mischung von Wärme und Kraft besitzt, dazu Härte mit Feuer und Feuchtigkeit und darüberhinaus Reinheit in Verbindung mit heiligen Worten und Wasser, das überall Reinigung bewirkt, und in Verbindung mit Brot, das alles leiblich Schwache kräftigt. Denn der Teufel schreckt vor allem zurück und macht einen Bogen um alles, was gut, heilig und rein ist*« (Struck 54,9-19).

Nicht bestimmte Tageszeiten, auch nicht Sonnenauf- und untergang lassen den *Karfunkel* (carbunculus) entstehen, sondern eine Mondfinsternis.

Hildegard präzisiert diesen Vorgang noch weiter: *»wenn er* [der Mond] *gerade dabei ist, sich zu verfinstern«*, eine partielle Mondfinsternis also, die gerade noch ausreicht, den Karfunkel zu nähren.

F, W und Fr erklären hieraus seine Wirkung:

»Der Karfunkel hat nämlich etwas von der Wärme der Sonne und der Wärme des Mondes in sich; er entbehrt jener Feuchtigkeit, die bei Tag und Nacht den Elementen anhängt, und deshalb vertreibt er in seiner großen Kraft die schädlichen Säfte, die das Akutfieber, das Ein-, Drei- oder Viertagefieber oder (gewöhnliches) Fieber oder Gichtanfälle (gutta paralysis) erzeugen« (Struck 56,13-18).

Das plötzliche Eintreten des Finsternisphänomens, das seit den ältesten Zeiten die Menschen in Angst und Schrecken versetzt hat, zeigt auch bei Hildegard Wirkung. Auf Weisung Gottes zieht es gefährliche Wirkungen nach sich:

›fames‹ (Hungersnot), ›pestilentia‹ (Seuche), ›bella‹ (Kriege) sowie ›mutationes regnorum‹ (politische Umwälzungen) (Struck 55,3-5; Migne 1259A). Sie schreibt dazu:

»Dann läßt die Sonne alle ihre Kräfte in das Firmament einsinken und wärmt den Mond mit ihrer Glut und regt ihn mit ihrem Feuer an und richtet ihn auf und bringt ihn wieder zum Leuchten. Zu dieser Zeit nun, in dieser Stunde, wird der Karfunkel geboren. Daher hat er seinen Glanz vom Feuer der Sonne beim Wiederhellwerden des Mondes, und von daher kommt es, daß er mehr in der Nacht als am Tage leuchtet. So wächst er, bis die Wärme ihn gebiert. Weil eine Mondfinsternis selten ist, ist auch dieser Stein selten und von seltener Kraft« (Struck 55,5-16; Migne 1259AB).

Der letzte Satz deutet die Kenntnis des objektiven Phänomens an, das an allen Orten der Erdoberfläche gleichzeitig eintritt und sich in gleicher Art periodisch wiederholt. Obwohl Hildegard bei der Beschreibung der Entstehung des Karfunkels völlig neue Wege einschlägt, ist das Leuchten des Steines selbst im Dunkeln ein altes Element und schriftliterarisch mehrfach zu belegen. Wahrscheinlich ist mit dem Karfunkel der feurige, überaus rote Stein ›Rubin‹ gemeint.

»Der Amethyst wächst, wenn die Sonne einen Hof hat, so, als trüge sie einen Kronenreif. Das geschieht, wenn sie eine Änderung am Kleid des Herrn, d.h. der Kirche, im voraus anzeigt« (Struck 58,1-3; Migne 1259D).

Während die Farbe des Steins von Hildegard vernachlässigt wird, schiebt B aus Isidor, Etym. XVI 9,1 detaillierte Angaben über die Quarzvarietät nach:

»Der Amethyst ist purpurfarben mit einer violetten Beimischung, er stößt gewissermaßen Flammen aus und ist ein indischer Stein« (fol. 62^{r}).

»Der moderne und der antike Begriff decken sich im Wesentlichen. Der Amethyst ist violett gefärbter Quarz« (Lüschen 170).

»Wenn er wächst, treibt er ebenso massenhaft aus (ebullit)[59] *wie der ›flins‹ (Feuerstein)*[60], *und deshalb gibt es viele Amethyste«* (Struck 58,3f.; Migne 1259C-1260A).

Unmißverständlich meint hier Hildegard die Amethystdruse, die zahlreiche Amethystkristalle in einem Gesteinshohlraum vereinigt. Über reiche Amethystvorkommen verfügte früher Idar-Oberstein in der unmittelbaren Nachbarschaft Hildegards.

Die Langredaktion (F, W, Fr) bringt über P und V hinaus eine Anwendung gegen Lausbefall (contra pediculos) – s.u. S. 88 ff.

Die Textstellen geben keinen Hinweis auf die Art der Menschenlaus; möglicherweise handelt es sich um die Kleiderlaus. Die Wiederholung der Prozedur könnte als Maßnahme gegen ein nicht völlig zugrunde gegangenes Gelege verstanden werden.

B fügt aus antiker Tradition (cf. Plinius, Hist. nat. XXXVII 40,121–124) hinzu, daß der Amethyst gegen Trunksucht hilft (fol. 62^{V}).

Aus dem Sand eines Wasserlaufes entsteht der *Achat.* Er »ist warm und feuerartig; trotzdem hat er mehr Kraft von der Luft und dem Wasser als vom Feuer«.

Die Eigenschaften, die den Achat auszeichnen, begegnen uns in ähnlicher Form beim Beryll.

Charakteristisch sind die geographischen Vorstellungen eines Flußlaufes, der sich von Osten nach Süden erstreckt (ab oriente usque ad meridiem extenditur – Struck 61,1f.; Migne 1260B): es erweist sich die Entsprechung von Hildegards Fundortbeschreibung (Vorrede), Paradiesessteinversion (Meier 1977, 344f.; dies. 1992, 124) und Elementenlehre.

»Denn wenn das Wasser jenes Flusses fällt, so daß der Sand trocken daliegt, dann wird ein Teil des Sandes von der Sonnenglut und der Reinheit der Luft übergossen und so zu einem schimmernden Stein. Wenn dann wieder Hochwasser einsetzt, spült es den Stein aus dem Sand hoch und trägt ihn in andere Länder« (Struck 61,4-9; Migne 1260B).

Zweifelsfrei hat Hildegard an den Ufern der Nahe und des Rheins die Gewalt der Strömung beobachtet, die bei Hochwasser die Steine verfrachtet und bei schwacher Strömung Sand und Schlamm ablagert. Dafür spricht auch die Stelle im LCM (II p. 48, 27-34 ed. Kaiser):

»Auch die Steine, die zugleich mit der Erde erschaffen wurden, kamen durch die Wasserfluten (Sündflut) an die Oberfläche und wurden sichtbar; hierbei wurde eine Menge von ihnen, die vorher ein Ganzes waren, gespalten und zertrümmert. Die Steine aber hatten kein eigenes Wachstum, weder vorher noch nachher, mit Ausnahme derjenigen, die in den Flüssen als durchsichtig klare Rundblöcke (!) zu sehen

sind; folglich sind sie mit der Erde zugleich entstanden und durch die Überschwemmung lediglich mehr an die Oberfläche gerückt.«

Die Argumente Hildegards zu den Steinen, »qui in fluminibus limpidi et globosi apparent« (LCM II p. 48,32f. ed. Kaiser) sind überzeugend. Sie kannte wohl die klaren, kugelförmig runden und abgeriebenen Steinblöcke in Nahe und Nahetal, die als Achat- und Amethystfunde neben anderen Mineralien die Edelsteinmetropole (Idar-Oberstein) entstehen ließen. Inzwischen sind die ehemals reichen Achat- und Amethystvorkommen in Idar-Oberstein erschöpft.

Aus dem Material der Langredaktion (F, W, Fr) sei hier nur der Abschnitt zitiert, in dem Hildegard begründet, warum gegen Epilepsie (contra caducum morbum) der Achat bei Vollmond in Wasser zu deponieren ist:

»Deswegen nämlich soll der Achat bei Vollmond in Wasser gelegt werden, weil seine Kraft zu jener Zeit am stärksten ist, da auch er von der Luft ist. Dasselbe Wasser ist zu erwärmen, damit seine Wärme durch die fremde Wärme erregt wird. Dies geschehe mit Maß, damit seine Kraft nicht wenn er zu sehr erwärmt würde – durch die allzu große Wärme geschwächt werde. Mit demselben Wasser sollen alle Speisen jenes leidenden Menschen bei abnehmendem Mond gemischt werden und in gleicher Weise auch sein Trank, in den derselbe Stein hineinzulegen ist. So wird er geheilt, wie oben dargelegt, und die ganz und gar üblen Säfte ebendieser Krankheit werden mit Gottes Hilfe in diesem Menschen verschwinden (et pressimi humores eiusdem morbi per adiutorium dei in ipso homine evanescent)« (Struck 64,5-15).

Alles in allem schützt der Achat vor Spinnengift, macht einen Menschen verständig und klug in der Rede und hilft demjenigen, der fall- und mondsüchtig ist. Der Einfluß des Steins sorgt auch dafür, daß sich der Dieb in der Nacht ohne Diebesgut davonschleichen muß.

»Der Diamant (Adamas) ist warm; er entsteht auf bestimmten Bergen in südlichen Gegenden, die von derselben Art sind wie die Berge, von denen die Steinschindeln gewonnen werden, mit denen man die Häuser deckt. Sie sind auch einem bestimmten Kristall und bestimmten Glasarten ähnlich; sie sind sozusagen ›leigechte‹ (schieferartig [wegen ihrer Schichtung]) *und ›glasechte‹ (glasartig) wie bestimmte Kristalle, und aus eben der ›leigechti‹ (Schichtgestein) kommt bisweilen ein starkes ›gedoiz‹ (Getöse) wie von einer Posaune«* (Struck 66,1-8; Migne 1261C).

Die ›Steinschindeln‹ sind mit den Schieferplatten identisch, die aus Hunsrückschiefer gewonnen und zum Decken von Dach und Wetterfront des Hauses verwendet wurden.

Auch die Beschreibung vom gewissen Kristallen und Glasarten stimmt mit den Merkmalen des ›Schieferns‹ überein, das »splittern, zersplittern, in dünnen blattartigen oder flachen Stücken abspalten, abspringen« meint (DWB XV 6).

Das ›gedoiz‹ aus der ›leygen‹ weißt auf tektonische Beben, zumindest auf die Kräfte des Wassers und Windes, die Schwerkraft und die Kräfte der Verwitterung hin, deren Verwitterungsprodukte die heimischen Gewässer aufnehmen und bei Hochwasser weiterführen, wie der folgende Text darlegt:

»Und weil, was dort entsteht, stark und hart ist, obwohl es nicht groß wird, spaltet sich die ›leia‹ (Gesteinsschicht) dieses Berges oberhalb und unterhalb von ihm, und so fällt es ins Wasser wie ein ›kysele‹ (Kiesel) und hat auch die Größe eines Kiesels. Aber was dann an derselben Stelle eben dieser ›leien‹ entsteht, ist ein schwächerer Diamant als der erste. Wenn dann ein Hochwasser kommt, nimmt es den Stein in andere Gegenden mit« (Struck 66,8-14; Migne 1261C).

In der Anordnung des Stoffes kommt Hildegard mitten unter den heilkundlichen Anwendungen (S. 106) ziemlich unvermittelt auf die Härte des adamas (griech. der Unbezwingliche) zu sprechen:

»Der Diamant ist aber von solcher Härte, daß ihm keine andere Härte etwas anhaben kann; deshalb greift er sogar Eisen an und schneidet es. Deshalb tauche, da weder Eisen noch Stahl seine Härte schneiden können, den Stahl in Löwen- oder Bocksblut. Dies Blut festigt den Stahl derart, daß er weder nachgibt noch bricht, wenn er ihn [den Diamant] *schneidet«* (Struck 69,13-70,1; Migne 1262A; s. dazu auch u. Erläuterungen S. 145 ff.).

Ein Zusatz Hs.B (fol. 63^{rv}) befaßt sich (aus nicht-hildegardischer Quelle) mit dem Diamanten und gibt eine unerwartete Empfehlung für die Verwendung dieses Steins:

»Der Diamant ist ein kleiner und unansehnlicher indischer Stein, der eine eisengraue Farbe hat und den Glanz des Kristalls; dennoch fand man niemals einen, der die Größe eines Haselnußkerns übertroffen hätte. Er gibt keinem Stoff nach, weder dem Eisen noch dem Feuer, noch wird er jemals warm. Gebrochen wird er (nur) durch warmes Bocksblut. Er wird auch Stein der Liebe und Gemme der Versöhnung genannt; denn wenn sich eine Frau von ihrem Mann abgewandt hat, läßt sie sich durch die Kraft des Steines ziemlich leicht dazu bewegen, ihrem Manne wiederum gewogen zu sein. Daher sagt derselbe Autor: Legt man einen echten Diamant vorsichtig unter das Haupt einer schlafenden Frau, dann wird sie durch die Kraft des Steins gezwungen, im Schlaf ihren Mann zu umarmen, vorausgesetzt, sie ist keusch und ihm treu geblieben. War sie aber untreu und ehebrecherisch, zuckt sie vor ihm [ihrem Mann] zurück und wird auf der Stelle aus dem Bett geschleudert, weil sie der Nähe der Steine nicht mehr würdig ist. Dieser Stein, der auf der linken Seite getragen werden soll, hilft gegen Feinde, gegen Wahnsinn, gegen Streitereien, gegen Trugbilder und gegen verschiedene Träume und Gifte« (Struck 70, App.)

Eine verwandte Form der ›Keuschheitsprobe‹ (Meier 1977, 439) überliefert

Damigeron (De lap. XXX, ed. Abel 185f.) und Marbod (De lapid. § 19, vv. 294–299 ed. Riddle; Migne, PL 171, 1752A) vom Magnetstein.

Der Diamant verfügt neben seiner unübertroffenen Härte über eine Reihe medizinischer Eigenschaften, die mit magischen Praktiken einhergehen.

Der *Magnetstein* (magnes) entsteht *»aus dem Speichel giftiger Schlangen, die in einer bestimmten Art von Sand und in bestimmten Wassern leben, häufiger im Sand als im Wasser«* (Struck 71,1-3; Migne 1262B).

Eine allseits befriedigende Erklärung für die fabulöse Entstehung des ›magnes‹ aus tierischer Substanz läßt sich nicht finden. Das Wunder allerdings, daß *»der Magnetstein die Farbe des Eisens hat und von Natur aus das Eisen hinter sich herzieht«* (Struck 71,14f.; Migne 1262C), wird in den Lithika und Lapidarien häufig beschrieben (S. 147 f.).

Der *Luchsstein* (ligurius) entsteht aus dem Urin des Luchses, *»aber nicht in jedem Fall, sondern nur, wenn die Sonne stark brennt und die Luft leicht und mild und wohl temperiert ist. <...> Will er nun urinieren, gräbt er mit der Tatze ein Loch in die Erde und läßt den Urin in dieses Loch hinein ab, und so bildet sich und wächst der Ligurius unter der Einwirkung der Sonne. <...> Nachdem er dann so abgelassen wurde, kristallisiert er sich zu diesem Stein dergestalt, daß dies Festwerden jenes schönen Steins, der weicher ist als alle anderen Steine, in der Erde geschieht«* (Struck 73,7-74,5; Migne 1262D-1263A).

Die fabulöse Stoffgeschichte belegen authentische Zeugnisse antiker und ma. Quellen (S. 148 ff.).

»Was der antike Lynkurer für ein Stein war, darüber hatte man seit dem 16. Jahrhundert sehr verschiedene Meinungen. Einige verstanden darunter die Belemniten, andere den Hyazinth. Bessere Gründe sprechen dafür, daß Lynkurer Bernstein oder eine bestimmte durchsichtige Art des Bernsteins war. Dann erklärt sich auch die Bezeichnung ligurischer Stein. Aus Ligurien bezog man Bernstein, denn dort endete eine wichtige Handelsstraße aus dem Norden, auf welcher der Bernstein ins Mittelmeergebiet gelangte« (Lüschen 268; cf. auch Keller I 85; König und Winkler 1976, 223f. u.a.).

Die Kraft dieses Steines beseitigt üble Säfte und Verunreinigungen im Magen, ebenso eine Störung der ableitenden Harnwege, wobei seine Wirkung auf dem Therapieprinzip »similia similibus curentur« beruht.

»Wen Beschwerden beim Wasserlassen plagen, so daß er nicht urinieren kann, der lege den Ligurius in Kuh- oder Schafsmilch, nicht aber Ziegenmilch, einen Tag lang, nehme ihn am zweiten Tag heraus und erwärme die Milch, d.h. ›welle‹ (lasse sie aufkochen), und schlürfe sie so. In dieser Weise verfahre er fünf Tage, und das wird den Harn in ihm lösen« (Struck 75,10-15; Migne 1263BC)

Wiederum gibt die längere Redaktion den Grund für die Wirkung der Verfahrensweise an:

»Denn die Kraft jenes Steines, temperiert durch die Milch von Kühen oder Schafen in ihrer Süße und gesundheitsförderndern Art, löst die Schwierigkeit des Harnlassens. Dies jedoch nicht bei einer Mischung mit Ziegenmilch, weil in dieser ein gewisser schädlicher Schleim enthalten ist, auch eine bestimmte schädliche Stärke wäre in ihr, würde man die Kraft eben dieses Steines mit ihr vermischen« (Struck 75,15-20).

»Der Kristall entsteht aus bestimmten gefrorenen Wassern, die von schwärzlicher Farbe sind und von solcher Kälte, daß sie das Feuer von sich vertreiben. Denn wenn zuweilen große, aus der Luft kommende Kälte jenes Wasser berührt, gefriert das Waser an bestimmten Stellen infolge der Kälte zu einer Art Klumpen zusammen und wird, gewissermaßen als innerster Kern des Wassers, zu einem festen Körper. Wenn dann später die Wärme der Luft oder der Sonne dieses Wasser berührt, nimmt sie die dichte weiße Farbe, die der Klumpen noch hat, durch ihre Wärme weg, so daß er fast klar wird, ohne jedoch durch die Wärme aufgelöst zu werden. Die später wieder einsetzende Kälte verdichtet den Klumpen immer mehr und macht ihn noch reiner. Dieser ist nunmehr von solcher Festigkeit, daß er durch die Wärme nicht mehr aufgelöst werden kann, obwohl das ganze Eis ringsherum wegschmilzt. So entsteht der Kristall und bleibt ein Kristall« (Struck 76,1-77,2; Migne 1263CD).

Der Kristall hat vielseitige medizinische Eigenschaften und Wirkungen. Er eignet sich gegen Sehschwäche, gegen ›druse aut orfime‹ (Drüsen oder Skrofeln) am Hals und gegen einen ›hubo‹ (Schwellung) an der Kehle des Menschen. Ferner vertreibt er die schlechten Säfte, von denen die Kehle anschwillt (pravos humores de quibus hubo intumit fugat) und er beseitigt Herz-, Magen- und Bauchschmerzen, die ebenfalls als Folge schlechter Säfte entstanden sind. (Text in F, W und Fr: Struck 78,8-12).

Auch der Wurmbefall ›nessede‹ (Struck 79,2-5; Migne 1264A) erfährt in der Langredaktion seine Begründung:

»Denn die Wurmkrankheit entsteht aus überflüssigen, übermäßigen und schlechten Säften, welche die Wärme und wasserhafte Kraft des Kristalls zusammen mit der Wärme der Sonne verdünnt« (Struck 79,5-7).

Ferner ergänzen F, W und Fr die Rezepte:

»Doch auch wer an ›sincope‹ (Ohnmachtsanfall) leidet, zwar (an sich) ein fröhlicher Mensch ist, aber (akut) schwach und ohnmächtig wird und bisweilen plötzlich entkräftet zusammenbricht und wie ein Toter daliegt, der erwärme einen Kristall oder mehrere – so viel er haben kann – an der Sonne und lege sie warm eine halben Tag lang oder eine Stunde lang auf seinen Nabel unterhalb des Magens, das heißt zwischen Nabel und Magen. Das mache er oft. Auch erwärme er den Kristall an der

Sonne und gieße von oben plötzlich Wein darüber, und trinke davon oft. Dann werden die Ohnmachtsanfälle aufhören« (Struck 79,7-17).

Die *Perle,* Erzeugnis der See- und Flußperlmuschel, wird nach alter Tradition zu den Edelsteinen gerechnet.

Hildegard unterscheidet echte Perlen (margarite) von den Flußperlen (berlin/berlen). Erstere entstehen aus den fetten Substanzen des Wassers zusammen mit dem Salz. Diese Perlen sind rein (munde). Von der Natur der Flußperlmuschel (Margaritana margaritifera, SL.) konnte sich Hildegard ein eigenes Bild machen, während ihre Vorstellung von der Bildung der großen Seeperlmuschel (Pinctada margaritifera SL.) im ›Salzwasser‹ und die Namensform ›margarite‹ die fremde Herkunft deutlich machen.

Flußperlmuscheln kamen »noch bis zur Jahrhundertwende in schier ungeheuren Mengen« (Bauer 1987) in vielen Gewässern vor (cf. Riethe 1991, 84, 131f.; Linné-Müller VI 1, 220ff.).

Über die Entstehung der Flußperlen hat Hildegard Betrachtungen angestellt, die die ökologische Einheit dieses Lebensraumes und deren in ihm wohnenden Lebewesen charakterisieren, wie es auch bei ihrer Deutung von Fischen und Vögeln in ihren Elementen der Fall ist (Riethe 1991, 62ff.; 1994, 31ff.).

Einige der Muscheltiere halten sich am Grund der Flüsse auf, dessen Unrat mit dem eigenen, abgesonderten Gift trübe (turpes) Perlen entstehen läßt. Andere Tiere ziehen die Mitte des Flusses vor, wo das Wasser sauber ist, und bilden leuchtend klare (lucide) Perlen aus. Muscheln an der Wasseroberfläche schließlich kommen mit viel Schaum und Schmutz in Berührung und erzeugen daher unschöne Perlen.

In diesem naturkundlichen Bericht kann man durchaus die Vorstellung von der Einwirkung eines örtlichen Reizes als Ursache der Flußperlengenese erkennen (Fischer-Benzon v. 138). Heute weiß man, daß für die Bildung der Perlen neben der Fremdkörperwirkung auch Schmarotzer oder Verletzungen als äußerer Anlaß in Frage kommen (Salvini v. Plawen, in: Grzimek III 152).

Die ›margarite‹ vertreiben ›fiber‹ und Kopfschmerzen, während die ›berle(i)n‹ kaum medizinischen Nutzen haben.

Der *Karneol* wird unter Sarder behandelt.

Der *Alabaster hat weder rechte Wärme noch rechte Kälte in sich; er hat von beidem und ist gleichsam lauwarm, so daß eine medizinische Wirkung nicht in ihm gefunden werden kann«* (Struck 85,10-12; Migne 1265AB).

»Der Kalk (Kalkstein) ist warm. Wenn man ihn brennt, entsteht daraus creta (gebrannter Kalk); daher ist auch der Kalk warm. Denn wenn der Kalk durch Feuer zu Pulver geworden ist, wird er noch stärker und bindet mit seinem Feuer Erde und Sand zusammen« (Struck 85,12-15; Migne 1265B).

Der Abschnitt deutet Hildegards Wissen um die Verarbeitung und Verwendung des natürlichen Kalksteins an, der gebrannt wird. Sein Ablöschen mit Wasser führt zu einer Umwandlung des gebrannten in den gelöschten Kalk, der mit dem Zerfall der festen Stücke zu Pulver wird. Auch weist die Verbindung ›Feuer – Erde – Sand‹ auf den Zement als Bindemittel von feingemahlenem Kalkstein, Ton und Tonmergel hin.

»Ein Mensch aber, den ein Wurm an einer Stelle zerfrißt, nehme einen Teil ›creta‹ (gebrannten Kalk) und zwei Teile ›criden‹ (Kreide) und bereite daraus mit saurem Wein eine Art dünnes ›cementum‹ (Mörtelbrei) und trage dieses auf die Stelle, wo er den Wurmfraß spürt, mit einer Feder auf« (Struck 85,17-86,2; Migne 1265B-1266A).

Der Text ist identisch mit ›Contra vermem‹ im LCM IV p. 217,4-8 ed. Kaiser.

Eine medizinische Wirkung des Mörtelbreies (cementum) ist in der Tat nicht auszuschließen, weil Kalkpräparate entzündungshemmend wirken und die alkalisch ätzende Wirkung (Ätzkalk) zur Vernichtung organischer Stoffe (Entseuchung Gerbereigewerbe) durchaus herangezogen werden kann. (cf. LSM II 13 ›De Crida‹: Migne 1214C).

»Die übrigen Steine, die in verschiedenen Erden und in verschiedenen Regionen entstehen und verschiedene Eigenschaften und verschiedene Farben aus den Erden, in denen sie entstehen, ziehen, haben als Heilmittel keinen großen Wert« (Struck 86,15-87,1; Migne 1266B).

Hildegard bezieht in ihrer Systematik der Steine auch die Erden verschiedener Regionen mit ein.

»Erden und Steine sind nicht so entgegengesetzt, wie es zunächst scheinen könnte. Es gibt Steine, die sich mit der Hand zu Staub zerreiben lassen, Steine, die zu Erde verwittern, und es gibt Erden, die sich gewissermaßen vor unsern Augen zu Stein verfestigen« (Lüschen 22).

Das 2. Buch der ›Physica‹ geht in Kapitel 13 ›De elementis‹ auf verschiedenartige Erden ein, auf deren Eigenschaften und erdgebundene Farben. Hildegard unterscheidet weiße, schwarze, rötliche und grünliche Böden (Migne 1213D-1214B), die wohl als Zeitmarken geologischer Abfolge im Umfeld der Klöster Disiboden- und Rupertsberg zu verstehen und weitgehend nachzuweisen sind. Ferner behandelt das zweite Buch die Namengebungen Kalk und ›calamina‹ (Galmei).

Eine Reihe von Steinen im landläufigen Sinne, die man im Acker, im Flußgeröll des Rheins und der Nahe oder den Steinhalden des ›Binger Waldes‹ findet, werden unverändert mit ihren Trivialnamen übernommen, wie ›grieszstein‹ (Sandstein), ›calckstein‹ (Kalkstein), ›duckstein‹ (Tuffstein), ›wacken‹ (Feldstein) ›et similes‹ (und ähnliche). Eine Ausnahme bildet der aus der griechischen Sprache entlehnte lateinische Begriff ›marmor‹.

DAS BUCH VON DEN STEINEN

VORREDE

Jeder Edelstein hat Feuer und Feuchtigkeit in sich. Der Teufel schreckt jedoch vor den Edelsteinen zurück, haßt und verachtet sie, weil er nicht vergessen hat, daß ihre Zier an ihm selbst erstrahlte, bevor er aus seiner von Gott gegebenen Herrlichkeit herabstürzte, und auch deswegen, weil einige Edelsteine aus dem Feuer entstehen, in dem er selbst seine Strafe erleidet. Denn nach dem Willen Gottes ist er durch das Feuer besiegt worden und in das Feuer gestürzt, so, wie er auch durch das Feuer des Heiligen Geistes überwunden wird, wenn immer die Menschen durch den gegenwärtigen Anhauch des Heiligen Geistes seinem Schlund entrissen werden, in den sie durch schlechte Werke hineingezogen worden sind.

Im Osten aber und in jenen Gegenden, in denen sehr große Sonnenglut herrscht, entstehen die Edelsteine und Juwelen. Denn die Berge, die sich in jenen Landstrichen finden, sind von der Sonnenhitze heiß wie das Feuer; auch die Flüsse, die in diesen Gegenden fließen, kochen ständig auf Grund der überaus großen Glut der Sonne.

Wenn daher hin und wieder jene Flüsse in einer Überschwemmung über die Ufer treten und anschwellend an diesen glühend heißen Bergen hochsteigen, dann werfen diese sonnendurchglühten Berge, von jenen Fluten berührt, an einigen Stellen, wo das Wasser mit dem Feuer zusammenkommt, eine Art Schaum aus, d. h. sie ›singelint‹ (sprühen), wie es etwa glühendes Eisen oder ein glühender Stein tut, wenn Wasser über ihn gegossen wird. Genauso hängt an jener Stelle dieser Schaum wie Leim und härtet in drei oder vier Tagen zu einem Edelstein aus. Wenn daraufhin die Überflutung durch jene Wasser aufhört, so daß die Wasser wieder in ihr Bett zurückkehren, trocknen die Schaumspritzer, die an verschiedenen Stellen in jenen Bergen hängengeblieben waren, in der Sonnenglut entsprechend den unterschiedlichen Stunden des Tages und der zu diesen Stunden herrschenden Temperatur. Daher bekommen sie auch entsprechend der Temperatur jener Tageszeiten ihre Farben und ihre Kräfte. Sehr viele lösen sich dann, durch die Austrocknung zu Edelsteinen gehärtet, wie Schuppen von ihren Plätzen und fallen in den Sand. Wenn aber dann eine neue Überschwemmung jene Flüsse anschwellen läßt, reißen die Fluten viele von den Steinen hoch und bringen sie in andere Gegenden, wo sie schließlich von den Menschen gefunden werden. Wegen der zahllosen großen Edelsteine, die in besagter Weise auf ihnen entstehen, leuchten diese Berge dort hell nach Art des Tageslichts.

Auf diese Weise also entstehen die Edelsteine aus Feuer und Wasser; daher haben sie auch Feuer und Feuchtigkeit in sich und besitzen auch viele Kräfte und vielerlei Wirksamkeiten, derart, daß sehr vieles mit ihrer Hilfe bewerkstelligt werden kann, freilich nur das, was gut und sittlich wertvoll und nützlich für den Menschen ist, nicht aber Machenschaften wie Verführung, Unzucht, Ehebruch, Feindschaft, Mord und dergleichen, was in den Bereich der Laster gehört und (der wahren Natur) des Menschen widerspricht. Denn die Natur dieser edlen Steine fühlt sich angezogen von allem sittlich Guten und Nützlichen und abgestoßen von allem, was gemein und dem Menschen schädlich ist, so wie die Tugenden die Laster verwerfen und die Laster nicht mit den Tugenden zusammen wirken können.

Es gibt aber noch andere Steine, die nicht auf denselben Bergen und in der beschriebenen Weise entstehen, sondern aus irgendwelchen anderen nützlichen und unnützen Dingen hervorgehen; durch sie kann Gutes und Böses, ihrer Natur entsprechend, mit Zustimmung Gottes, bewirkt werden. Gott hatte nämlich den ersten Engel gleichsam mit Edelsteinen geschmückt; eben dieser Luzifer sah sie im Spiegel der Gottheit glänzen und empfing daher sein Wissen, und er erkannte in ihnen, daß Gott weiterhin viel Wunderbares wirken wollte. Da überhob sich sein Geist, weil der Glanz der Steine, der an ihm war, in Gott widerstrahlte, und er glaubte, er könne ebensoviel und mehr als Gott. Deshalb ist sein Glanz ausgelöscht worden und er verlor die Zier der Steine, wie auch Adam seiner Zier verlustig ging. Aber wie Gott den Adam nicht nur wiederherstellte, sondern ihn darüber hinaus erhöhte, so ließ Gott weder den Glanz noch die Kräfte dieser Edelsteine vergehen; vielmehr wollte er, daß sie sich auf Erden der Wertschätzung und des Lobpreises (durch die Menschen) erfreuten und dem Menschen als Heilmittel wie auch als Schmuckgegenstände dienten.

KAPITEL I

DER SMARAGD

Der Smaragd wächst frühmorgens bei Sonnenaufgang, wenn die Sonne beherrschend auf ihrer Bahn einsetzt, um ihren Lauf zu vollbringen. Zu diesem Zeitpunkt ist die Grüne der Erde und der Gräser am kräftigsten; denn dann ist die Luft noch kalt, aber die Sonne schon warm, und dann saugen die Kräuter die Grüne so kräftig wie ein Lamm, das Milch saugt, so daß die Hitze des Tages kaum hinreicht, die Grünkraft dieses Tages so weit zu reifen und zu nähren, daß sie fähig wird, Früchte hervorzubringen. Der Smaragd ist deswegen so wirksam gegen alle Schwächen und Krankheiten des Menschen, weil die Sonne ihn gebiert und weil seine gesamte Substanz aus der Grüne der Luft stammt. Auch hat er gemäßigte Wärme und gute, kühle Grüne, und er macht den Menschen, der ihn betrachtet, fröhlich.

Wer also am Herzen oder am Magen oder in der Seite oder sonst einem Körperteil Schmerzen hat, trage einen Smaragd bei sich, damit das Fleisch seines Körpers durch ihn erwärmt werde. Dann wird es ihm besser gehen, weil die Grünkraft des Smaragds heilsam ist und seine Wärme und Härte den Herz- und Magenbeschwerden sowie den Schmerzen in der Seite und in den übrigen Körperteilen Widerstand leistet. Wenn aber diese Krankheiten so heftig auf ihn einstürmen, daß er sich vor ihrem Ansturm nicht mehr halten kann, dann soll jener Mensch schnell einen Smaragd in den Mund nehmen, damit dieser von seinem Speichel feucht werde, und so soll er den von jenem Stein erwärmten Speichel oft seinem Körper zuführen und auch oft von sich geben. Dann werden die plötzlichen Anfälle jener Krankheiten ohne Zweifel aufhören, weil die Grüne des Smaragds zusammen mit seiner Wärme und in Verbindung mit dem heilkräftigen menschlichen Speichel diese Anfälle niederschlägt.

Wenn jemand, von der Fallsucht (caducus morbus) überwältigt zu Boden fällt, dann schiebe ihm, der so am Boden liegt, einen Smaragd in den Mund, und sein Geist wird wieder aufleben. Und nachdem jener aufgestanden ist und diesen Stein aus dem Mund genommen hat, soll er ihn aufmerksam anschauen und sprechen: »Wie der Geist des Herrn den Erdkreis erfüllt hat, so erfülle er das Haus meines Körpers mit seiner Gnade und vertreibe den Teufel aus ihm, auf daß er es niemals mehr erschüttern kann.« Das soll er auch die neun folgenden oder weitere Tage des Morgens tun, und er wird geheilt werden, weil die guten Kräfte der Grüne und der Wärme des genannten Steines diese Krankheit nicht zulassen, sondern mit Gottes Gnade vertreiben. Dies wirken sie auch zu Ehren der neun Engelschöre. Freilich

muß er den Stein immer bei sich haben und er soll ihn täglich in der Morgenfrühe ansehen und, während er ihn anschaut, die genannten Worte sprechen. Dann wird er geheilt werden, weil der Morgen, d.h. der Tagesaufgang, von Schmutz rein und die Luft sauber ist. Zu dieser Zeit also soll der Epileptiker diesen reinen Stein anschauen und die erwähnten Worte sprechen. Seine Grüne reflektiert den Strahl seiner Augen und bringt ihm mit seinen Kräften Gesundheit, vorausgesetzt, jener Mensch spricht dazu auch in gutem Glauben die erwähnten Worte.

Auch wer unter starken Kopfschmerzen leidet, soll ihn an seinen Mund halten und durch seinen Atem erwärmen, so daß er durch den Atem feucht wird. Mit dem feuchten Stein bestreiche (liniat id est ›bestriche‹) er die Schläfen und seine Stirn, nehme ihn dann in seinen Mund und behalte ihn eine knappe Stunde im Munde, und er wird sich besser fühlen. Denn wenn durch die warme Feuchtigkeit des Atems die Grüne und die Kraft jenes Steines aufgerufen und so mit dem schmerzenden Kopf in Verbindung gebracht wird und er in den Mund des Patienten gelegt wird, wird sein Kopfweh wegen der guten Kraft und der Wärme dieses Steins, beide angeregt durch die warme Feuchtigkeit des Atems, gemildert.

Auch wer sehr viel Phlegma und zu viel Speichel in sich hat, möge starken Wein erwärmen und dann ein Leinentuch über ein Gefäß legen und über das Tuch jenen Smaragd; dann gieße er den so erwärmten Wein über den Stein, derart, daß der Wein durch das Tuch läuft. Das wiederhole er immer wieder, so wie jemand, der eine Lauge herstellt. Sodann bereite er aus jenem Wein und aus Bohnenmehl einen Brei; den soll er fleißig essen und den solchermaßen aufbereiteten Wein häufig trinken. Dies reinigt das Gehirn des Betreffenden und vermindert Phlegma und Speichel in ihm, weil die Grüne und die Wärme dieses Steins zusammen mit der veränderten Wärme des Weins und mit der Wärme und Kraft des Mehls die Unreinheiten des Hirns und des Phlegmas beseitigen.

Und wenn jemand einen Wurm hat, der an ihm zehrt, so lege er ein Leinentuch über das Geschwür und binde darauf den Smaragd und darüber weitere Tüchlein, so wie jemand, der eine entzündliche Geschwulst zum Aufbrechen bringen will, damit auf diese Weise der Stein erwärmt werde. Drei Tage lang oder länger soll er so verfahren, und der Wurm wird sterben. Denn die Grüne und Wärme dieses Steins töten den Wurm.

KAPITEL II

DER HYAZINTH

Der Hyazinth entsteht in der ersten Stunde des Tages aus dem Feuer, wenn die Luft bald diese, bald jene Farben zeigt, und er ist eher luftartig als feurig. Daher spürt er auch die Luft und verändert bisweilen seine Farbe entsprechend der Luft, ist aber auch feurig und warm, weil er vom Feuer erzeugt ist.

Ein Mensch, der an Sehschwäche leidet oder dessen Augen trübe sind oder ›swerent‹ (schmerzen), halte den ›iachant‹ (Hyazinth) gegen die Sonne, und jener erinnert sich sofort daran, daß er aus dem Feuer entstanden ist, und erwärmt sich schnell. Darauf soll er ihn mit Speichel ein wenig befeuchten und dann schnell auf die Augen bringen, so daß sie hierdurch erwärmt werden. Das tue er häufig, und die Augen werden klar und gesund werden, weil das Feuer und die Wärme eben dieses Steines die unrechte Wärme und die unrechte Kälte der Augen vertreiben, und der Speichel, der wegen der Wärme des menschlichen Körpers etwas heilkräftiger ist als anderes Wasser, die Kräfte dieses Steines durch seine warme Feuchtigkeit zu Heilwirkung anregt, wenn die Augen durch ihn naß werden. Und so heilt er die Augen.

Und wer glühendes Fieber (›fiber‹) im Magen hat, wodurch häufig das Ein-, Drei- und Viertagefieber entsteht, stelle reinen Wein in einem Tongefäß in die Sonne, damit er warm werde. Dann senke er einen Hyazinth in diesen Wein, damit er sich in dem Wein erwärme. Ferner tauche er kurzzeitig einen glühenden Stahl in diesen Wein. Davon trinke er auf nüchternen Magen und zur Nacht, wenn er ins Bett geht, drei oder mehr Tage lang und er wird geheilt werden. Doch wenn er am zweiten oder dritten Tage keine Sonne haben sollte, erwärme er den Wein an einem Buchen- oder Lindenholzfeuer, gebe den Hyazinth in den Wein, und tauche kurzzeitig einen glühenden Stahl hinein, wie oben beschrieben. Davon trinke er, und es wird ihm besser gehen, da die Wärme und Kraft des Hyazinths durch die Wärme der Sonne und des Weines und durch die veränderte Wärme des Stahls angeregt, schädliche Magensäfte beseitigt, und das Feuer der gleichmäßig temperierten Buche und das Feuer der warmen Linde größere Heilwirkung erzielt als das Feuer anderer Hölzer und aus diesem Grund, wie schon gesagt, auch diese Fieber heilt.

Und wenn jemand aufgrund von Teufelswerk oder aufgrund magischer Worte verzaubert (›virgogelit‹) ist, so daß er wahnsinnig wird, dann nimm ein warmes Weizenbrot und schneide es an der oberen Kruste in Kreuzesform ein, ohne es jedoch ganz durchzubrechen. Dann zieh diesen Stein durch jenen Schnitt in

Kreuzesform von oben nach unten und sprich: »Gott, der dem Teufel alle Kostbarkeit der Steine wegnahm, nachdem er sein Gebot übertreten hatte, möge von dir, N., alle schädlichen Geister und jeglichen Zauberbann vertreiben und dich von dem Schmerz dieses Wahnsinns befreien.« Dann zieh denselben Stein ein zweites Mal, diesmal quer, durch das warme Brot und sprich: »Wie der Glanz, den der Teufel an sich hatte, von ihm genommen wurde zur Strafe für sein Vergehen, so soll auch dieser Wahnsinn, der dich, N., mit aller Art Blendwerk und mit aller Art Zauberwerk quält, von dir weggenommen werden und von dir ablassen.« Dann nimm von diesem Brot beidseits des Schnittes, durch den du den ›iachant‹ (Hyazinth) gezogen hast, und gib es dem Kranken zu essen. Wenn dieser aber das Weizenbrot wegen seiner körperlichen Schwäche nicht essen kann, dann segne warmes ungesäuertes Brot, das ist ›derfbroit‹, mit dem Hyazinth und mit den obigen Worten, wie angegeben, und gib es ihm zu essen. Zieh außerdem den Stein in Kreuzesform durch alle warmen Speisen, die jener essen wird, also durch das Fleisch, die ›warmuse‹ (warmen Gemüse) und durch alle seine anderen Speisen, und segne sie, indem du in sie hinein Kreuze machst und die gleichen Worte sprichst. Wiederhole das häufig, und er wird geheilt werden. Denn die gute Kraft des Hyazinths und die erwähnten heiligen Worte verleihen durch die Gnade Gottes dem Brot und den übrigen Speisen Stärke, so daß sie, in den Leib des Menschen aufgenommen, die teuflischen Trugbilder verjagen.

Auch wer Herzbeschwerden hat, wird sich besser fühlen, wenn er mit dem Hyazinth das Kreuzeszeichen über seinem Herzen schlägt und die genannten Worte spricht; dies wegen der Kraft des Hyazinths und wegen der Wirkung der heiligen Worte.

Und wenn irgendein Mensch von unbändigem Lachen geschüttelt wird, so daß ihm sehr nach Lachen zu Mute ist und er sich vor Lachen nicht mehr halten kann, dann stecke er schleunigst einen Hyazinth in seinen Mund, und das Lachen in ihm wird aufhören. Das Lachen ist nämlich zu allererst durch teuflische Eingebung entstanden, und die Kraft des Hyazinths vermag es deswegen zu unterdrücken, weil der Teufel dem aus dem Wege geht, was gut ist.

Und wessen Denken und Wollen und Körper von Libido entflammt ist, der habe einen Hyazinth bei sich; dieser löscht die Libido in ihm aus, da er durch seine Kraft und seine Wärme das Feuer des Blutes dämpft. Doch auch wenn ein Mensch bereits vor Libido glüht, soll er er aufmerksam den Hyazinth betrachten. Dann führt der (intensive) Blick dieses Menschen die Kräfte dieses Steines in sein Hirn und löscht die Libido darin aus. Und wenn sich in einem Menschen große und sehr starke Lust erhebt, erwärme er den Hyazinth an der Sonne oder am Feuer der oben genannten Hölzer und mache mit ihm ein Kreuz über seinen Magen, seine Nieren und seinen

Nabel und die Fleischeslust – mag es sich nun um einen Mann oder eine Frau handeln – wird sich in ihm legen, weil die Kraft und Wärme des Hyazinths durch die Wärme der Sonne oder der oben genannten Hölzer angeregt und außerdem durch die guten und heiligen Worte beschworen werden. Damit löscht er die Hitze des menschlichen Blutes aus.

KAPITEL III

DER ONYX

Der Onyx ist warm und wächst um die dritte Stunde des Tages bei dichtem Gewölke, wenn die Sonne kräftig brennt, aber trotzdem Wolken vor die Sonne ziehen, so daß die Sonne wegen der Wassermassen nicht durch sie hindurchscheinen kann. Er hat nicht viel Feuersglut in sich, sondern die Wärme der Luft, und er hat seinen Ursprung in der Sonnensubstanz und gewinnt seine feste Gestalt aus verschiedenen Wolken. Daher besitzt er große Wirkkraft gegen Krankheiten, die aus der Luft entstehen. Der Onyx wird nämlich deswegen am menschlichen Körper erwärmt und nicht an irgendeinem Feuer, damit er auf sanfte Weise durch menschliche Wärme warm werde. Und er wird über den dampfenden Wein gehalten, damit durch den Weindampf die Wärme und der ›Schweiß‹ dieses Steines hervorgelockt werden. Der ›Schweiß‹ des Onyx und der Onyx selber, vermischt mit der Wärme des Weins, und der Wein selber, als Trank eingenommen, beruhigen die schädlichen Säfte des Herzens und der Seite.

Und wem die Augen schwach werden oder sonstwie, nämlich infolge von ›augswern‹ (Augenleiden), versagen, der gieße in ein ehernes oder kupfernes Gefäß oder in ein Gefäß aus Stahl reinen und starken Wein, lege einen Onyx in diesen Wein und beize ihn darin fünfzehn oder dreißig Tage. Dann nehme er den Stein heraus, lasse aber den Wein in dem Gefäß zurück, damit der Wein von der Kraft des Steins durchzogen werde, und bestreiche dann jede Nacht seine Augen ein wenig mit dem Wein, u.z. so, daß er auch die Augen ein wenig berührt. Dann werden sie hell und gesund werden. Der Onyx soll nämlich deshalb lange in Wein liegen, damit durch seine Hitze der Wein warm werde, und damit der Wein in der langen Zeit ein wenig von seiner Stärke verliere, auf daß die Wärme des Onyx und die Wärme des Weins so zusammen zum Ausgleich kommen. Dies (wird durchgeführt) in einem Erz- oder Kupfer- oder Stahlgefäß, weil diese Gefäße eher fleckenfrei sind als Gefäße aus anderem Material. So befreit denn der Onyx ein krankhaft warmes oder krankhaft kaltes Auge von Verunreinigungen, und der Wein bringt wegen seiner guten und starken Heilwirkung diese Verunreinigungen völlig zum Verschwinden.

Wer ferner am Herzen oder in der Seite Schmerzen leidet, der erwärme einen Onyx in seinen Händen oder auf seiner Haut, erwärme gleichzeitig Wein in einem Gefäß über dem Feuer, nehme das Gefäß vom Feuer und halte den Onyx über den dampfenden Wein, so daß dessen feuchte Absonderungen sich mit dem Wein vermischen. Dann lege er ihn in den heißen Wein und trinke diesen sogleich, so, wie er ist, und das Herz- und Seitenstechen wird aufhören.

Auch wer magenleidend ist, bereite mit Hilfe des Onyx in der beschriebenen Weise Wein zu und koche dann aus eben diesem Wein, Hühnereiern und Mehl ein ›suffen‹ (Suppe, Kraftbrühe) und esse das häufig. Es wird seinen Magen reinigen und ihn heilen.

Wer ferner an der Milz erkrankt ist, koche Fleisch von Böcken oder Junglämmern und verzehre es, nachdem er das gekochte Fleisch in Wein, der in der oben angegebenen Weise mit Hilfe des Onyx aufbereitet wurde, eingetaucht hat, wie man gewisse Speisen in Essig zu tauchen pflegt. Das mache er mehrfach, und die Milz wird heilen und wird nicht weiter anschwellen, weil die Wärme des Bockfleisches den Milzbeschwerden Widerstand leistet und das kühle Lammfleisch die schmerzende Milz heilt, wenn sie mit dem erwähnten Wein in der genannten Weise gemischt werden.

Und wer starkes ›fiber‹ (Fieber) hat, lege einen Onyx fünf Tage in Essig, nehme ihn dann wieder heraus, setze diesen Essig allen Speisen zu und würze sie mit ihm und esse sie so; dann wird das ›fiber‹ aufhören und leicht verschwinden, weil die gute Wärme des Onyx, mit der Wärme des Essigs gemischt, die schädlichen Säfte, aus denen die Fieber entstehen, vertreibt.

Bedrückt dich aber Trübsinn, dann blicke den Onyx aufmerksam an und stecke ihn dann auch ohne Verzug in deinen Mund, und deine Depression wird verschwinden. Der Stein soll aber deswegen angeschaut werden, damit im Zurückstrahlen seine Wärme und Kraft den Blick des Menschen berühren. Deshalb muß man ihn auch dem Menschen in den Mund legen, damit sich seine gute Wärme mit dem Speichel des Menschen verbindet, auf daß diese ihn innerlich beruhige. Auf diese Weise wird er durch die Kraft eben dieses Steines Freude empfangen.

Ferner: wenn ›schelmo‹ (Rinderpest) die Rinder befällt und tötet, dann erwärme in einem Gefäß Wasser über dem Feuer und halte den Onyx über das vom Feuer genommene, dampfende Wasser, so daß die aus ihm austretende Feuchtigkeit sich mit dem Wasser vermischt. Hierauf lege ihn für drei Tage in jenes Wasser; nimm ihn sodann wieder heraus und gib den Rindern dieses Wasser häufig zu trinken; besprenge damit auch ihr Futter und vermische die Kleie damit und wirf sie ihnen so zum Fressen vor. Verfahre oft in dieser Weise, und es wird ihnen besser gehen. Dieser Stein ist über den Wasserdampf zu halten, damit durch die sanfte Wärme des erhitzten Wassers seine Wärme und sein ›Schweiß‹ hervorgelockt wird, und damit so seine gute Wärme sich mit dem Wasser mische. Das ist der Grund, weshalb dieses Wasser, das die Tiere im Trank und im Futter zu sich nehmen, die Rinder von der Seuche befreit.

KAPITEL IV

DER BERYLL

Der Beryll ist warm und wächst Tag für Tag bis zu seiner (natürlichen) Größe jeweils zwischen der dritten Stunde des Tages und der Mittagszeit aus dem Schaum des Wassers, wenn die Sonne ihn kräftig durchglüht. Und seine Kraft kommt mehr von der Luft und dem Wasser als vom Feuer, aber trotzdem ist auch er, wenngleich nur in geringem Maße, feuerartig.

Wenn ein Mensch Gift gegessen oder getrunken hat, so ›scaue‹ (schabe) er unverzüglich ein wenig von dem Beryll in einen ›quecbrunen‹ (Quellwasser) oder in irgendein anderes Wasser und trinke dies auf der Stelle. Fünf Tage oder länger verfahre er so, indem er es einmal am Tag auf nüchternen Magen trinkt, und er wird das Gift durch Erbrechen ausspeien, oder es wird durch ihn hindurchgehen und hinten ausgeschieden werden. Denn die Wärme und die Kraft des Berylls duldet keinen Schmutz, sondern verbrennt und verzehrt ihn, und das Quellwasser wäscht jeden Schmutz im Magen des Menschen weg. Und so treibt der Beryll das Gift aus dem Menschen aus, wenn seine Wärme und seine Kraft sich mit der prickelnden Frische dieses Wassers mischt.

Wer den Stein immer bei sich hat und ihn häufig in der Hand hält und oft ansieht, wird mit anderen Menschen nicht leicht Streit bekommen und nicht ›stridig‹ (streitsüchtig) sein, sondern ruhig bleiben. Denn wenn das Fleisch des Menschen von ihm erwärmt wird und er ihn anschaut, berühren dessen reine Kräfte sein Inneres und verleihen ihm ein sanftes Gemüt.

Wenn aber eine schwangere Frau Mühe hat zu entbinden, weil ihr Schoß verschlossen ist, soll eine andere Frau einen Beryll nehmen, ihn am Feuer stark erhitzen und ihn so mit einer eisernen oder hölzernen Zange an den Muttermund halten – mit bloßer Hand kann sie ihn nicht halten, weil er sehr heiß ist –, damit seine Hitze ins Innere der Gebärmutter dringt. Sobald dann die Gebärmutter seine Hitze spürt, macht sie die verschlossenen Wege für die Geburt frei, und die Frau wird entbunden. Der Stein wird nämlich deswegen am Feuer erhitzt, damit sein Feuer hervorgelockt wird, und damit er mit umso stärkeren Kräften die Geburt einleite.

KAPITEL V

DER SARDONYX

Der Sardonyx ist warm; er wächst Tag für Tag bis zu seiner (natürlichen) Größe jeweils dann, wenn die sechste Stunde vorbei und die erste Linie der neunten Stunde des Tages vorübergegangen ist. Dann wird er von der reinen Sonne genährt, wenn die Sonne in ihrer Klarheit leuchtet, weil zu dem Zeitpunkt die Luft anfängt, kühl zu werden; daher hat er mehr vom Feuer als von der Luft oder dem Wasser. Er hat starke Kräfte in seiner Natur und verleiht den fünf Sinnen des Menschen eine besondere Schärfe. Für diese ist er ein Heilmittel, weil er bei voller Klarheit der Sonne entsteht, dann nämlich, wenn im hellen Strahlen der Sonne sich keine Verunreinigung zeigt. Denn wenn ein Mensch den Sardonyx bei sich trägt, soll er ihn auf die bloße Haut legen und auch oft an den Mund halten, so daß sein Atem ihn berührt, wenn er ihn [den Atem] ausstößt und wenn er ihn einzieht. Alsdann werden Verstand und Wissen sowie alle Sinne seines Körpers gestärkt und es werden von diesem Menschen Jähzorn, Dummheit und Zuchtlosigkeit genommen. Der Teufel aber haßt und meidet diesen Stein wegen seiner Reinheit. Wenn nämlich die gute und feurige Natur dieses Steines die nackte Haut eines Menschen berührt, so daß der Leib dieses Menschen davon erwärmt wird, und wenn seine [des Steins] Wärme und Ausdünstung durch den heißen Atem des Menschen hervorgelockt wird, öffnet er Verstand und Sinn des Menschen zu allen guten Dingen.

Und wenn ein Mann oder eine Frau aufgrund ihrer Natur heftig in fleischlicher Begierde entbrennen, dann soll der Mann einen Sardonyx an seine ›lankin‹ (Lenden) legen, die Frau aber über ihren Nabel, und sie werden ein Heilmittel gegen diese Lust haben, weil die gute Wärme und die gute Kraft des Steines das krankhafte Feuer der Sinnenlust auslöschen.

Wenn ein Mensch akutes Fieber hat, und wenn er aufgrund dieses Fiebers geschwitzt hat und sich besser fühlt, soll er sogleich diesen Stein in einem Ring an seinen Finger stecken, und er wird keinen Rückfall in das Akutfieber erleiden, d.h. ›widersturzen‹. Die Kraft dieses Steines ist nämlich so stark, daß er nicht zuläßt, daß sich in dem Menschen aufs neue die bösen Säfte regen, aus denen das Akutfieber entsteht.

KAPITEL VI

DER SAPHIR

Der Saphir ist warm und wächst um die Mittagszeit, wenn die Sonne in ihrer Glut derart stark brennt, daß die Luft von ihrer Glut ein wenig dunstig wird und dann der Glanz der Sonne aufgrund der von ihr ausgestrahlten übergroßen Hitze nur so durch die Luft dringt, daß ebendieser Glanz dann nicht so voll erstrahlt, wie dies der Fall ist, wenn die Luft ein wenig abgekühlt ist. Und deswegen ist er auch trübe und außerdem eher feuerartig als luftartig oder wasserartig; und er bezeichnet die volle Liebe zur Weisheit.

Ein Mensch, der ein Häutchen im Auge (den Star) hat, soll den Saphir in seiner Hand halten, ihn mit ihr oder durch Feuer erwärmen, sodann mit einem Tropfen Wein befeuchten und das ›vel‹ (Häutchen) in seinem Auge mit dem feuchten Stein berühren. Das ›vel‹ wird zurückgehen und verschwinden, wenn er drei Tage lang morgens und abends so verfährt. Denn die Wärme dieses Steines, temperiert mit der Wärme des Menschen – ist doch die menschliche Wärme hiefür heilsamer als die Wärme jeden anderen Feuers – und dazu die Schärfe des Weins brechen das Häutchen auf, das die Sehkraft des Auges schwächt.

Und wenn jemandem die Augen vor Schmerz gerötet sind und ›seregent‹ (weh tun) oder wem sie dunkel geworden sind, der nehme den Saphir nüchtern in seinen Mund, so daß er von seinem Speichel feucht werde; dann nehme er mit dem Finger etwas von dem Speichel auf, mit dem der Stein benetzt wurde, und bestreiche damit seine Augen, u.z. dergestalt, daß er auch innen die Augen berührt. Sie werden geheilt und klar werden, denn die gute Wärme des Saphirs und die frische und warme Feuchtigkeit des Speichels vertreiben im Verbund die üblen Säfte der Augen.

Ein Mensch, der am ganzen Leib ›vergichtiget‹ (gichtkrank) ist, so daß er vor lauter Schmerzen im Kopf und am übrigen Körper es nicht mehr aushalten kann, der lege ebendiesen Stein in seinen Mund, und seine ›gicht‹ wird verschwinden. Denn die Kraft dieses Steines bewirkt, daß die üblen Säfte der Gicht verschwinden.

Ein Mensch, der eine gute Auffassungsgabe und gutes Wissen haben will, lege den Saphir täglich morgens, wenn er von seinem Bett aufsteht, nüchtern in seinen Mund. Er lasse ihn für eine kurze Stunde, d.h. so lange im Mund, bis er von dem Speichel, der ihn befeuchtet, genug aufgenommen hat. Danach nehme er ihn aus dem Mund, halte etwas Wein an das Feuer und erwärme es in einem Gefäß und halte den Stein in den Dampf jenes Weines, auf daß er so zu schwitzen anfange und feucht werde. Dann lecke er mit seiner Zunge von dieser Feuchtigkeit, und er trinke auch sogleich ein wenig von dem Wein, und so befördert dieser Wein den Speichel, von dem der Stein erwärmt worden war, in den Leib jenes Menschen. Auf diese Weise wird er einen klaren Verstand und ungetrübte Erkenntnis haben, und auch sein Magen wird aufgrund dieses Mittels gesund bleiben. Denn die gute Wärme des Saphirs, die durch die warme Feuchte des heilsamen menschlichen Speichels und die Wärme des dampfenden Weins hervorgelockt und trinkenderweise dem Menschen einverleibt wurde, reduziert die schädlichen Säfte, welche Einsicht und Verstand des Menschen belasten, und weicht die Härte im Leibesinneren auf. Auf diese Weise wird der Mensch einen klaren Verstand und einen gesunden Magen erhalten.

Auch wer dumm ist, so daß ihm jedes höhere Wissen abgeht, aber trotzdem klug sein möchte, dies jedoch nicht kann, und dabei nicht Bosheit im Auge hat, noch auf solche aus ist, der lecke mit seiner Zunge in nüchternem Zustand häufig an dem Saphir. Das tue er oft, und seine Dummheit wird abnehmen und er wird klüger werden als bisher.

Wer heftig von Zorn geschüttelt wird, nehme sogleich einen Saphir in den Mund; der Zorn wird erlöschen und von ihm weichen. Denn wenn die Kraft dieses Steines mit dem menschlichen Speichel vermischt wird, dämpft es die Säfte, die Zorn auslösen.

Wenn dieser Stein in einem Ring von reinstem, nämlich von ›gebrant golt‹ (geläutertem Gold) ohne ›blech mal‹ (Metallfehler) gefaßt ist, und wenn unter dem Stein nichts anderes ist als Gold, dann kann der Mensch jenen Ring, in dem der Stein gefaßt ist, als Heilmittel in den Mund nehmen, und es wird nicht schaden. Wenn aber etwas anderes daran ist als Gold, nützt es nichts, wenn man ihn in den Mund legt, weil dann an dem Ring etwas ist, was verschieden ist. In reinem Gold ist der Saphir ein Heilmittel, in anderen Metallen ist er nicht so wirksam, obgleich er auch in ihnen noch ein wenig Heilkraft besitzt.

Wenn ein Mensch von einem bösen Geist besessen ist, dann stecke einen Saphir in einen Wachsklumpen und nähe den Wachsklumpen in einen Lederbeutel; dann hänge ihm diesen Beutel um den Hals und sprich: »Schändlicher Geist, weiche schnell von diesem Menschen, so wie bei deinem ersten Fall die Herrlichkeit deines Glanzes schnell von dir gewichen ist.« Dadurch wird der böse Geist hart bedrängt und von dem Menschen weichen – es sei denn, es ist ein besonders wilder und bösartiger –, und es wird ihm besser gehen, es sei denn, Gott wolle nicht, daß er ausgetrieben werde. Denn in jedem Geschöpf, das aus der Hand Gottes hervorging, und scheine es noch so unnützt, findet sich irgendein Nutzen, auch wenn der Mensch diesen nicht kennt. Am Saphir gibt es fast nichts, was unnütz wäre, und auch das Feuer, das in ihm ist, ist rein. Deshalb haßt ihn der Teufel und geht ihm aus dem Wege. Und weil auch das Wachs von reinen Tieren ist, soll dieser Stein dort hineingegeben wer-

den. Legt man ihn dort in besagter Weise hinein, schreckt der böse Geist vor dem Ort zurück, wo der Stein ist.

Auch wenn der Teufel einen Mann anstachelt, eine bestimmte Frau zu begehren, so daß er auch ohne Zauberbann und Teufelsbeschwörungen liebestoll wird, und wenn das der Frau lästig ist, dann soll sie dreimal etwas Wein über einen Saphir gießen und ebensooft sprechen: »Ich gieße diesen Wein mit seinen glühenden Kräften über diesen Stein, auf daß die Glut der glühenden Begierde dieses Mannes N. von mir genommen werde, so wie Gott deinen Glanz von dem ersten abgefallenen Engel genommen hat, auf daß du so die glühende Begierde dieses entflammten Mannes von mir nimmst.«

Wenn die Frau das nicht selbst tun will, kann auch jemand anders, dem diese Liebe Kummer macht, es an ihrer Stelle tun und jenem Manne, vor oder nach dem Essen, mit seinem Wissen oder ohne, während dreier Tage oder mehr den Trank reichen. Aber auch wenn eine Frau in Liebe zu einem Mann entbrannt ist und dem Manne das lästig ist, dann verfahre er selber der Frau gegenüber mit dem Wein und dem Saphir wie angegeben, und jene unreine Liebesleidenschaft wird verschwinden. Denn die Zaubereien und Gaukeleien der dämonischen Trugbilder weichen zurück vor der Kraft und Reinheit dieses Steins, wenn ihnen unter heiligen Worten die Stärke des Weines beigemischt wurde.

KAPITEL VII
DER SARDER

Der Sarder wächst nach der Mittagszeit bei starken Regengüssen, wenn die Blätter der Bäume absterben, d.h. ›loubroz‹ (Laubwelke) ist, in der Herbstzeit; dann nämlich, wenn die Sonne sehr warm und die Luft kalt ist, und die Sonne ihn in seiner Röte wärmt. Daher ist er von der Luft und vom Wasser her rein und in der Abstimmung der Wärme gut gemischt und wendet mit seinen Kräften die Seuchenplagen ab.

Wenn also ein Mensch aufgrund dieser oder jener Seuche und Krankheit solches Kopfweh hat, daß er hierdurch fast wahnsinnig wird, dann binde man in einer Mütze, einem Tuch oder einem Beutel einen Sarder auf seinen Scheitel und spreche: »Wie Gott den ersten Engel in die Tiefe stürzte, so nehme er, N., diesen Wahnsinn von dir und gebe dir vernünftigen Sinn zurück.« Und er wird geheilt werden. Denn die wohl temperierte Verbindung seiner Wärme mit den heiligen Worten verjagt die unausgeglichenen Säfte des Kopfes. Deswegen aber wird der Stein in eine Mütze oder ein Tuch oder in ein Leder gehüllt, damit er am Kopf des leidenden Menschen befestigt werden kann.

Wem das Gehör durch eine Krankheit empfindungslos geworden ist, tauche den Stein in unvermischten Wein und lege ihn feucht in ein dünnes Leinentuch und stecke ihn in das taube Ohr. Dann lege er ganz feines ›werc‹ (Werg) außen über das Tuch, damit die Wärme des Steins in das Ohr dringt. Das wiederhole er häufig, und er wird sein Gehör wiedererlangen, denn die gemäßigte Beschaffenheit des Sarders und und die Wärme des Weins durchdringen sich gegenseitig und reduzieren die üblen Säfte des Ohrs.

Auch wenn eine gefährliche Pustel sich am Menschen ausbildet, soll er einen Sarder nehmen, mit ihr um die Pustel herumstreichen (›striche‹) und sagen: »Ich streiche um dich, Pustel, mit jenem Glanz, der durch Gottes Willen am ersten Engel erstrahlte und wiederum auf Gott zurückstrahlte, auf daß du von jenem Menschen abfallest und weichest, wie auch der Glanz dieses Steins vom ersten Engel ob seines Hochmuts abgefallen ist.« Dies tue er oft, und die gefährliche Pustel wird heilen. Denn durch die Kraft dieses Steins und die Kraft der guten Worte werden die tödlichen Säfte verklumpt (conglobati) und geschwächt. Der Stein soll aber um die Pustel herumgeführt und nicht über die Pustel geführt werden, weil er sonst die genannten Säfte aufnimmt und sie so von der Stelle, an der sie konzentriert auftreten, forträgt.

Und wenn einer sehr starkes Fieber in sich hat, durch die akutes Fieber, Wechselfiber (›riddo‹) und jegliches Übel im Menschen leicht entstehen, derart, daß auch seine Haut äußerlich heiß zu werden beginnt, soll er, wenn er nach dem ersten Schlaf den ersten Urin läßt, auf der Stelle den Sarder in den Urin legen und sagen: »Ich werfe dich in diesen Urin in jenem Glanz, der nach Gottes Willen im ersten Engel strahlte und wiederum zu Gott zurückstrahlte, auf daß du, Fieber, von diesem Menschen abfallest und weichst, so wie der Glanz dieses Steines vom ersten Engel wegen seines Hochmutes abfiel.« Und so verfahre er drei Nächte hindurch, weil unmittelbar nach dem ersten Schlaf der Urin des Menschen am stärksten ist.

Auch wer ›gelesocht‹ (Gelbsucht) hat, verfahre nachts in ähnlicher Weise mit Urin und Sarder, wie oben beschrieben, spreche die angegebenen Worte und verfahre so drei Nächte lang; dann wird er geheilt werden. Denn der Mensch ißt und trinkt mit Luft, und mit Luft scheidet er dies (was er gegessen und getrunken hat) aus, und er schläft mit Luft. Wenn nun jener Stein mit Segensworten in den fieberkranken Urin geworfen wird, damit dieser eine Wandlung zu guter Gesundheit erfahre, bleibt die Luft, die den Urin aus dem Menschen herausgetrieben hat, immer noch in ebendiesem Urin und in ebendiesem Menschen, unverletzt und ungeteilt. Wenn also die besagte Kraft des Steins und die Kraft der besagten Worte den fieberkranken Urin positiv verändern, wird auch die Luft, die ihn austrieb und die immer noch in ihm ist, der Genesung zugeführt. So wird also auch die Luft, die im fieberkranken Menschen ist und von der er nicht getrennt ist, in eben diesem Menschen der Heilung zugeführt, und auf diese Weise wird der Mensch gesund. Wie nämlich ein mit Hilfe der Luft ausgesprochenes Wort, sei es ein segnendes oder ein verwünschendes, mit derselben Luft vielfach zu dem Menschen dringt, an den es gerichtet ist, und ihn mit Segenswünschen oder Verfluchungen berührt, so wird auch der Urin durch die Kraft dieses Steines zusammen mit der Luft, die immer noch in ihm ist, zum Besseren verwandelt, nachdem der Stein in den Urin geworfen wurde, in dem immer noch die Luft ist, die seine Ausscheidung bewirkt hat. Die Luft nämlich, die im Menschen ist und ihn am Leben erhält, ist bisweilen auch in den Dingen, die den Körper verlassen, wie Blut, Speichel, Kot oder Urin; sie ist sogar bisweilen in dem, was von den Körperteilen abgeschnitten wird, wie Haare, Nägel und dergleichen, und sie ist so lange in ihnen und um sie herum, bis die Wärme des menschlichen (Körpers), die in ihnen war, sich verliert. Der Mensch also, der an Leib und Seele gesund sein will … (Hier fehlt etwas, wie schon in der Vorlage. Bemerkung des Schreibers der Hs. F).

Und wenn eine schwangere Frau, von Schmerz überwältigt, nicht niederkommen kann, dann ›striche‹ (streiche) den Sarder über ihre beiden ›lendenen‹ (Lenden) und sprich: »Wie du, Stein, auf Gottes Geheiß hin am ersten Engel erglänztest, so tritt

du, Kind, hervor, als Mensch erglänzend und in Gott ruhend« – und halte dann sogleich den Stein an den Geburtsweg, d.h. an die Scham der Frau, und sprich: »Öffnet euch, ihr Wege, und du Pforte, um jener Erscheinung willen, da Christus als Gott und Mensch erschienen ist und die Riegel der Unterwelt geöffnet hat; so sollst auch du, Kind, bei dieser Pforte hinausgehen, ohne zu sterben oder deiner Mutter den Tod zu bringen.«

Binde dann noch den Stein in einen Gürtel und umgürte die Schwangere mit diesem Gürtel und dem Stein; dann wird sie genesen. Denn wenn die gute Kraft und die ausgeglichene Wärme dieses Steins der Kreißenden mit Segensworten in der erwähnten Weise aufgelegt wird, löst er die schädlichen Säfte, die die verborgenen Kammern der Frau zusammenpressen. So wird sie von dem Druck, der sie bedrängt, befreit, es sei denn, Gott wolle dies nicht.

KAPITEL VIII

DER TOPAS

Der Topas wächst um die neunte Stunde des Tages in der Glut der Sonne, kurz vor der neunten Stunde. Denn dann ist die Sonne am wenigsten getrübt von Tageshitze und Luftveränderungen. Er ist nahezu feurig und heiß, hat nur wenig Luft und Wasser in sich und ist hell. Seine bräunliche (›brunuar‹) Helligkeit ähnelt ein wenig der des Wassers, aber seine Farbe ist dem Golde ähnlicher als der Farbe ›sandgelb‹ (glarico), und er widersteht dem Gift und der ›fechnisse‹ (feindlichem Anschlag) und duldet sie nicht, wie auch das Meer nichts Gemeines in sich dulden kann. Denn wenn in Brot oder Fleisch oder Fisch oder in irgendeiner Speise oder in Wasser oder Wein oder in irgendeinem Getränk Gift ist, und dann ein Topas in der Nähe ist, dann schwitzt er sofort, so wie das Meer ›schumt‹ (schäumt), wenn großer Schmutz in ihm ist. Dieser Stein wächst nämlich um die neunte Stunde des Tages, wenn die Sonne fern von den wechselnden Luftzuständen wie Hitze, Kälte, Regen oder Wind ihre Bahn zieht; deshalb hält sich der Topas auch fern von Giften und anderen todbringenden und verruchten Dingen und zeigt diese durch Veränderung seines Aussehens an. Denn wenn die Sonne aufgeht, erhebt sich mit ihr zusammen auch die Witterung, sei sie nun regnerisch oder windig oder von sonst einer meterologischen Qualität. Wenn dann die Sonne zur Mittagszeit zu sinken beginnt, zieht auch die Witterung sich zurück und verschwindet. Daher distanziert sich auch der Topas, der um die neunte Stunde wächst, von todbringenden Mitteln, die bei wechselhaftem Wetter zubereitet werden, und duldet sie nicht.

Daher soll ein Mensch beim Essen und Trinken einen am Finger getragenen Topas in die Nähe von Speise und Trank halten und ihn häufig anschauen. Wenn in der Speise oder dem Trank ein Gift ist, wird er sofort schwitzen.

Auch wer an Sehschwäche leidet, lege einen Topas drei Tage und Nächte in reinen Wein und ›bestriche‹ (bestreiche) dann bei Einbruch der Nacht, bevor er schlafen geht, mit dem so angefeuchteten Topas seine Augen, und zwar so, daß die Feuchtigkeit auch das Innere der Augen ein wenig benetzt. Nach Herausnahme des Steins kann er diesen Wein fünf Tage lang aufbewahren, und sooft er seine Augen zur Nacht ›bestrichen‹ will, tauche er zuerst den Topas in ebendiesen Wein und streiche mit dem so befeuchteten Stein, wie oben angegeben, rings um die Augen. Das tue er immer wieder, wobei er jeweils nach fünf Tagen neuen Wein mit dem Topas aufbereitet; es wird seine Augen hellsichtig machen wie die beste Augensalbe. Denn die Wärme und die Kraft dieses Steins verjagt in Verbindung mit der Wärme und der Stärke des Weins die üblen Säfte der trüb gewordenen Augen.

Wenn jemand Fieber hat, grabe er mit dem Topas drei kleinere Gruben in ein weiches Brot, gieße reinen Wein in dieselben und fülle, wenn der Wein versickert ist, von neuem Wein nach. Dann betrachte er sein Gesicht in dem Wein, den er in die Gruben gegossen hat, wie in einem Spiegel und spreche: »Ich sehe mich an wie in dem Spiegel, in dem Cherubim und Seraphim Gott anschauen, auf daß Gott dieses Fieber von mir vertreibe.« So verfahre er immer wieder, und er wird geheilt werden. Denn Gott hat der Erde Getreide und Wein zugeteilt, so wie er den übrigen Geschöpfen Fleisch, Blut und Saft gegeben hat. Aus dem Grund soll mit der Kraft des Topas in jenem ›Fleisch‹, d.h. in dem Brot, eine Grube bereitet werden, weil dieser Stein um die Zeit der Sonnendeklination wie in einer Grube wächst. Ferner soll in diese Grube ›Blut‹, d.h. Wein, gegossen werden, und der Mensch, der Fleisch und Blut ist, sich mit der erwähnten Beschwörung in ihm betrachten, damit durch die Kraft des Topas und die Stärke des Weins und die Wirkung der heiligen Worte die üblen Säfte, die in ihm toben, vertrieben werden.

Wer aussätzig ist, erwärme einen Ziegel kräftig, lege Haferspreu darüber, so daß sie dampft, und halte den Topas über jenen Dampf, bis er schwitzt. Diese Ausdünstung ›striche‹ (streiche) er über die von der Lepra befallene Stelle. Wenn er das getan hat, nehme er gutes Öl, vermische es mit einem Drittel Veilchensaft und salbe mit diesem Öl die von der Lepra befallene Stelle, die vorher mit der Ausdünstung des Topas benetzt worden war. Das wiederhole man häufig, und die Lepra wird aufbrechen, und es wird dem Menschen besser gehen, wenn ihm nicht der Tod bestimmt war. Denn der Ziegelstein ist von der Erde, und der Hafer wächst aus harter Erde, und mit dem Ziegel wird eine Hitze erzeugt, aus der der heilkräftige Dampf des Hafers hervorgeht. Und weil Ziegel und Hafer die Erzeugnisse reiner Arbeit sind, hält man den Topas, der eine reine Natur besitzt, darüber, auf daß er schwitze. Dieser ›Schweiß‹ nun beseitigt den unreinen und exzessiven flüssigen Schmutz, und die Milde und Wärme des Öls, vermischt mit dem milden und kühlen Veilchensaft, heilt die Wunden der Lepra.

Wer an der Milz leidet oder wer innerlich von Fäulnis befallen ist, gleichsam in seinem Körperinneren verfault, lege den Topas fünf Tage in einen richtig zubereiteten Gemüsesalat. Dann nehme er den Topas heraus und lege ihn feucht fünf Tage lang in reinen Wein. Hierauf nehme er den Topas weg, bringe jenen Wein zum Sieden, so daß er dampft, halte den Topas über den Dampf, bis er schwitzt, so daß seine Ausdünstung sich mit dem Wein vermischt. Danach lege er den Stein für eine kurze Stunde in eben diesen Glühwein, nehme ihn dann wieder heraus und bereite mit jenem Wein ein geschmalzenes oder ungeschmalzenes ›sufen‹ (Suppe) oder ein

Brühlein. Das schlürfe er mehrfach, und seine Milz wird geheilt und die innere Fäulnis vermindert. Der Salat hat nämlich nicht aus sich selbst, sondern von anderswoher seine Wirkkraft: Wenn der Topas in ihn gelegt wird, zieht der Topas alle Kräfte, die der Salat aufweist, an sich, so daß der Salat von da an zu nichts weiter taugt. Hierauf lege man den Stein in Wein. Dieser bezieht seine Kraft nicht von anderswoher, sondern aus sich selbst, und so gießt der Topas die Kräfte, die er aus seiner Natur hat, in diesen Wein. Und wenn er [der Topas] zudem über den Weindampf gehalten wird, vermischt sich sein guter und kräftiger ›Schweiß‹ mit dem Wein. Auf diese Weise reduziert die mit allen Kräften des Topas und der Wärme des Schmalzes temperierte und vom Menschen eingenommene Speise die schädlichen Säfte, unter denen die Milz leidet, und aus denen die innere Fäulnis entsteht.

Lege auch täglich den Topas morgens auf dein Herz und sprich: »Gott, der groß ist über allen und in allen, möge mich um seiner Ehre willen nicht verwerfen, sondern mich in seinem Segen erhalten, bestärken und befestigen.« Solange du das tust, wird dich das Unheil meiden. Denn weil der kräftereiche Topas wächst, wenn die Sonne zu sinken beginnt, hat er von Gott die Macht, Ungemach vom Menschen abzuwenden. Verjagt er doch die bösen Geister vom Menschen, so daß sie ihn nicht dazu verleiten können, etwas zu tun, wodurch er zum Ärgernis würde.

KAPITEL IX

DER CHRYSOLITH

Der Chrysolith entsteht aus der Glut der Sonne und der Feuchtigkeit der Luft und des Meeres nach der Mittagszeit gegen die neunte Stunde des Tages. Er hat fast so etwas wie (besondere) Vitalkraft in sich. Das geht so weit, daß, wenn er im Augenblick der Geburt neben dem Jungen eines Vogels oder eines vierfüßigen Tieres liegen würde, dieses von seiner Kraft soviel Stärkung empfinge, daß es vor der Zeit anfangen würde, sich fortzubewegen. Dieser Stein ist gemäßigt hinsichtlich Wärme und Feuchtigkeit, weist aber dennoch in seinem Inneren mehr Wärme auf.

Ein Mensch, der Fieber hat, erwärme Wein und halte den Chrysolith über den Dampf des Weines, so daß die Ausdünstung des Steines sich mit dem Wein vermischt. Dann trinke er den so erwärmten Wein und lege den Stein für eine knappe Stunde in seinen Mund. Das tue er häufig, und es wird ihm besser gehen. Denn wenn seine Wärme und sein ›Schweiß‹ sich mit der Wärme des Weins vermischt, und er überdies in den Mund genommen wird, verjagt er zusammen mit der Wärme der Sonne die üblen Säfte im Menschen.

Wer unter Herzbeschwerden leidet, tauche den Stein in Olivenöl, ›striche‹ (streiche) dann den so in Öl getauchten Stein über die Stelle, wo es schmerzt, und es wird ihm besser gehen. Denn seine Wärme, temperiert durch die Wärme des Olivenöls, beruhigt die Säfte, die das Herz des Menschen schädigen.

Auch wer ›Bisse‹ (›bizze‹) in seinem Bauch verspürt, tauche einen Chrysolith in Olivenöl und binde ihn feucht mit einem Tuch einen Tag und eine Nacht lang über seinen Nabel. Dann wird er sich besser fühlen, weil die Wärme und die Kraft des Steins und die Wärme des Olivenöls in die Haut des Patienten wie eine gute Salbe eindringen und den Schmerz abklingen lassen.

Derselbe Stein sichert auch das Wissen bei dem Menschen, der ihn bei sich trägt, so daß ein Mensch, der gute Kenntnisse und wissenschaftliche Ausbildung besitzt, den Stein an sein Herz legen soll. Solange er dort liegt, wird Kenntnis und Wissenschaft nicht von ihm weichen. Denn der Chrysolith hat gewisse Kräfte von den sieben Stunden des Tages, wie er denn auch in ebendiesen Stunden durch Mischung entstanden ist, und deswegen legt man ihn auf die Haut über das Herz eines Menschen, so daß der Leib des Menschen durch ihn warm wird. Dann vertreibt er mit seiner Kraft die üblen Säfte, die das Herz des Menschen mit Dummheit schlagen, und reinigt das Herz dieses Menschen. Aber auch die Dämonen schrecken bis zu einem bestimmten Grade vor diesem Stein zurück wegen seiner guten und wohl temperierten Kraft. Hassen sie doch alles, was wohl gefügt und geordnet ist.

KAPITEL X
DER JASPIS

Der Jaspis wächst, wenn die Sonne sich nach der neunten Stunde des Tages bereits zum Untergang neigt, und er wird vom Feuer der Sonne genährt. Dennoch ist er mehr von der Luft als vom Feuer. Daher besitzt er eine unterschiedliche Färbung, weil dann, wenn die Sonne nach der neunten Stunde des Tages sich zum Untergang neigt, die Farbe der Sonne sich mit den Wolken häufig verändert, und weil dieser Stein seine Wärme mehr von der Luft als von der Sonne hat, obwohl er warm ist.

Ein Mensch, der am Ohr taub ist, lege den Jaspis an den Mund, behauche ihn mit heißem Atem, bis er davon warm und feucht wird. Dann stecke er ihn schnell in das Ohr, lege feines Werg über den Stein und schließe ihn so im Ohr ein, auf daß die Wärme des Steins auf das Ohr übergeht. Und weil dieser Stein aus verschiedenartiger Luft entsteht, löst er auch die verschiedenen Krankheiten der Säfte. So wird jener Mensch sein Gehör wiedererlangen, denn die gute Wärme dieses Steins verjagt die üblen Säfte, wenn er von dem warm-feuchten und gesundheitsförderlichen Atemhauch des Menschen angeregt wird, weil die Wärme des menschlichen Atems für den Menschen gesünder ist als die Wärme eines äußeren Feuers. Auf diese Weise verjagt, wie gesagt, die Kraft dieses Steins die schädlichen Säfte der Nase.

Auch wenn im Herzen oder in den Lenden oder in irgendeinem anderen Körperteil ein Aufruhr der Säfte, d.h. Gicht, entsteht, lege der Kranke einen Jaspis über die betroffene Stelle und presse ihn dagegen, bis er sich dort erwärmt, und die Gicht wird verschwinden, weil die wohltuende Wärme und Kraft des Steines die zu Unrecht kalten und die zu Unrecht warmen Säfte beruhigt.

Wenn Blitze und Donner (im Traum) erscheinen und toben, ist es gut für den Menschen, einen Jaspis bei sich zu haben, weil die Traumbilder und Trugbilder der Dämonen dann von ihm fernbleiben und ihn in Ruhe lassen. Denn Blitz und Donner entstanden beim Fall der Engel und sind Gottesurteile. Wenn Blitz und Donner auftreten, werden die bösen Geister unruhig und stellen dem Menschen nach, sofern Gott dies zuläßt. Den Ort jedoch, an dem ein Jaspis aufbewahrt wird, meiden sie wegen der Kraft und Reinheit dieses Steins; ist er doch mit reiner Luft gemischt. Freund gesellt sich zu Freund und geht dem Feind aus dem Wege; so flieht das Unreine vor dem Reinen und die unreinen Geister vor der Reinheit des Jaspis.

Wenn ein Mensch eine Angelegenheit bedenken und betrachten will, der seine Aufmerksamkeit und sein Engagement gilt, oder wenn er eine große Aufgabe übernehmen oder sich darüber beraten will, lege er einen Jaspis in seinen Mund. Dann

durchdringt die Kraft dieses Steines die Kräfte und den Verstand dieses Menschen, stärkt seine Einsicht und verleiht ihm Festigkeit, auf daß er sich nicht in verschiedene Richtungen verliere, und ihn nicht unsicheres Schwanken in Bedrängnis bringe, er vielmehr zu unbeirrter Bewertung des Nutzens voranschreite. Denn die Natur dieses Steins ist von (unerschütterlicher) Festigkeit und verjagt die instabilen Säfte, die den Verstand zu Unsicherheit und Wankelmut verleiten. Auf diese Weise erlangt der Mensch einen tüchtigen Verstand.

Wenn eine Frau ein Kind gebiert, soll sie von der Stunde an, da die Geburt beginnt, während der ganzen Zeit des Kindsbettes einen Jaspis in der Hand halten, und die bösartigen Luftgeister werden in dieser Zeit ihr und dem Kind um vieles weniger schaden können. Denn die Zunge der alten Schlange verlangt nach dem Schweiß des aus dem Schoß der Mutter austretenden Kindes; daher bedroht sie zu dieser Zeit gleichermaßen Mutter und Kind. Hassen doch die bösen Geister die gute Kraft und die reine und unerschütterlich feste Natur dieses Steines. Aus diesem Grund meiden sie den Menschen, der ihn bei sich führt.

Aber auch wenn eine Schlange irgendwo ihren Hauch verströmt, lege dort einen Jaspis nieder, und ihr Hauch wird so geschwächt, daß er nicht mehr schädlich sein wird, und diese Schlange aufhören wird, ihren Hauch zu versenden. Denn die Kraft dieses Steins entkräftet den unreinen Hauch der Schlange, weil die Schlange vor seiner Reinheit und Stärke zurückschreckt, so wie ein nichtswürdiger Mensch einem gerechten Menschen aus dem Wege geht.

KAPITEL XI
DER PRASEM

Der Prasem wächst, wenn die Sonne zur Abendzeit ihre Strahlen von der Erdoberfläche abzieht und schon der Tau einsetzt. Dann fällt die Sonne nach und nach auf das Gestein des oben genannten Berges und bringt ihn mächtig zum Glühen, und so wird dort der Prasem aus der Glut der Sonne und der Feuchtigkeit der Luft und des Wassers und der Grünkraft des Taus geboren. Er hat gemäßigte und trockene Wärme, die von keinem feuchten Dampf erregt wurde.

Wer brennendes Fieber hat, umwickle einen Prasem mit ein wenig Weizenbrot-›deich‹ (Teig), binde den so umwickelten Prasem in ein Tuch und lasse ihn drei Tage und Nächte über seinen Nabel gebunden. Das ›fiber‹ wird von ihm weichen, weil die gemäßigte Wärme des Steins zusammen mit der Wärme und Trockenheit des Weizenteigs – dieser ist etwas trockener als der anderer Getreidearten – die schädlichen Säfte vernichtet.

Wer durch Sturz oder Schlag irgendwo am Körper eine Quetschung erlitten hat, nehme altes Fett, vermische damit zu gleichen Teilen Salbei und ›reinvanen‹ (Rainfarn) und drücke den Prasem in die Masse; dann erwärme er das Ganze an der Sonne oder am Feuer und lege es zusammen mit dem Stein und angewärmt auf die schmerzende Stelle. Es wird ihm besser gehen, denn die gemäßigte und trockene Wärme des Prasem, gemischt mit der Wärme des Fetts und der Wärme des Salbeis und der Wärme des Rainfarns und angeregt durch Sonne und Feuer, verjagt die Säfte, die sich im gequetschten Fleisch angesammelt haben.

KAPITEL XII
DER CHALZEDON

Der Chalzedon wächst, wenn nach dem Abend die Sonne schon fast verschwunden, die Luft aber noch ein wenig warm ist. Daher zieht er seine Wärme mehr aus der Luft als aus der Sonne, und er besitzt gute Kräfte. Wenn ein Mensch diesen Stein bei sich hat, dann trage er ihn so, daß er seine Haut berührt, ja, daß er auf einer Ader des Körpers liegt. Dann nimmt diese Ader und das Blut seine Wärme und seine Kraft auf, und sie geben diese Kräfte an die anderen Adern und das übrige Blut weiter. Deshalb wendet dieser Stein Krankheiten vom Menschen ab und verleiht ihm einen standhaften Sinn gegen Jähzorn, so daß dieser derart beherrscht in seinem Verhalten sein wird, daß kaum jemand bei ihm einen Anlaß finden dürfte, der dazu berechtigte, ihm aus gerechtem Zorn heraus Schaden zuzufügen. Weil nämlich dieser Stein seine Farbe von der Luft hat, dämmt er bestimmte Krankheiten ein, die der Mensch sich von verschiedenen Seiten her zuzieht. Auch beruhigt er das menschliche Gemüt; denn auch das Gemüt des Menschen unterliegt bisweilen Schwankungen, die witterungsbedingt sind.

Wer sich Festigkeit und Beherztheit wünscht, um eine Rede zu halten, und wer das, was er sagen will, geschickt vortragen möchte, der halte einen Chalzedon in seiner Hand und erwärme ihn mit seinem Atem so, daß er davon feucht wird. Dann lecke er mit seiner Zunge an ihm; er wird mit größerer Sicherheit zu den Menschen sprechen können. Denn die Wärme dieses Steins, hervorgelockt durch den warmfeuchten menschlichen Atem, der ja auch von der Luft ist, schwächt die schädlichen Säfte, die den Verstand des Menschen verwirren, und macht auf diese Weise den Verstand verständig.

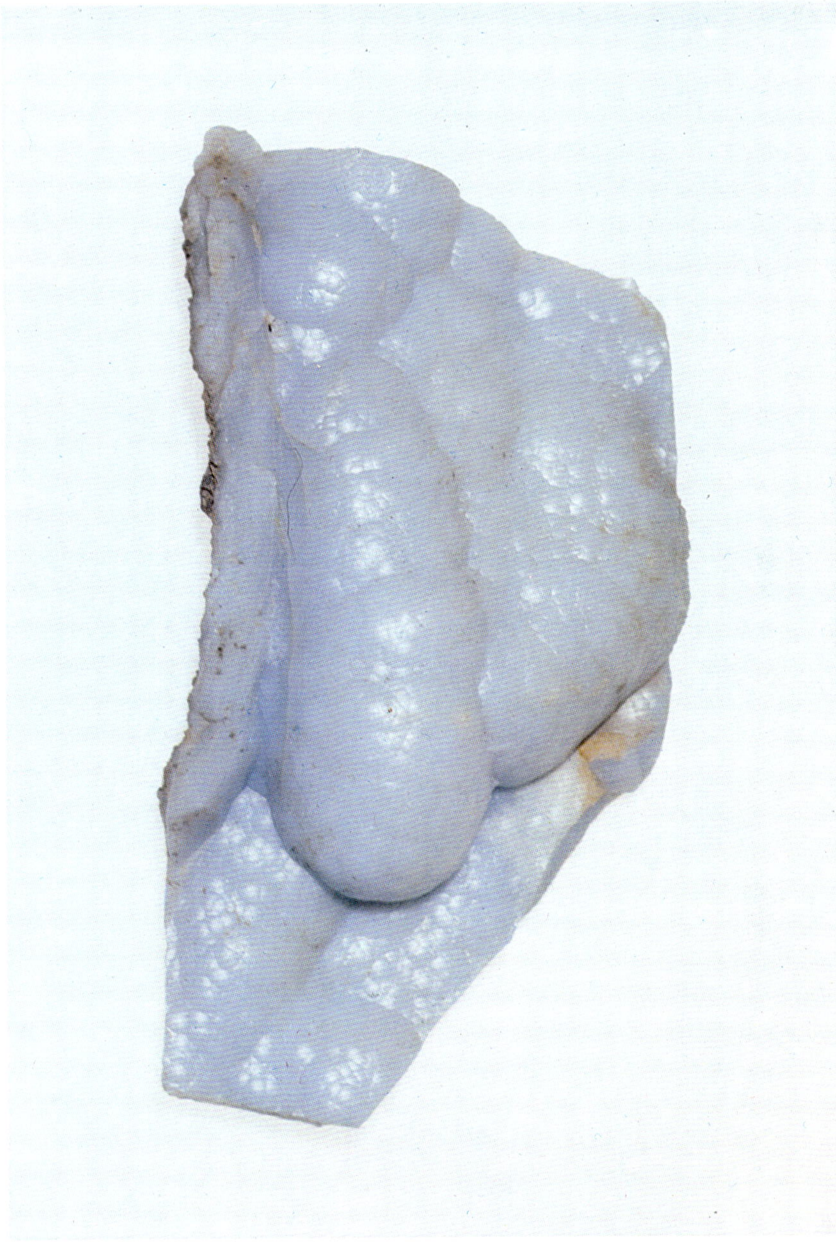

KAPITEL XIII

DER CHRYSOPRAS

Der Chrysopras wächst zu der Stunde, da sich die Sonne schon ganz den Blicken entzogen hat; dann haben Luft und Wasser in stärkerem Maße eine trübe und grüne (›grunuar‹) Farbe als sonst. Deshalb hat dieser Stein besondere Kraft bei Nacht, wenn der Mond von der Sonne her am kräftigsten ist, d.h. wenn er halb und noch nicht voll ist. Und deshalb hat er auch starke Kräfte und ist von ausgeglichener und gleichmäßiger Wärme, so daß er nicht allzu warm ist, sondern gemäßigt.

Wenn ein Mensch an irgendeinem Glied von der Gicht geplagt wird, lege er auf die betreffende Stelle den Chrysopras, u.z. auf die bloße Haut, und die ›giht‹ wird verschwinden, weil der wohltemperierte Zustand seiner Wärme und Kraft die unangemessen warmen und die unangemessen kalten Säfte der Gicht unterdrückt.

Wenn jemand gewaltig in Zorn gerät, soll der Stein so lange auf seine Kehle gelegt werden, bis er warm wird, und jener Mensch wird kein zorniges Wort aussprechen können, bis sich sein Zorn gelegt hat. Der Zorn nämlich rührt von der Hitze des Blutes her, zu der sich die Kälte der Melancholie gesellt, und so wird der Zorn in die Tat umgesetzt. Dieser Stein jedoch, der eine gemäßigte Wärme hat, unterdrückt den Zorn, weil er ein gutes und richtiges Mischungsverhältnis aufweist.

Wo auch immer sich dieser Stein befindet, dort verliert tödliches Gift seine Kräfte dergestalt, daß es kraftlos und schwach wie Wasser wird, d.h. ›uncreftich‹, und seine Hitze sich in Schwäche wandelt, und so wird es unschädlich sein. Denn seine ausgeglichene Kraft entkräftet das fälschlich warme und das fälschlich kalte Gift, das bereitet wurde, um einen Menschen zu töten.

Ein Mensch, der von der Epilepsie befallen ist, trage den Chrysopras immer bei sich, und der nächtliche Anfall, also die Fallsucht, wird ihn nicht behelligen, weil die Luftdämonen dann jenen Angriff gegen ihn nicht ausführen können, daß er nämlich unter Schmerzen Schaum aus dem Munde ausspeit. Denn die gute und wohl temperierte Kraft des Steins beruhigt die ungezügelten Säfte dieser Krankheit. Selbst die bösen Geister hassen seine Ausgeglichenheit, weil sie in allen Dingen ungezügeltes Übermaß lieben.

Wenn ein Mensch vom Teufel besessen ist, dann gieße etwas Wasser über den Stein und sprich: »Ich gieße dich, Wasser, über diesen Stein unter Anrufung jener Kraft, mit der Gott die Sonne samt dem umlaufenden Mond erschuf.« Dann flöße dem Besessenen auf irgendeine Art und Weise das Wasser ein; er wird sich nämlich weigern, es zu trinken. Das Wasser wird dem Teufel den ganzen Tag über zusetzen,

und er wird in dem Besessenen schwächer sein und seine Kräfte nicht mehr so in ihm zeigen, wie er es zuvor getan hat. Verfahre so über fünf Tage hin. Am fünften Tage aber bereite mit dem Wasser über jenem Stein einen kleinen Kuchen, etwa ein ›derfbroit‹ (ungesäuertes Brot), und gib es ihm auf irgendeine Art und Weise ein. Wenn es ein Luftdämon ist, d.h. kein erbitterter und wilder Dämon, dann wird er von jenem Menschen weichen. Auf folgende Weise läßt sich feststellen, ob ein Dämon nachgiebig oder erbittert ist: Wenn jener Mensch gerne lacht und wenn er die Menschen freundlich, d.h. ›holtlich‹ anblickt, auch wenn er dabei die Augen verdreht, d.h. schielt (›schiliche‹) und bisweilen mit den Zähnen knirscht, d.h. ›grisgrammet‹, dann ist der Dämon nachgiebig. Wenn jener Mensch aber nur gezwungen spricht und wenn er freiwillig verstummt und nicht gerne lacht, wenn er mit seinen Händen fest ›crimmet‹ (zwickt und kratzt) und Schaum ausspeit, dann ist jener Dämon hartnäckig und bösartig. Zum Austreiben eines bösartigen Dämons nützt der Chrysopras nicht viel, weil ein solcher Dämon bösartig und wild ist. Trotzdem setzt der Stein ihm [dem Teufel] in jenem Menschen zu und schwächt ihn dabei. Er wird auf eine andere Weise ausgetrieben werden, wenn Gott es will. Denn in den Steinen gibt es drei Kräfte, Härte, Feuer und Feuchtigkeit, die der Teufel in ihnen haßt, weil sie von Gott stammen. In den Edelsteinen (in nobilioribus lapidibus) findet sich – mehr als bei den übrigen Steinen – ein bestimmter Grad von Reinheit, die wiederum der Teufel in ihnen verabscheut. Und so wird die Bosheit des teuflischen Geistes geschwächt und gequält durch den Chrysopras, der eine ausgeglichene Mischung von Wärme und Kraft besitzt, dazu Härte mit Feuer und Feuchtigkeit und darüberhinaus Reinheit in Verbindung mit heiligen Worten und Wasser, das überall Reinigung bewirkt, und in Verbindung mit Brot, das alles leiblich Schwache kräftigt. Denn der Teufel schreckt vor allem zurück und macht einen Bogen um alles, was gut, heilig und rein ist.

KAPITEL XIV

DER KARFUNKEL

Der Karfunkel wächst bei Mondfinsternis, ist aber trotzdem warm. Denn (er wächst) dann, wenn der Mond ›verdrossen‹ ist und dabei, sich zu verfinstern. Bisweilen nämlich zeigt er sich verfinstert, um im Auftrag Gottes eine Hungersnot, Kriege, eine Pestilenz oder politische Wirren anzukündigen. Dann läßt die Sonne alle ihre Kräfte in das Firmament einsinken und wärmt den Mond mit ihrer Glut und regt ihn mit ihrem Feuer an und richtet ihn auf und bringt ihn wieder zum Leuchten so wie eine Klucke ihre Küken wärmt oder wie ein Tier seine Zunge ins Maul eines anderen, im Sterben liegenden Tieres steckt, um es wiederzubeleben. Zu dieser Zeit nun, in dieser Stunde, wird der Karfunkel geboren. Daher hat er seinen Glanz vom Feuer der Sonne und vom Wiederhellwerden des Mondes, und von daher kommt es, daß er mehr in der Nacht als am Tage leuchtet. So wächst er, bis die Wärme der Sonne ihn hemmt. Weil eine Mondfinsternis selten ist, ist auch dieser Stein selten. Auch seine Kraft ist einzigartig und furchterregend, so daß sie mit großer Ängstlichkeit und Sorgfalt einzusetzen ist. Denn wenn ›sucht‹ (akutes Fieber) oder ›ridde‹ (fiebrige Erkrankung), ein anderes ›fiber‹ oder ›gicht‹ oder sonst irgendeine Krankheit den Menschen befällt, die auf der Veränderung seiner Säfte beruht, dann lege einen Karfunkel gegen Mitternacht – dann ist nämlich seine Kraft am wirksamsten – auf den Nabel des Kranken. Laß ihn aber nicht länger auf seinem Nabel, als bis sich jener Mensch ein wenig von ihm durchwärmt fühlt. Hierauf nimm ihn unverzüglich weg, weil dann seine Kraft den Menschen und alle seine Eingeweide mehr durchdrungen hat, als irgendein aus Salben bereitetes Heilmittel es vermöchte. Sobald der Patient auch nur eine kleine Bewegung in seinem Körper spürt, nimm den Karfunkel sofort von ihm weg. Denn wenn du den Stein länger auf seinem Nabel liegen läßt, wird seine Kraft den ganzen Körper durchdringen, so daß er starr wird. So hält dieser Stein im Menschen alle ansteckenden Krankheiten nieder. Der Karfunkel hat nämlich etwas von der Wärme der Sonne und der Wärme des Mondes in sich; er entbehrt jener Feuchtigkeit, die bei Tag und Nacht den Elementen anhängt, und deshalb vertreibt er in seiner großen Kraft die schädlichen Säfte, die das Akutfieber, das Ein-, Drei- oder Viertagefieber oder (gewöhnliches) Fieber oder Gichtanfälle (gutta paralysis) erzeugen.

Wenn jemand Kopfschmerzen hat, lege er den Karfunkel für eine kurze Stunde auf seinen Scheitel, so lange nämlich, bis seine Kopfhaut von ihm erwärmt ist. Dann nehme er ihn sofort wieder weg, weil die Kraft des Steines seinen Kopf schneller und stärker durchdringt, als es die teuerste Salbe oder Balsam vermöchten. Auf diese Weise wird es mit seinem Kopfe besser gehen, weil seine Wärme, die er von der Sonne und dem Mond hat, jeden Schmerz lindert, trete dieser bei Tag oder bei Nacht auf.

Wenn du den Stein auf Kleider oder irgendwelche andere Sachen legst, werden sie lange halten und nicht so leicht verschleißen. Denn seine Kraft und Wärme ist so stark, daß er nicht nur keine schädliche Feuchtigkeit, durch die Kleider verrotten, in diese hineinträgt, sondern solche sogar entfernt.

Uberall, wo sich ein Karfunkel befindet, können die Luftdämonen ihr Teufelswerk nicht vollführen, weil sie ihn meiden und ihm ausweichen, da seinetwegen keine Zaubereien oder Gaukelspiele praktiziert werden können. Und weil seine Kraft so überaus wirksam ist, hassen ihn die bösen Geister.

KAPITEL XV
DER AMETHYST

Der Amethyst wächst, wenn die Sonne einen Hof hat, so, als trüge sie einen Kronreif. Dies tut sie, wenn sie eine Änderung am Kleid des Herrn, d.h. der Kirche, im voraus anzeigt. Wenn er wächst, quillt er ebenso massenhaft hervor wie der ›flins‹ (Feuerstein), und deshalb gibt es viele Amethyste. Er ist warm und feuerartig und auch ein bißchen luftartig, weil, wie gesagt, zu jener Zeit, da die Sonne sich mit einem Hof umgibt, die Luft ziemlich lau ist.

Ein Mensch, der Flecken in seinem Gesicht hat, befeuchte einen Amethyst mit seinem Speichel und ›bestriche‹ (bestreiche) mit dem so angefeuchteten Stein die Flecken. Auch erwärme er Wasser an einem Feuer und halte diesen Stein über das Wasser, so daß die Ausdünstung, die aus ihm dringt, sich mit jenem Wasser vermischt. Hierauf lege er ihn selbst in dieses Wasser und wasche mit dem Wasser sein Gesicht. Das tue er häufig, und er wird eine zarte Haut und eine schöne Gesichtsfarbe erhalten. Weil nämlich dieser Stein feurig und luftartig ist, tilgt seine von warmem und heilsamem menschlichem Speichel und heißem Wasserdampf hervorgelockte Wärme die Hautunreinheiten, die aus dem Widerstreit der Säfte entstehen.

Wenn ein Mensch durch eine frische Schwellung irgendwo an seinem Körper aufgetrieben ist, befeuchte er den Stein mit seinem Speichel und berühre mit dem feuchten Stein die gesamte geschwollene Stelle. Dann wird die Schwellung zurückgehen und verschwinden, weil die Wärme dieses Steines, temperiert durch die warme Feuchte des menschlichen Speichels – dieser ist bisweilen gut für die menschliche Gesundheit – die fälschlich warmen und die fälschlich kalten Säfte unschädlich macht, die sich dort angesammelt haben.

Und wenn eine Spinne einen Menschen irgendwo gebissen hat, ›striche‹ er den Stein über die Bißstelle, und er wird geheilt werden. Denn die Beschaffenheit der Spinne ist in ihrer Hitze so tödlich, daß ihr Biß alle schädlichen Säfte im Menschen anzieht. Dies vereitelt jedoch die gute Wärme und die gute Kraft dieses Steins. Auch Schlangen und die Viper fliehen diesen Stein und meiden den Ort, an dem sie ihn wissen. Schlange und Natter nämlich entstehen aus und nähren sich von der schlimmsten Feuchtigkeit der Erde. Diese Feuchtigkeit kann dem Stein nichts anhaben, weil er rein ist. Daher meidet ihn das Gewürm, das von dieser Feuchtigkeit lebt.

Ein Mensch, der viele Läuse hat, lege einen Amethyst fünf Tage lang in kaltes Wasser. Am sechsten Tag nehme er ihn heraus, erwärme das Wasser über dem Feuer und halte ihn darüber, damit sein ›Schweiß‹ sich mit dem Wasser vermische. Hierauf

lege er ihn ein kurzes Stündlein in ebendieses Wasser und nehme in sodann wieder heraus. Dann bereite er ein Dampfbad steige hinein und lasse das Wasser über sich fließen. So wird er wegen der Kraft dieses Steins nach vier oder fünf Wochen die Läuse los sein. Spürt er dann wieder Läuse an seinem Körper, wiederhole er die Prozedur. Die Läuse wachsen aus krankhaftem Schmer und krankhaft feuchtem Schweiß. Aus dem Grund ist dieser Stein, der keine schädliche Feuchte an sich hat, ins Wasser zu legen, damit dieses Wasser durch seine Kraft und die Wärme gestärkt werde. Hierauf muß dem erhitzten und dampfenden Wasser sein ›Schweiß‹ in der genannten Weise zugesetzt werden, damit das Wasser durch ebendiesen ›Schweiß‹ gekräftigt wird. Und wenn jener Mensch durch das Dampfbad üble Säfte hervorlockt, vermindert das Wasser, das mit der Kraft und der Wärme dieses Steins temperiert wurde, die übelriechenden Säfte, aus denen die Läuse entstehen.

KAPITEL XVI

DER ACHAT

Der Achat entsteht aus dem Sand eines Wasserlaufs, der sich von Osten nach Süden erstreckt. Er ist warm und feuerartig; trotzdem hat er mehr Kraft von der Luft und dem Wasser als vom Feuer. Denn wenn das Wasser jenes Flusses fällt, so daß der Sand trocken daliegt, wird ein Teil des Sandes von der Sonnenglut und der Reinheit der Luft übergossen und so zu einem schimmernden Stein. Wenn dann wieder Hochwasser einsetzt, spült es den Stein aus dem Sand hoch und trägt ihn in andere Länder.

Wenn eine Spinne oder auch eine Schlange ihr Gift über einen Menschen ausgeschüttet hat, so aber, daß es nicht in seinen Körper eingedrungen ist, dann erwärme er den Achat kräftig an der Sonne oder über einem erhitzten Ziegel und lege den so erwärmten Stein auf die schmerzende Stelle, und der Stein wird das Gift wegnehmen und herausziehen. Danach erwärme er den Achat noch einmal auf dieselbe Weise und halte ihn in heißen Wasserdampf, so daß sein ›Schweiß‹ sich mit jenem Wasser vermischt. Hierauf lege er ihn für eine kurze Stunde in dieses Wasser, tauche ein Leinentuch in das Wasser und ›berre‹ (massiere) mit dem Tuch die Stelle des Körpers, an der sich der Stich befindet bzw. über die sich sonst ein Gift ergossen hat. Dann wird er geheilt werden. Jener Stein ist aber deswegen an der Sonne oder über einem heißen Stein zu erwärmen, weil die Wärme der Sonne und die Wärme des Ziegels gesund und rein ist; nach seiner Erwärmung ist dem dampfenden Wasser sein ›Schweiß‹ beizumischen wegen seiner guten Kraft und deswegen, weil dieser Stein von der Sonne und der Luft herkommt, und weil seine Wärme von der Wärme der Sonne und des erhitzten Ziegelsteins und dem Dampf heißen Wassers angeregt und mit heißem Wasser vermischt das Gift, das von schädlicher Wärme und schädlicher Kälte herrührt, herauszieht und beseitigt, wie oben dargelegt, allerdings unter der Voraussetzung, daß es nicht in das Innere des Menschen vorgedrungen ist.

Ein Mensch, der von Fallsucht gequält wird und einer, der mondsüchtig ist, habe allezeit einen Achat auf seiner Haut; er wird sich dadurch besser fühlen. Denn weil der Achat von der Sonne und der Luft ist, widersteht er wie eine kostbare Salbe den üblen Säften, die durch die Sonnenhitze und Witterungsumschläge erregt werden. Die Fallsucht nämlich und die Krankheit der Mondsucht enthalten die schlimmsten Säfte, die es im Menschen gibt; sie werden von der Wärme und der Kraft dieses Steins niedergehalten. Oft werden nämlich Menschen mit diesen Krankheiten geboren, oftmals ziehen sie sich diese auch zu, überschwemmt von üblen Säften und Krankheitserregern.

Wenn aber ein Mensch diesen Stein bei sich trägt, soll er ihn auf die bloße Haut legen, so daß er sich erwärmt. Dann wird die Natur des Steines jenen Menschen tüchtig machen und verständig und klug in der Rede, weil der Achat aus Feuer, Luft und Wasser entsteht und mit seiner guten Kraft die Säfte schwächt, die den Verstand des Menschen lähmten. Denn wie ein giftiges Kraut, das auf die Haut eines Menschen kommt, dort bisweilen eine Pustel oder ein Geschwür entstehen läßt, so können auch bestimmte Edelsteine, auf die Haut des Menschen gelegt, ihn durch ihre Kraft gesund und verständig machen.

Wer unter Fallsucht leidet, lege einen Achat für drei Tage in Wasser, wenn gerade Vollmond ist, nehme ihn am vierten Tage wieder heraus, erhitze jenes Wasser ein wenig, so daß es nicht siedet. Dieses Wasser bewahre er auf und koche damit alle Speisen, die er bis zur Zeit des Neumonds verzehrt. Was auch immer er während dieser Zeit, während der Mond abnimmt, trinkt, Wein oder Wasser, er lege einen Achat hinein und trinke es so. In dieser Weise verfahre er zehn Monate lang, und er wird geheilt werden, es sei denn Gott will es nicht.

Deswegen nämlich soll der Achat bei Vollmond in Wasser gelegt werden, weil seine Kraft zu jener Zeit am stärksten ist, da auch er von der Luft ist. Dasselbe Wasser ist zu erwärmen, damit seine Wärme durch die fremde Wärme erregt wird. Dies geschehe mit Maß, damit seine Kraft nicht wenn er zu sehr erwärmt würde – durch die allzu große Wärme geschwächt werde. Mit demselben Wasser sollen alle Speisen jenes leidenden Menschen bei abnehmendem Mond gemischt werden und in gleicher Weise auch sein Trank, in den derselbe Stein hineinzulegen ist. So wird er geheilt, wie oben dargelegt, und die ganz und gar üblen Säfte ebendieser Krankheit werden mit Gottes Hilfe in diesem Menschen verschwinden.

Wer mondsüchtig ist, lege drei Tage vor dem Zeitpunkt, zu dem erfahrungsgemäß die Geistesgestörtheit einsetzt, den Stein drei Tage lang in Wasser, nehme ihn am vierten heraus, erwärme dann jenes Wasser ein wenig und koche mit diesem Wasser alle Speisen, die er während der Zeit seiner geistigen Störung verzehrt. Ebenso lege er ihn während dieser Zeit in jedes Getränk, bevor er davon trinkt. So verfahre er fünf Monate lang, und er wird Verstand und Gesundheit wiedererlangen, wenn Gott nicht dagegen ist.

Denn wenn durch die Kraft dieses Steines das Wasser und der kranke Mensch gekräftigt worden sind, und wenn die Wärme dieses Steins durch leicht erwärmtes Wasser geweckt worden ist – leicht erwärmt, damit er nicht durch Siedehitze geschwächt wird –, dann soll dieses Wasser allen Speisen jenes Menschen zugesetzt und seine Getränke auf die oben genannte Weise durch den Stein geschützt werden.

So werden durch die Kraft dieser Mischungen und durch die Macht Gottes die Säfte, die seine Geistesgestörtheit verursachen, zur Ruhe kommen.

Jede Nacht, bevor sich der Mensch ins Bett legt, trage er den Achat offen durch sein Haus, u.z. in Kreuzesform (in modum crucis), einmal das Haus der Länge nach und dann der Breite nach abgehend. Dann werden dort die Diebe ihre Absichten nicht durchführen können und keinen Erfolg haben und beim Stehlen den kürzeren ziehen, weil die Kraft dieses Steins der List, die der Teufel den Dieben vermittelt, entgegenwirkt und sie schwächt, insofern die bösen Geister seine Kraft hassen.

KAPITEL XVII
DER DIAMANT

Der Diamant ist warm; er entsteht auf bestimmten Bergen in südlichen Gegenden, die von derselben Art sind wie die Berge, von denen die Steinschindeln gewonnen werden, mit denen man die Häuser deckt. Sie sind auch einem bestimmten Kristall und bestimmten Glasarten ähnlich; sie sind sozusagen ›leigechte‹ (schieferartig) und ›glasechte‹ (glasartig) wie bestimmte Kristalle, und aus eben der ›leigechti› (Schichtgestein) kommt bisweilen ein starkes ›gedoiz‹ (Getöse) wie von einer Posaune. Und weil, was dort entsteht, stark und hart ist, bevor es groß wird, spaltet sich die ›leia‹ (Gesteinsschicht) dieses Berges oberhalb und unterhalb von ihm, und so fällt es ins Wasser wie ein ›kysele‹ (Kiesel) und hat auch die Größe eines Kiesels. Aber was an derselben Stelle eben dieser ›leien‹ entsteht, ist ein schwächerer Diamant als der erstere. Wenn dann ein Hochwasser kommt, nimmt es den Stein in andere Gegenden mit.

Es gibt Menschen, die aufgrund ihrer Natur und infolge teuflischer Einflüsterung übelwollend sind und aus diesem Grund gern schweigen; wenn sie aber reden, haben sie einen wilden Blick und geraten bisweilen außer sich, als ob sie in Wahnsinn verfielen, werden dann aber ebenso schnell wieder vernünftig. Solche Menschen sollen häufig oder immer einen Diamant in ihren Mund legen. Dessen Kraft ist so stark, daß sie die Boshaftigkeit und das Übel, das in diesen Menschen ist, auslöscht. Denn der Diamant hat ein kräftiges und überaus starkes Feuer in sich, aufgrund dessen er auch außerordentliche Härte besitzt, die schwer zu brechen ist. Deshalb erweicht die in ihm befindliche Härte auch jene menschliche Herzenshärte, die die Härte eines Steins angenommen hat, wenn die feurige Hitze des Steins in Verbindung mit der Wärme des Speichels jenen Menschen im Inneren berührt.

Aber auch wer wahnwitzig ist und lügnerisch und jähzornig, trage diesen Stein immer im Munde, und seine Kraft wird diese Übel von ihm abwenden. Denn Wahnsinn, Lüge und Jähzorn dringen vom Mark aus, das vom Knochen wie von einem harten Stein genährt wird, in den Menschen ein und schwächen ihn; dies alles besiegt die feurige Wärme dieses Steins in Verbindung mit der Wärme des menschlichen Speichels.

Wer nicht fasten kann, lege den Stein in seinen Mund, und er wird das Hungergefühl vermindern, so daß er um vieles länger fasten kann. Wenn nämlich ein Mensch nicht fasten kann, dann kommt das von zu weichem Mark und von bestimmten Säften, die das erweichte Mark aussondert. Legt man aber einen Diamanten in den Mund des betreffenden Menschen, vermittelt dessen Wärme aufgrund der ihm eigenen Stärke in Verbindung mit der Wärme des Speichels dem geschwächten Mark neue Kraft, wenn er den Menschen innerlich zusammen mit seinem eigenen Speichel berührt.

Auch wer gichtkrank ist oder einen Schlaganfall hatte – das ist jene Krankheit, die die eine Körperhälfte erfaßt, so daß der Mensch sich nicht mehr bewegen kann –, lege den Diamant einen ganzen Tag in Wein oder Wasser und trinke davon. Die ›giht‹ wird von ihm weichen, auch wenn sie so heftig ist, daß sie seine Glieder zu zerreißen droht; ebenso wird durch ihn die Wirkung des Schlagflusses abgeschwächt werden.

Auch wer ›gelesocht‹ (Gelbsucht) hat, lege den Stein in Wein oder in Wasser und trinke davon; er wird geheilt. Denn die feurige Hitze des Diamants verleiht der Wärme des Weins und der Sanftheit des Wassers so viel Kraft, daß das Trinken dieser Flüssigkeit die schädlichen Säfte im Inneren des Menschen beruhigt. Vom Mark des Menschen steigt nämlich ein leichter Dampf auf, der im Menschen Melancholie erregt; ferner steigt ein fetter und feuchter Dampf aus den Eingeweiden auf, der Gicht und Schlaganfall hervorruft. Die Kraft des Diamanten bezwingt jedoch sowohl den Dampf der Melancholie aus dem Mark als auch den Dampf der Gicht und der Apoplexie aus den Eingeweiden, wenn er wie geschildert mit Wein und Wasser vermischt wurde, weil dann seine gute und starke Kraft sich mit der Wärme des Weins und der sanften Art des Wassers verbindet. Wie nämlich der Herr einer Befestigung alles unterdrückt, was unterhalb liegt, so knebelt die Festigkeit dieses Steins die Säfte, welche Gelbsucht hervorrufen und die auch einige andere Krankheiten verursachen.

Der Diamant ist aber von solcher Härte, daß ihm keine andere Härte etwas anhaben kann; deshalb greift er sogar Eisen an und schneidet es. Deshalb tauche, da weder Eisen noch Stahl seine Härte durchschneiden können, den Stahl in Löwen- oder Bocksblut. Dies Blut festigt den Stahl derart, daß er weder nachgibt noch bricht, wenn er ihn [den Diamant] schneidet. Der Löwe hat nämlich starke und überaus kräftige Wärme und auch der Bock hat sehr kräftige Wärme, obgleich sie in ihm nicht lange vorhält. Deshalb kräftigt ihr Blut den Stahl mit ihrem Feuer, so daß er fähig wird, diesen Stein zu schneiden.

Der Teufel ist diesem kleinen Stein feindlich gesonnen, weil er der Kraft des Teufels widersteht. Daher verabscheut ihn der Teufel bei Tag wie bei Nacht.

KAPITEL XVIII

DER MAGNETSTEIN

Der Magnet ist warm und entsteht aus dem Speichel giftiger Kriechtiere, die in einer bestimmten Art von Sand und in bestimmten Wassern leben, häufiger freilich im Sand als im Wasser. Es gibt nämlich ein giftiges, schneckenähnliches Kriechtier (›snecke‹), das am Wasser oder im Wasser haust und bisweilen seinen Geifer an einer bestimmten Stelle auf eisenhaltige Erde fallen läßt, Erde, aus der Eisen gewonnen wird. Wenn das ein anderes giftiges Reptil sieht, das ebenfalls am Wasser und im Wasser lebt und sich von jener Erde nährt, aus der Eisen gewonnen wird, dann eilt es begierig zu jenem Geifer und ergießt sein Gift über den Geifer. Das Gift durchdringt den Geifer mit seiner Kraft, so daß es sich zu einem Stein verhärtet. Daher hat der Magnetstein die Farbe des Eisens, und er zieht von Natur aus das Eisen hinter sich her, weil er aus jenem Gift gerinnt, das von jener Erde genährt wurde, aus der man Eisen gewinnt. Das Wasser aber, neben dem der Stein liegt, schwächt und verdünnt durch häufiges Benetzen und Uberspülen das Gift weitgehend. Dieser Stein hat ein doppeltes Feuer in sich: einerseits von der warmen Materie, aus der Eisen erzeugt wird, und andrerseits von dem warmen Geifer und dem warmen Gift jener Kriechtiere.

Wenn ein Mensch wahnsinnig ist oder wenn er in irgendein Blendwerk verstrickt ist, dann benetze ein anderer einen Magnetstein mit seinem Speichel und bestreiche den Scheitel des Wahnsinnigen mit dem so angefeuchteten Stein, seine Stirn aber quer und speche: »Du Übel des Wahnsinns, weiche um jener Kraft willen, mit der Gott die Kraft des vom Himmel stürzenden Teufels in eine Kraft zum Nutzen des Menschen gewandelt hat.« Der Kranke wird hierauf den Gebrauch seiner Sinne wiedergewinnen.

Denn das Feuer dieses Steins ist zugleich nützlich und unnütz, weil das Feuer, das er von der eisenhaltigen Erde besitzt, nützlich ist, das Feuer aber, das er vom Gift der Schlangen besitzt, unnütz ist. Wenn der Magnet durch die heilsame und warme Feuchtigkeit des menschlichen Speichels angeregt wird, bändigt er im Verein mit den Worten heiliger Beschwörung die schädlichen Säfte, die den Verstand des Menschen verwirren. So hat dieser Stein doch etwas Gutes an sich, und deshalb weist er mit jenem Teil das Gift ab.

KAPITEL XIX
DER LIGUR

Der Ligur ist warm und von stählerner Kraft. Er entsteht aus einer bestimmten Art – nicht jeder – des Luchsurins. Denn der Luchs ist kein wollüstiges, ausschweifendes und unreines Tier, vielmehr besitzt er feuriges Temperament stets gleicher Art. Seine Kraft ist so groß, daß er sogar Steine durchdringt; er hat daher einen scharfen Blick und büßt nicht leicht sein Sehvermögen ein. Aus seinem Urin nun entsteht dieser Stein, aber nicht in jedem Falle, sondern nur, wenn die Sonne stark brennt und die Luft leicht und mild und wohl temperiert ist. Das Tier erfreut sich dann der Wärme und Reinheit der Sonne und der angenehmen, schönen Luft. Will es nun urinieren, gräbt es mit seiner Tatze ein Loch in die Erde und läßt den Urin in dieses Loch hinein ab, und so bildet sich und wächst der Ligurius unter der Einwirkung der Sonne. Von der Reinheit der Sonne und der lauen Luft, die das Tier berühren und umstrahlen, und von seiner frohen Stimmung und seiner großen Kraft wird der Urin in ihm warm. Nachdem er dann so abgelassen wurde, kristallisiert er sich zu diesem Stein dergestalt, daß das Festwerden jenes schönen Steins, der weicher ist als alle anderen Steine, in der Erde geschieht.

Ein Mensch, der heftige Magenschmerzen hat, lege den Ligur für eine kurze Stunde in Wein oder Bier oder Wasser und nehme ihn dann heraus. Die Flüssigkeit wird von den Kräften des Steins durchzogen, so daß sie von ihm ihre Kraft empfängt. So verfahre man fünfzehn Tage lang und gebe dem Kranken ein wenig davon zu trinken, nach kleinem Frühstück und nicht nüchtern. Kein Fieber und keine Krankheit, abgesehen von einer tödlichen Krankheit, können in seinem Magen so stark sein, daß der Magen nicht purgiert und gereinigt und der Kranke gerettet würde, es sei denn, der Tod stünde unmittelbar bevor. Sonst jedoch soll kein Mensch bei irgendeiner anderen Krankheit dieses Mittel trinken als eben bei Magenschmerzen; er verliert sonst sein Leben, weil die Kraft dieses Mittels so stark ist, daß es sein Herz versehren und seinen Kopf spalten und zerbrechen würde. Denn die Kraft dieses Steins ist von der Art des Stahls und geprägt von starker Wärme. Wird nun diese Kraft mit einer sanfteren Flüssigkeit temperiert, so daß ihre Stärke abgemildert wird, beseitigt sie üble Säfte und Schmutz im Magen. Der Mensch soll aber diesen Trank nicht auf nüchternen Magen, sondern erst nach dem Frühstück einnehmen, damit nicht seine Stärke wegen der Nüchternheit ihn beißend durchdringe. Für andere Krankheiten, die nicht durch Schmutz hervorgerufen werden, wäre eine solche Medizin zu stark.

Wen Beschwerden beim Wasserlassen plagen, so daß er nicht urinieren kann, der lege den Ligur in Kuh- oder Schafsmilch, nicht aber Ziegenmilch, einen Tag lang, nehme ihn am zweiten Tag heraus und erwärme die Milch, d.h. ›welle‹ (lasse sie aufkochen), und schlürfe sie so. In dieser Weise verfahre er fünf Tage, und das wird den Harn in ihm lösen. Denn die Kraft jenes Steines, temperiert durch die Milch von Kühen oder Schafen in ihrer Süße und gesundheitsförderndern Art, löst die Schwierigkeit des Harnlassens. Dies jedoch nicht bei einer Mischung mit Ziegenmilch, weil in dieser ein gewisser schädlicher Schleim enthalten ist; auch eine bestimmte schädliche Stärke wäre in ihr, würde man die Kraft eben dieses Steines mit ihr vermischen.

KAPITEL XX
DER KRISTALL

Der Kristall entsteht aus bestimmten gefrorenen Wassern, die von schwärzlicher Farbe und von solcher Kälte sind, daß sie das Feuer von sich vertreiben. Denn wenn zuweilen große, aus der Luft kommende Kälte jenes Wasser berührt, gefriert das Wasser an bestimmten Stellen infolge der Kälte zu einer Art Klumpen zusammen und wird, gewissermaßen als innerster Kern des Wassers, zu einem festen Körper. Wenn dann später die Wärme der Luft oder der Sonne dieses Wasser berührt, nimmt sie die dichte weiße Farbe, die der Klumpen noch hat, durch ihre Wärme weg, so daß er fast klar wird, ohne aber durch die Wärme aufgelöst zu werden. Die später wieder einsetzende Kälte verdichtet den Klumpen immer mehr und macht ihn reiner und reiner. Dieser ist nunmehr von solcher Festigkeit, daß er durch die Wärme nicht mehr aufgelöst werden kann, obwohl das ganze Eis ringsherum wegschmilzt. So entsteht ein Kristall und ist dann ein Kristall und warm. In heißen Gegenden aber wird wegen der glühenden Hitze – diese gepaart mit Luftfeuchtigkeit – und wegen der warmen Feuchte der Erde in jenen Ländern der Kern der Wasser an den Ufern zu einem Kristall zusammengeballt und ausgehärtet, so wie Brot im Ofen gebacken wird. Dieser Kristall strahlt Feuer aus und ist reiner und kostbarer als der Kristall, der in kalten Gegenden wächst, und er ist fast so kostbar wie der Beryll.

Wem die Augen schwach geworden sind, der erwärme den Kristall an der Sonne und lege den warmen Stein häufig auf seine Augen. Weil er vom Wasser stammt, zieht er die schlechten Säfte und das trübe Wasser von den Augen ab; so wird der Kranke besser sehen. Seine Wärme, angeregt durch die Sonnenwärme – ist er doch durch Sonnenwärme ausgehärtet worden – verjagt die feuchten Tropfen aus den Augen, und so wird der Patient einen helleren Blick gewinnen.

Wenn ›druse‹ (Drüsengeschwüre) oder ›orfune‹ (Skrofeln) sich am Hals des Menschen bilden, dann erwärme er den Stein an der Sonne, und wenn er warm ist, binde er ihn Tag und Nacht fest auf die ›druse‹ oder die ›orfune‹. So soll er häufig verfahren; dann werden diese verschwinden, weil seine vom Wasser herrührende Kraft jene üblen Säfte auflöst und die feurige Kraft sie verzehrt.

Wem ein ›hubo‹ (Geschwulst) an der Kehle wächst, der erwärme den Kristall an der Sonne und gieße über den erwärmten Stein Wein. Den trinke er häufig und lege den an der Sonne erwärmten Kristall mehrfach an seine Kehle auf den ›huben‹, und dieser wird kleiner werden. Denn wenn die von der Sonnenwärme angeregte Wärme des Kristalls sich mit der Wärme und Feuchtigkeit des Weins vermischt und wenn dann der Wein den ›hubo‹ berührt und die Wärme des Steins in der beschriebenen Weise die Kehle des Menschen durchdringt, dann vertreibt der Kristall die üblen Säfte, die die Schwellung des ›hubo‹ veranlaßt hatten.

Wer Herz- oder Magenbeschwerden oder Bauchschmerzen hat, erwärme den Kristall an der Sonne und gieße, wenn er warm geworden ist, Wasser über ihn. Dann lege er denselben Stein für eine kurze Stunde in dieses Wasser, nehme ihn wieder heraus und trinke das Wasser häufig; dann wird es ihm mit Herz, Magen und Bauch besser gehen. Denn wenn seine Wärme und seine vom Wasser herrührende Kraft von der Sonnenwärme erregt und hierauf von der Sanftheit des Wassers temperiert werden – ist dieser Stein doch aus dem Wasser geboren –, dann behebt er die Herzbeschwerden und Bauchschmerzen, die von üblen Säften herrühren.

Wer von ›nesseden‹ (Wurmbefall) geplagt wird, erwärme den Stein an der Sonne und lege den warmen Stein auf die schmerzende Stelle, und die ›nessia‹ (Wurmkrankheit) wird vertrieben werden. Denn die ›nessede‹ entsteht aus überschüssigen und überreichlich fließenden schlechten Säften, die von der Wärme und der wassergeborenen Kraft des Kristalls in Verbindung mit der Sonnenwärme zum Verschwinden gebracht werden.

Doch auch wer an ›sincope‹ (Ohnmachtsanfall) leidet, zwar (an sich) ein fröhlicher Mensch ist, aber (akut) schwach und ohnmächtig wird und bisweilen plötzlich entkräftet zusammenbricht und wie ein Toter daliegt, der erwärme einen Kristall oder mehrere – so viel er haben kann – an der Sonne und lege sie warm eine halben Tag lang oder eine Stunde lang auf seinen Nabel unterhalb des Magens, das heißt zwischen Nabel und Magen. Das mache er oft. Auch erwärme er den Kristall an der Sonne und gieße von oben plötzlich Wein darüber, und trinke davon oft. Dann werden die Ohnmachtsanfälle aufhören. Der Kristall nämlich, der warme und wassergeborene Kraft besitzt und zudem Sonnenwärme aufgenommen hat, soll deswegen zwischen Nabel und Magen aufgelegt werden, damit er beide stärke, weil viele Kräfte des Menschen in seinem Magen lokalisiert sind und weil die von der Sonnenwärme angeregte und mit der Wärme des Weins temperierte Wärme des Kristalls, wie gesagt, die plötzliche Überschwemmung mit üblen Säften – Ursache für die Ohnmacht – unwirksam macht.

KAPITEL XXI
DIE PERLEN

Es gibt bestimmte Flußwässer (aque fluminum), die salzig und fett sind. Aus ihnen entstehen die Perlen. Denn Fettsubstanz aus diesen Wassern fällt zusammen mit salziger Flüssigkeit auf den Sand in der Weise, daß die oberen Wasserschichten gereinigt werden, während die Fettsubstanz zusammen mit dem Salzwasser zu Perlen koaguliert. Diese Perlen sind rein, warm und salzig. Nimm also diese Perlen, lege sie in Wasser, und jeglicher Schleim und jeglicher Schlamm (›slim‹), die im Wasser sind, ziehen sich um die Perlen zusammen, so daß das Wasser darüber rein und sauber wird.

Ein Mensch, der ›fiber‹ hat, soll dieses obere Wasser häufig trinken, und es wird ihm besser gehen. Denn die salzige Wärme dieser Perlen zieht den Schleim, der im Wasser ist, an sich, und so wird die obere Wasserschicht sauber und befreit den Trinkenden mit ihrer Wärme, ihrem Salzgehalt und ihrer Reinheit von den schädlichen, fiebererregenden Säften.

Auch wer Kopfschmerzen hat, soll Perlen an der Sonne erwärmen, dann die warmen Perlen an seine Schläfen legen und mit einem Tuch festbinden. Dann wird er geheilt, weil ihre salzige Wärme, von der Sonnenwärme hervorgelockt, die Säfte beruhigt, die das Kopfweh hervorrufen.

KAPITEL XXII
DIE FLUSSPERLEN

Die Flußperlen entstehen aus gewissen Muscheltieren, d.h. Tieren, die in Schalen liegen und im Meer und in ganz bestimmten großen Strömen leben. Denn einige von diesen Muscheltieren halten sich am Grunde jener Flüsse auf und suchen dort ihre Nahrung, und diese sind auch ein wenig giftig. Von dem Unrat, den sie auf dem Grunde zu sich nehmen, und vom eigenen Gifte, das sie absondern, gerinnen Perlen (›perlin‹) einer bestimmten Sorte, die auf diese Weise entstehen. Sie sind bisweilen trübe, weil sich diese (Muschel)tiere am Boden jener Gewässer aufhalten. In diesem Fall haben sie als Heilmittel so gut wie keinen Nutzen. Andere von diesen Muscheltieren halten sich gewöhnlich in den mittleren Flußschichten auf, wo das Wasser sauber ist; dort nehmen die Tiere weniger Schmutz zu sich, und deswegen findet sich in ihnen weniger Gift. Aus diesem Grunde werden hier die Perlen leuchtend klar; sie entstehen ja aus dem Wasser, das die Tiere einsaugen, und dem Gift, das sie absondern, und dort in der Mitte der Flüsse ist eben ziemlich klares Wasser. Trotzdem besitzen sie als Heilmittel kaum einen Nutzen; sie sind nur leuchtender als die anderen und haben weniger Gift in sich als die anderen. Wieder andere von diesen Muscheltieren halten sich jedoch in den obersten Schichten der Flüsse auf, wo Schaum und viel Schmutz dahintreibt. Aus dem Schaum und dem Unrat oben bilden sich zusammen mit dem Gift ebendieser Tiere bestimmte ›perlin‹ aus, die auch etwas trübe sind, weil sie aus dem Schaum und dem gesammelten Schmutz der Gewässer entstehen. Sie haben überhaupt keinen medizinischen Nutzen, weil sie den Menschen eher Krankheit als Heilung bringen. Wenn sie ein Mensch in seinen Mund nähme, würde er sich davon die gleichen Krankheiten zuziehen und ebenso krank werden, wie wenn er Gift zu sich genommen hätte. Auch wenn er sie sich auf die Haut legte, so daß sein Fleisch von ihnen erwärmt würde, würde er Gift aus ihnen in sich aufnehmen und auf diese Weise krank werden und Schmerzen erdulden, weil diese Perlen aus mannigfachem, im Wasser enthaltenen Schmutz gerinnen.

KAPITEL XXIII
DER KARNEOL

Der Karneol stammt mehr von der warmen Luft als von der kalten. Er wird im Sande gefunden. Wenn jemand Nasenbluten hat, erwärme er Wein und lege in den warmen Wein den Karneol; gib ihm davon zu trinken, und die Blutung wird gestillt. Denn seine gute und reine Wärme bringt in Verbindung mit der Wärme von Glühwein den verkehrten Blutandrang in der Nase zum Stillstand, da der warme Wein das aus der Nase strömende Blut mit der Kraft dieses Steins zurückhält und das Gehirn kräftigt, das durch das austretende Blut geschwächt wurde.

KAPITEL XXIV

DER ALABASTER

Der Alabaster hat weder rechte Wärme noch rechte Kälte in sich, er hat von beidem und ist gleichsam lauwarm, so daß eine medizinische Wirkung nicht in ihm gefunden werden kann.

KAPITEL XXV
DER KALK

Der Kalk (calx) ist warm. Wenn man ihn brennt, entsteht daraus gebrannter Kalk (creta); daher ist auch der gebrannte Kalk warm. Denn wenn der Kalk durch das Feuer zu Pulver geworden ist, wird er noch stärker und bindet mit seinem Feuer Erde und Sand zusammen.

Wenn ein Mensch oder ein Tier Kalk ißt, dann greift dessen starke Wärme den, der ihn gegessen hat, an und macht ihn krank. Ein Mensch aber, den ein Wurm an einer Stelle zerfrißt, nehme ein Teil gebrannter Kalk und zwei Teile ›criden‹ (Kreide) und bereite daraus mit saurem Wein eine Art dünnen Mörtelbrei und trage diesen auf die Stelle, wo er den Wurmfraß spürt, mit einer Feder auf. So verfahre er jeden Tag bis zum fünften. Danach nehme er ein Teil Aloe und ein Dritteil Myrrhe, verreibe sie und bereite aus ihnen mittels frischen Wachses ›ein plaster‹ (Pflastersalbe), streiche dies auf ein Tuch aus Hanf und binde dann das ganze zwölf Tage lang auf die schmerzende Stelle. Denn der gebrannte Kalk ist warm und ›cride‹ (Kreide) kalt, und so mischt sich die Wärme des gebrannten Kalks mit der Kälte der Kreide und mit der Wärme und Schärfe des Weins und tötet die Würmer ab. Die Wärme der Aloe verstärkt die der Myrrhe, zieht den Eiter der Geschwüre heraus und heilt die betroffene Stelle.

Das Glas aber, das mit Buchenasche hergestellt wird, ist warm. Wenn nun jemand Glas pulverisiert und auf die Geschwüre gibt, wo Würmer das Fleisch anfressen, würden zwar die Würmer sterben, aber das Fleisch des Kranken würde dadurch verletzt, weil das Pulver sich durch es durchfressen würde.

KAPITEL XXVI

DIE ÜBRIGEN STEINE

Die übrigen Steine, die in verschiedenen Erden und in verschiedenen Regionen entstehen und verschiedene Eigenschaften und verschiedene Farben aus den Erden, in denen sie entstehen, ziehen, haben als Heilmittel keinen großen Wert, so z.B. der Marmor, der ›griezstein‹ (Sandstein), der ›calcstein‹ (Kalkstein), der ›duchstein (Tuffstein), der ›wacken (Feldstein) und dergleichen. Dies deshalb, weil in ihnen entweder zu große Feuchtigkeit oder zu große Trockenheit ist, so daß die allzu feuchten nicht durch rechte Trockenheit temperiert und die allzu trockenen nicht von rechter Feuchtigkeit durchfeuchtet werden.

SMARAGD

Historischer Hintergrund:

»Smaragd (nōpēk, 2 Mo 28,17; 39,10; auch Hes 28,13, manche halten diesen Text für unsicher) war wohl ein grüner Stein wie der heutige Smaragd, doch in Anbetracht der LXX-Übersetzung (anthrax, ›eine glühende Kohle‹), neigen einige Gelehrte mehr zur Übersetzung Almandingranat. In Offb 4,3 (smaragdinos) und 21,19 (smaragdos) ist der grüne Smaragd gemeint. Der Smaragd (in Mo 28,17; 39,10 bareget; Hes 28,13 baregat) war vielleicht grüner Feldspat« (Bibellex. II 422).

Die Angabe des Theophrastos[1] über die medizinische Wirkung des Smaragds: *»Dieser ist aber sehr heilsam für die Augen …«*[2] wiederholen alle späteren Steinbücher. Der dritte Rang unter den Edelsteinen steht nach Plinius[3] dem Smaragd[4] zu, der aus mehreren Gründen seiner Stellung gerecht wird, vor allem aufgrund seiner grünen Farbe, die der Beschreibung Hildegards vergleichbar ist:

»Keine Farbe ist angenehmer anzusehen; denn wie leidenschaftlich gern wir auch grüne Pflanzen und Laub betrachten, so schauen wir doch noch lieber die Smaragde an, weil es überhaupt nichts Grüneres gibt als sie. Außerdem sind sie die einzigen Edelsteine, die beim Anblick die Augen füllen, aber nicht übersättigen. Ja, auch von anderen Anstrengungen erholt sich die Sehkraft durch das Anblicken eines Smaragds …« (Plin., Nat. hist. XXXVII 62; König u. Hopp 1994, 53).

Unter den zwölf Smaragdarten, die Plinius beschreibt »ist zweifellos auch unser Smaragd beschrieben als einer der kostbarsten Steine nächst Diamant und Perle« (Lüschen 320f.).

Nach dem Damigeron[5] ist der Smaragd ein sehr schöner und wirksamer Stein *(pulcherrimus et validissimus)*, ausgestattet mit zahlreichen Kräften; gegen Unkeuschheit wirkt er vorbeugend.

Die Besonderheit des einmaligen Grüns begleitet uns durch das gesamte Mittelalter. So betonen Isidor[6], Beda[7], Hrabanus Maurus[8] und Marbod[9] übereinstimmend bis Megenberg das außerordentliche bzw. übermäßige *(nimius)* Grün des Smaragds, der vielfältig in seiner Heilwirkung beschrieben wird.

In bezug auf die Farbe »scheint es Berührungspunkte mit Avicenna[10] <…> zu geben« (Meier 1977, 232).

»Smaragdus ist gar ain edel stain und ist auch ainer der zwelf stain; der ist grüen ob allen grüenen dingen. iedoch ist er manigerlai. aber der ist der pest, den man vint

in dem land scythia, und nimt man in auz der greifen nest[11], *wan die behüetent in mit grôzer grimmichait; und der allerpest under den selben stainen ist der durchsihtich ist und von des grüene der naehste luft grüen wirt und des grüen weder von der sunnen dunkelt noch von anderem lieht noch von schaten«* (Megenberg, Buch der Natur VI 67, ed. Pfeiffer 459,6-16).

Der Farbe Grün[12] begegnet man in vielen lateinischen Belegen, die entweder aus ma. Lapidarien stammen oder aus den Lithika, die dem Ma. bekannt wurden.

Hildegard gebraucht das Grün in sinnbildlicher Bedeutung. Die bedeutungshaltige Farbe findet sich spirituell gedeutet im LCM und den theologischen Schriften.

Eine repräsentative Aufschlüsselung ausschließlich geistlicher Grünauslegung im Werke Hildegards haben Meier, Schipperges und Vollmann vorgelegt, so daß hier eine Beschränkung mit Hinweisen auf die einschlägige Literatur vertretbar ist.

Als Amulett gegen Epilepsie findet der Smaragd Anwendung bei Marbod[13] und Pseudo-Aristoteles[14] sowie in einer Heilanzeige *contra morbum caducum* bei Hildegard. *Daz vallent lait* vertreibt er nach Megenberg (VI 67, ed. Pfeiffer 459,19).

Unter den medizinischen Eigenschaften des Smaragds vermißt man dessen Grün zur Stärkung der Sehkraft. Ein Rezept gegen Augenschwäche enthält dagegen der LCM:

»Werden Blut und Wasser in den Augen eines Menschen, sei es durch hohes Alter oder durch eine Krankheit, zu stark mitgenommen, so soll der Mensch hinausgehen auf eine grüne Wiese und sie so lange anschauen, bis seine Augen wie vom Weinen naß werden: das Grün dieser Wiese nämlich beseitigt das Trübe in den Augen und macht sie wieder sauber und klar.[15]

Belege:

Griech. *smáragdos,* auch *máragdos;* die Hildegard-Hss. schreiben das lat. und mlat. *smaragdus.*

Bedeutung:

Dem Bedeutungswandel nicht unterworfen war der Smaragd, dessen Grün schon Daremberg und Reuss (1882) veranlaßte, Anknüpfungspunkte in Hildegards Werk bei Plinius und Marbod zu vermuten, die Ähnliches berichten (»similia narrant«: 1249C, 2. Fußnote).

Die ausdrückliche Hervorhebung der Smaragde im antiken und ma. Schrifttum liegt im Anblick seiner unbeschreiblichen Farbe begründet, ... *weil es überhaupt nichts Grüneres gibt als sie,* schreibt Plinius[16], dem Marbod folgt: *das Grün des Steines übertrifft alles Grüne.*[17]

Das üppige Grün des Edelsteins bezeugen in vergleichbarer Form die Steinbeschreibungen eines Isidor, Beda, Hraban u.a.

Der Smaragd Hildegards entsteht bei Sonnenaufgang zur Zeit des kräftigen Grüns der Erde und Gräser, der stärksten Grünkraft des Tages, wie überhaupt die ganze Substanz des Steins der Grünkraft *(viriditas)* der Luft entstammt.

Unabhängig von der Motivübertragung ›Grün‹ stellt die *viriditas* in der Auslegung Hildegards ein vom Vegetationsgrün der Alten unterschiedendes charakteristisches Merkmal dar.

Auch ihre medizinischen Anwendungsarten des Smaragds konnten bis auf die ›Fallsucht‹ (Marbod, op. cit., v. 155 ed. Riddle 45; Migne, PL 171, 1745B) nicht belegt werden.

Die Interpretation, daß sich hinter der Textstelle (Struck 6,1-17; Migne 1249B) ein intuitives Wissen um »komplizierte biosynthetische Zusammenhänge versteckt« (Hertzka-Strehlow 129f.), entspricht nach Meinung des Autors nicht der Naturkenntnis des Ma., die sich in ihrer Gesamtheit von den exakten Naturwissenschaften unserer Tage grundsätzlich unterscheidet.

HYAZINTH

Historischer Hintergrund:

»Hyazinth (Offb 1,20) ist ein blauer Stein, ein Aquamarin (blauer Beryll), Saphir oder Türkis. (Der heutige Hyazinth ist ein völlig anderer Stein.) Das Wort bezeichnete auch einen blauen Farbton (im klass. Griech. wurde das Substantiv für die Sternhyazinthe oder Glockenblume gebraucht) wie in Offb 9,17 (hyakinthinos)« (Bibellex. II 422).

Die antiken Autoren sehen im Hyazinth einen überwiegend blau gefärbten Stein. Er trägt den Namen einer Blume und hat die Farbe des Himmels.[18] So auch Isidor[19], Beda[20] und Hraban.[21]

Bei dem Edelstein handelt es sich um den blauen Korund, der unter dem Namen Saphir bekannt ist.

»Auch der Hyazinth der Offenbarung des Johannes ist höchstwahrscheinlich Saphir« (Lüschen 241).

Durch ihre jeweilige Farbe unterscheiden sich die Edelsteine bei Epiphanius,[22] der die Varietäten meerfarben, purpurfarben u.a. vorstellt.

In drei Farbtönen tritt der Hyazinth bei Marbod[23] auf. Der Pseudo-Aristoteles in lat. Bearbeitung[24] verzeichnet ebenfalls drei Farben:

– iacintus rubeus oder granatus (= Rubin)

– iacintus citrinus (= gelber Korund) und
– iacintus venetus oder saphirinus (= Saphir)

»Unsere Korunde sind in den Beschreibungen, die zu dieser Überlieferung in Beziehung stehen, eindeutig zu erkennen, weil gesagt wird, daß die Farbe des roten Hyazinth im Feuer verbessert werde, was für den gelben nicht in dem Maße gelte, und der blaue leide im Feuer Schaden« (Lüschen 240).

Diese Version stimmt mit dem ältesten Steinbuch deutscher Sprache weitgehend überein und entspricht damit »dem arabischen Zweig der Überlieferung« (Lüschen, a.a.O.):

»Jacincti der sint trieslaht.[25] *einir ist rôt. unde gruzelot. der ist och aller staine tiurost. dize ist sin natura. Ober in daz fiur geworfen werde. so man iemere zuoblaset. so er ie roter wirdet. ist ieht suarzes darane. daz prennet daz fiur ŏz. unte wirt luter. Der ander slahte iechant. der haizet cytrinvs. der dolt nieth daz fiur. Der drite slath iechant déir heizit venetus. der dolt daz fiur. furnams nieht. der rot iochant ist guot dem daz plut wirret. Er ist guot dem der in ein wrmegez lant vert. daz vngesunt ist. ob er in mittimi hât«* (Wilhelm 38,25-39).

»Der rote Hyazinth wanderte als Rubin zu den anderen roten Steinen in das Geschlecht der Karbunkel, der blaue wurde zum Saphir <...>, und bei Megenberg (1350, S. 449) ist nur noch der gelbe Hyazinth übrig, immer noch als unser gelber Korund erkennbar« (Lüschen 242).

Den ›Jachant‹ beschreibt Megenberg (VI 45, ed. Pfeiffer 449,21-23) wie folgt:

»Jacinctus haizt jâchant. der stain ist gelvar und ist in der vinster tunkel und an dem lieht klâr, wan er enpfindet des luftes, sam man spricht.«

Belege:

Griech. *hyákinthos,* mlat. *iacinctus* oder *iacintus,* so auch die Hss., deutsch *iachant* (Struck 10,12; Migne 1251A).

B (fol. 57^{r}) schreibt: *iacinctus ceruleum colorem habet et uariatur secundum nubes celi* (s. oben).

Für die Bedeutung »bezaubern« (unter der Wirkung eines Zaubers stehen) finden sich in den Hss. verschiedene Lesarten. P (fol. 198^{r}) schreibt übereinstimmend mit V (fol. 36^{v}): *Et si quis per fantasmata aut per magica verba bezaubert est...*, F (fol. 51^{r}) und Fr (fol. 50^{r}) *uirgogelit* (von mhd. *gogelen,* d.h. »hin und her gaukeln«, Lexer I 1044), während B (fol. 57r) schreibt: *irreditus* [lies: *irretitus* »verstrickt«] *id est vergaukelt.*

Bemerkenswert sind auch die Ausdrucksweisen für ungesäuertes Brot, wie *derbreit* in P (198^{r}), verderbt zu *der brot* in M (Migne 1251B), *der proit* (B fol. 57^{r}), *derfbroit* F (fol. 51^{r}), Fr (fol. 50^{r}) und *derbroit* in V (fol. 63^{v}).

Bedeutung:

Der Hyazinth hat in kontinuierlicher Überlieferung seines Namens einen drastischen Bedeutungswandel erfahren.

Die Eigenschaft *igneus* knüpft an die Vorstellung »feuerfarben« (rot) des ma. *iachant* an. Der gültige Name ist heute »Zirkon«.

Die medizinischen Anwendungen und die abergläubisch-religiösen Verwendungen mit Hilfe des Kreuzzeichens spiegeln Praktiken des ma. Lebens.

ONYX

Historischer Hintergrund:

»Onyx (schōham, 2 Mo 25,7; 28,9.20; 35,9.27; 39,6.13; 1 Chr 29,2; Hiob 28,16; Hes 28,13; mit schōham wiedergegeben in 1 Mo 2,12) ist als grüner Stein (cf. LXX ›Beryll‹ in einigen dieser Verse) oder Onyx (durchscheinender Achat mit weißen oder scharzen Bändern) identifiziert worden. Das Wort bedeutet Fingernagel; der Stein wird wegen seines Aussehens so genannt ...« (Bibellex. II 424).

Nach Theophrastos[26] »ist der Stein weiß und braun gemischt«.

Plinius[27] referiert einen gewissen Sudines, der sagt, »im Edelstein befinde sich ein Weiß, das mit dem des menschlichen Nagels Ähnlichkeit aufweise«[28] (cf. Epiphanius, Isidor, Hraban, Marbod), »ebenso mit der Farbe des Chrysoliths, des Sarders und des Jaspis«. Neben indischen und arabischen Onyxarten[29], unter letzteren »schwarze arabische Onyxe mit weißen Gürteln ...« »habe der echte Onyx sehr viele bunte Adern mit milchweißen Gürteln ...« (ebd.). »Onyx ist Achat mit wechselnd schwarzen und weißen Lagen. Auch rein schwarze Stücke – aus den dunklen Schichten entnommen – werden Onyx genannt« (Lüschen 286).

In vergleichbarer Form besitzen wir zu den Angaben Hildegards über die medizinischen Anwendungen des Onyx keine Belege, sieht man von der Wirkung des Steins gegen Traurigkeit *(tristitia)* (Struck 19,4-6; Migne 1252B) ab, die eine Parallele bei Marbod[30] hat.

Der Onyx hilft gegen *ouchswern* »Augenleiden« (Struck 16,6-15; Migne 1251D).

Im übrigen berichtet das ›Prüler Steinbuch‹, daß der Onyx in Pulverform gestoßen *(pulverot) die zaihere der ŏgen,* die »Zähren«[31] (das Tränen) der Augen heile (Wilhelm 38,46f.).

Belege:

Die Hss. schreiben *onichinus;* F und Fr *onichilus.* Sehstörungen bezeichnet Hildegard mit den Begriffen *caligo oculorum* (»Dunkelheit der Augen«) und mit *ouch-, augswern* (»Augenbeschwerden«) in P (fol. 198^{r}) und V (fol. 37^{r}). Zu weiteren Varianten in den Hss. vgl. Struck 16. Das mhd. Wort ist *ouge – swër* (»Augenschmerz« – »Augenübel«, Lexer II 191).

Bedeutung:

Die Farbe des schwarzen bis weiß gebänderten Onyx entspricht im wesentlichen dem Bild, das Hildegard von dem Stein zeichnet. Die steinbildende Kraft löst ein dunkles und helles Szenario aus. »Gewitterwolken« schieben sich vor die allgegenwärtige Sonne deren Einfluß letztendlich die Entstehung des Onyx verursacht.

»In ma. Beschreibungen tritt dies Schwarz-Weiß immer mehr hervor, so daß sich der heutige Begriff von Onyx herausbildet« (Lüschen 286).

BERYLL

Historischer Hintergrund:

»Beryll (tarschīsch, 2 Mo 28,20; 39,13; Hld 5,14; Hes 1,16; 10,9; 28,13; Dan 10,6) wurde mit Spanien (Tarsis) in Verbindung gebracht und entspricht wohl spanischem Goldtopas, in der Antike als Chrysolith bekannt. In Offb 21,20 (beryllos) ist gemeiner grüner Beryll gemeint« (Bibellex. II 421).

Die Farben der Beryllvarietäten sind verschiedenartig. Sie reichen von farblos über blau und grün bis rot und gelb u.a. Einige Varietäten haben charakteristische Namen erhalten, wie etwa Aquamarin, Goldberyll und roter Beryll.

India eos gignit… überliefert Plinius[32] und beschreibt primär die Berylle *(berulli), qui viriditatem maris*[33] *puri imitantur* (»die das Grün des reinen Meeres nachahmen«). Ihnen nahestehend beeindrucken die im Farbton blasseren Goldberylle *(chrysoberulli)*[34] in ihrem goldfarbenen Glanz, denen der noch blasser wirkende Chrysopras *(chrysoprasum)*[35] in der Farbe des Lauchsaftes folgt, *aber ein wenig vom <grünen> Topas nach Gold hinüberspielt.*[36] Die weiteren Ränge nehmen die hyazinth-[37], luft-[38], wachs-[39], oliv-ölfarbenen[40] Steine ein bis zu jenen dem Kristall ähnlichen.[41]

In der Regel entstehen die Steine in eckiger Gestalt[42]

B (fol. 57^{v}–58^{r}) schiebt Material aus Isidor (Etym. XVI 7,5) nach, der sich seinerseits auf Plinius (Nat. hist. XXXVII 77) stützt:

»Er hat grüne und einen guten Teil blaß-bleiche Farbe und sechs Winkel. Es ist ein indischer Stein, grün ähnlich einem Smaragd aber doch blasser gestaltet«.[43]

Ein Mensch wird nicht streitsüchtig *(stridich* – Struck 21,5-8; Migne 1252D), wenn er einen Beryll bei sich trägt.

Der Stein wirkt beruhigend und *ist göt sver in treit* schreibt das deutsche Steinbuch (Wilhelm 38,54).

Belege:

Der Edelsteinname ist indischer Herkunft (Lüschen 189). Griech.: *beryllos*, lat.: *beryllus* und *berillus* in den Hildegard-Hss. Plin. (Nat. hist. XXXVII 76) schreibt: *berullus*. Das mhd. *berille, barille* bezeichnet sowohl den Stein als auch die »Brille«: *durch den bril sehen* (Lexer I 193).

Bedeutung:

Der Beschreibung des sechsseitigen blass-grün gefärbten Berylls indischer Provenienz des B-Textes liegt Isidor zugrunde (s.o.), wobei der zu den Beryllvaritäten zählende Smaragd erweiternd hinzukommt.

Übersetzt man Hildegards *igneus* mit »feuerfarben«, könnte man dahinter den Roten Beryll, Goldberyll oder Heliodor vermuten, weil sie dem Smaragd, dessen Materie von der Grünkraft der Luft bestimmt wird, ein eigenes Kapitel einräumt.

Als Schutzmittel gegen Gift in Speise und Trank wirkt ein zu Pulver verarbeiteter Beryll, der mit Wasser einzunehmen ist. Der einzige Stein in der Lithotherapie Hildegards übrigens, der zur innerlichen Anwendung als Pulver genutzt wird. Der Verfasser des ›Prüler Steinbuchs‹ empfiehlt gleich Hildegard den Beryll als Beruhigungsmittel bei Streitigkeiten.

SARDONYX

Historischer Hintergrund:

»Sardonyx (Offb 21,20) ist nach heutigem Sprachgebrauch eine Achatart mit weißen und braunen Bändern ...« (Bibellex. II 425).

»*Nach Demostratos*[44] *war aber der ältere Africanus der erste unter den Römern, der einen Sardonyx verwendete, und daher genießt dieser Edelstein bei den Römern Ansehen*[45] <...>. *Einst erkannte man die Sardonyxe* (sardonyches), *wie aus dem Namen selbst hervorgeht, an dem weißen Anteil, der auf dem Sarder* (sarda) *liegt wie der Nagel des Menschen auf dem Fleisch, und beide <Schichten> sind durchscheinend ...*«.[46]

Im übrigen unterscheidet Plinius mehrere Arten Sardonyxe.

Solinus[47] berichtet, daß der König Polykrates von der Küste (Arabiens) den Sardonyx-Stein erhielt, der im römischen Weltreich zuerst die Prunksucht erregte.

Nach Isidor[48] vereinigt der Stein die Farbe des Sarders mit der des Onyx, ähnlich argumentiert Marbod.[49]

Megenberg[50] schließlich schreibt dem Stein ebenfalls drei Farben zu:

»Sardonix ist auch der zwelf stain ainer und hât in din nâtûr gemacht von zwain stainen, von dem onicen und von dem sarden. er ist ain tail rôt und die roet hât er von dem sarden, und ist ain tail weiz und swarz, die zwuo varb hât er von dem onicen«.

Belege:

In allen Hss.: *sardonix.*

Bedeutung:

Ob Hildegard Kenntnis von der komplexen Farbe des Sardonyx aus spätantiken Quellen hatte, läßt sich nach dem bei ihr geschilderten Entstehungsprozeß des Steins nicht näher deuten.

Für ihre Belehrungen hinsichtlich der Wirkungen des Steins fehlen überschaubare Überlieferungen.

SAPHIR

Historischer Hintergrund:

»Saphir (sappīr, 2 Mo 24,10; 28,18; 39,11; Hiob 28,6.16; Hld 5,14; Jes 54,11; Klgl 4,7; Hes 1,26; 10,1; 28,13) ist die antike Bezeichnung für Lapislazuli, einen tiefblauen Stein mit goldenen Tupfen aus Eisenpyrit (vgl. ›Goldstaub‹, Hiob 28,6). Auch in Offb 21,19 (saphiros) ist Lapislazuli gemeint: Den heutigen Saphir (blauer Korund) kannte man in der Antike wohl nicht« (Bibellex. II 424f.)

Die Angabe von Lüschen (309), Theophrast nenne den Saphir »gleichsam goldgesprengelt« fand ich bei Schmieder (§ 8,12) nicht. Nach Plinius[51]

»sind die Saphire[52] (sappheiroi) *blau, und es ist selten, daß sie ins Purpurrote spielen. Die besten findet man bei den Medern; sie sind jedoch niemals durchscheinend. Außerdem sind sie zum Schneiden nicht verwendbar, da sie mit kristallinen Körnern durchsetzt sind. Die dunkelblauen unter ihnen gelten als die ›männlichen‹«.*

Übereinstimmend mit Plinius äußert sich Isidor[53] und Marbod[54], während Megenberg[55] ergänzt:

»Saphirus ist gar ain edel stain und ist der zwelfer ainer, die Johannes sach. der stain ist himelvar, wan er ist liehtplâ <...>*, aber der ist der pest, der von India kümt, und der ist kainer durchläuhtich.«*

Belege:

Lat. *sapp(h)irus,* mlat. meist *saphirus.*

»Der antike Saphir war nicht unser Saphir, sondern unser Lasurstein« (Lüschen 309). Mineralogisch wird »der Saphir nunmehr als Korund-Varietät eingeordnet. Es zeigte sich nämlich, daß zum edlen Korund nicht nur der blaue Saphir und der rote Rubin gehören, sondern daß es auch farblose, gelbe, gelbrote, rosafarbene, grüne und violette Korunde von Edelsteinqualität gibt. Alle diese gehen im Edelsteinhandel meist nicht unter dem Namen Korund, sondern unter dem Namen Saphir, mit Ausnahme des gelbroten, der Padparadscha genannt wurde« (Lüschen 311).

Unter Berücksichtigung der nach Hildegard unter kosmischen Kräften ablaufenden Steinbildung könnte es sich bei dem Saphir Hildegards um eine gelbrote Varietät handeln.

Bedeutung:

Der Saphir symbolisiert in besonderem Maße die Liebe zur Weisheit.[56] Übereinstimmend mit dem ›Prüler Steinbuch‹ (38,43f. ed. Wilhelm) beseitigt auch bei Hildegard der Saphir das Häutchen *(vel)* im Auge.[57] und beeinflußt gerötete Augen, die *seregent,* weh tun.

Schon nach Dioskurides[58] vertreibt er Wucherungen in den Augen, Flecken und Blattern auf der Hornhaut. Albertus Magnus[59] berichtet: *Ich sah einen* [Saphir] *ins Auge eingeführt werden und die Augen von Flecken reinigen. Aber vorher will er in kaltes Wasser gelegt werden und nachher ebenso.* Die Beeinflussung der Augenkrankheiten durch den Saphirstein veranlaßt Fühner (126) zu der Feststellung: »... Sogar die heilige Hildegard stimmt dieses Mal mit den übrigen Autoren überein ...«.

Zwischen den weiteren Indikationen des Steines und dem überlieferten Wissen gibt es keine überzeugenden Berührungspunkte.

SARDER

Historischer Hintergrund:

»Sarder ('ōdem, 2 Mo 28,17; 39,10; Hes 28,13) war mit Sicherheit ein roter Stein (von adam, »rot sein«), wahrscheinlich der heutige Sarder (eine Art Karneol; vgl. Hes 28,13), eine dunkelbraune oder -rote Quarzart. Er wird auch in Offb 21,20 (sardios) erwähnt, und er ist der sardinische Stein in Offb 4,3 (sardinos).« (Bibellex. II 425)

Nach Theophrast[60] »nennt man die hellroth durchscheinende Art: weiblicher Sarder, die dunkelroth durchscheinende Art aber männlichen«. Plinius:[61]

»Einst erkannte man die Sardonyxe (sardonyches[62]) *wie aus dem Namen selbst hervorgeht, an dem weißen Anteil, der auf dem Sarder* (sarda) *liegt wie der Nagel des Menschen auf dem Fleisch, und beide <Schichten> sind durchscheinend.*

»Er [der Sarder] *ist ein allbekannter Stein und wurde zuerst zu Sardes*[63] *gefunden; der am meisten geschätzte kommt jedoch aus der Gegend von Babylon* (Plin., l.c. 105; König u. Hopp 1994, 79).

Plinius berichtet ferner von arabischen und drei indischen Arten, unter denen sich auch ein roter Sarder befinde.

Nach Isidor[64] ist der Stein rot und übertrifft die Farbe des Marmors; unter den Edelsteinen ist er wohlfeil (billig) und es gibt fünf verschiedene Arten.

Als »blutfarben« kennzeichnet Beda[65] den Stein; Hraban[66] berichtet von einem »roten« Stein und nach Marbod ist er gewöhnlich von roter Farbe.[67]

Belege:

Griech. *sardion,* lat. *sardius.* So auch in den Hildegard-Hss.

»Der Name <...> wird nach der Deutung des Altertums zurückgeführt auf die Stadt Sardes in Kleinasien, wo der Stein zuerst gefunden sein soll. Vielleicht wird da der Fundort mit dem Durchgangsort für den Handel aus dem Orient verwechselt...« (Lüschen 311).

Bedeutung:

Der direkten Angabe einer ›roten‹ Farbe begegnet man bei Hildegard ebenso wie in vielen antik-ma. naturkundlichen Werken. Für den Sarder ist heute der Name des roten bis rotbraunen Karneols gebräuchlich. Die heilkundlichen Anwendungen enthalten Formeln christlicher Rituale, es werden aber auch Heilzeremonien beschrieben, bei denen die Kraft des Magischen ins Spiel kommt.

TOPAS

Historischer Hintergrund:

»Topas (pitedā, 2 Mo 28,17; 39,10; Hiob 28,19; Hes 28,13) entspricht einem gelben Stein, wahrscheinlich gelbem Bergkristall oder Chrysolith (einer blaßgelben Olivinart); vgl. Hes 1,16; 10,9; 28 13 (tarschīsch). So auch Offb 21,20 (topazion)« (Bibellex. II 425f.)

Eine verwirrende Fülle von Angaben über den *topazos* überliefert Plinius:[68]

»Die neuesten Schriftsteller <...> unterscheiden zwei Arten, den prasoïdes und den chrysopteros[69]*, der dem Chrysopras ähnlich ist. Die ganze Ähnlichkeit geht näm-*

lich in die Richtung <der Farbe> des Lauchsaftes. Der Topas ist der größte unter den Edelsteinen«.

Unter die Varietäten der grünen Steine zählt Plinius auch den gewöhnlichen Prasem *(prasius):*[70]

»Man zieht ihnen [den Prasiusarten] *den Chrysopras vor, der ebenfalls die Farbe des Lauchsaftes hat, aber ein wenig vom <grünen> Topas nach Gold hinüberspielt.«*

Agatharchides[71] »schildert den Stein Topazion als durchscheinend, dem Glas ähnlich, von lieblicher Goldfarbe. Das könnte unser Topas sein. Die ma. Lapidarien setzen die Tradition des gelben Topases fort. In dem für die Folgezeit maßgeblichen Lehrgedicht des Marbod[72] ist der Topas gelb in verschiedenen Tönungen« (Lüschen 333f.; cf. Mieleitner 446; zur Lauchfarbe des Topases cf. Meier 1977, 171ff.).

Der *topazion* Isidors[73] ist von grüner Art, leuchtet aber in allen Farben; Beda[74] gibt zwei Farben an, einen gold- und einen luftfarbenen *topazius.* Letzterer hat eine rosig-fette Farbe und ist dem Chrysopras in Größe und Farbe ähnlich.

Die Hs. B (fol. 59b) ergänzt die komplexe Farbenausstrahlung:

»Topasius diuersum colorem habet secundem celum et secundum terram et superat colorem omnium gemmarum«.

Nach dem ahd. Steinbuch (Wilhelm 38,50) ist der Stein goltuar. Konrad von Megenburg beschreibt zwei Varietäten:

»Topazius ist der zwelf stain auch ainer, die Johannes sach, und geleicht gold an der varb und der ist der edelst under derlai stainen. aber ainer andern lai ist, der ist vil liehter und ist an der varb dünner, aber er ist poeser wan der êrst« (VI 77, ed. Pfeiffer 464,16-20).

Belege:

Griech. *tópazos, topázion,* lat. *topazus(os), topazius(ion).* Die Hss. schreiben *topazius* (F, W, P, B), *topacius* (Fr), *topaczius* (W) und *topasius* (Fr, V, B).

Die angeblich mhd. Wörter *virgibuisse* und *seichmisse,* die bei Migne im Topas-Kapitel auftauchen und noch von Struck (110, 114) als Lesungen der Hs. P betrachtet und entsprechend etymologisiert werden, beruhen auf Lesefehlern von Daremberg und Reuß bzw. Struck. P liest (fol. 199^{v}) *virgibnisse ac feichmisse* (»Vergiftung und feindlicher Anschlag« von mhd. *vehen* = »feindlich behandeln«).

Bedeutung:

Während sich die antiken Farbenbezeichnungen widersprechen, steht in der Tradition der ma. Lapidarien, wie etwa bei Marbod, die Farbe Gelb in verschiedenen Tönungen an, so auch bei Hildegard: *auro similior est quam gelo.*

Der Topas wirkt gegen *passiones oculorum.*[75] Das ahd. Steinbuch weist den Stein als Mittel gegen Vergiftung aus: *di firgift des aitters* (Wilhelm 38,49f.). Beide Eigenschaften berühren in vergleichbarer Form die Lithotherapie Hildegards (Struck 36,7-12; Migne 1255BC).

CHRYSOLITH

Historischer Hintergrund:

»Chrysolith (Offb 21,20) ist das antike Wort für gelben Topas <...> oder gelbes Quarz. Antiker Chrysolith ist der heutige Topas und umgekehrt« (Bibellex. II 421).

Äthiopien liefert die mit goldenem Glanz durchscheinenden Chrysolithe.[76] Damigeron[77] beschreibt den Stein als dicht, leuchtend und dem Golde ähnlich. Nach Isidor[78] ähnelt er dem Gold und der Farbe des Meeres. Beda[79] benennt zwei Varietäten des Steines: den goldfarbenen mit feurigen Funken und einen hellblauen, grünfarbenen. Hraban[80] zitiert Beda wortwörtlich und Marbod[81] schließt sich der Farbkombination Isidors an, ebenso Konrad von Megenberg:

»*Chrysolitus ist ainer der zwelf stain und ist mervar* [meerfarben], *alsô daz er tunkelgrüen ist und guldein funken dar ein gemischt hât und funkengleizt sam ain fewer*« (VI 23, ed. Pfeiffer 442,12-15).

Die Hs. B (fol. 60^V^) schreibt ausführlicher:

»*Der Chrysolith ist ein äthiopischer Stein, leuchtend wie Gold und wie ein funkensprühendes Feuer; in der Farbe der Sonne neigt er grüner Farbe zu. In Gold gefaßt und an der Seite getragen soll er Dämonen schrecken. Er hilft auch gegen nächtliche Schreckbilder, vermindert die Melancholie und stärkt den Verstand. Es gibt auch eine bestimmte Art des Chrysoliths, Chrysolimphus genannt, dessen Farbe am Tag golden, zur Nachtzeit aber feurig ist*«.[82]

»So wurde das Gold nicht vergessen, doch mischte sich das Grün immer entschiedener ein« (Lüschen 200).

»Beim Chrysolith könnte es sich um einen gelben Korund, einen Topas oder Zitrin handeln, da alle durchscheinend und goldglänzend sind. Auch ein edler Olivin (Peridot) ist nicht auszuschließen. Die Frage muß offen bleiben« (König u. Hopp 1994, 176).

Belege:

Die Hss. schreiben *crysolitus* und *crisolitus.*

Bedeutung:

Seine Beschaffenheit verdankt der Chrysolith den äußeren Einflüssen von Sonnenglut und Luftfeuchtigkeit. Die Angabe Hildegards läßt Rückschlüsse auf seine

Farbtönung zu, der literarischen Überlieferung nach goldfarben und im Ma. einen deutlichen Stich ins Grüne erhielt. Der heutige Chrysolith (Olivin, Periodot) ist grün bis gelbgrün. Die *aerei spiritus,* die vor dem Chrysolith zurückschrecken *(abhorrent* – Struck 44,10; Migne 1256D), werden auch bei Damigeron[83] und Marbod[84] vom Chrysolith überwunden. Der Stein schützt ferner gegen die Schrecken der Nacht: *contra nocturnos fortis tutela timores* (Marbod, op. cit., v. 188).

Man kann schwerlich argumentieren, daß mit Marbod »keine Ähnlichkeit besteht« (Portmann 1983, 57). Das ma. Symptom einer Krankheit ist höchst selten mit dem Terminus technicus des 19. Jahrhunderts identisch. Wie Hertzka u. Strehlow (59f.) meinen, handelt es sich bei den unter 1256D (= Struck 43,6-17) angegebenen Herzschmerzen um ein »gestreßtes Herz«. Der mit Öl vorbehandelte Chrysolith soll es möglich machen, die Leistungsfähigkeit und Ausdauer von Menschen zu stärken, die durch den Stressor »Ehrgeiz und Überforderung« gefährdet sind.

JASPIS

Historischer Hintergrund:

»Jaspis (yäschhepeh, 2 Mo 28,20; 39, 13; Hes 28,13) ist ein durchscheinender grüner Stein. In Offb 4,3; 21, 11.18f (iaspis) ist wohl grüner Quarz gemeint. Der Vergleich mit Kristall in 21, 11 läßt vermuten, daß es um einen durchsichtigen Stein geht.« (Bibellex. II 422).

Neben andersfarbigen Arten ist der Jaspis *»grün und oft durchscheinend. <...> in Persien ähnelt er <der Farbe> der Luft«, berichtet Plinius.*[85]

Vom Jaspisstein schreibt Dioskurides[86], »einer (davon) sei smaragdgrün«.

Bei Damigeron hat der Stein viele Farben. Der beste und wirkungsstärkste Jaspis sei der, dessen Faben am stärksten leuchten.[87]

Je nach Färbung unterscheidet Epiphanius[88] viele Varietäten; unter ihnen auch eine mit einem dem Smaragd ähnlichen Grün.

Grün ist auch die Hauptfarbe bei Isidor.[89] Unter mehreren Arten gibt Beda[90] einen smaragdähnlichen Stein, aber fetter in der Farbe an. Ihm folgt Isidor (l.c.) und wortwörtlich Hrabanus Maurus.[91]

Für Marbod ist der durchsichtige grüne Jaspis die beste und wirkungsstärkste Varietät.[92]

Die antiken und ma. Aussagen über die medizinisch-magischen Kräfte des Steins stehen der Version Hildegards auffallend nahe.

So sprechen genügend Zeugnisse von der apotropäischen Wirkung des Jaspis gegen dämonische Nachstellungen. Dies trifft zu für Epiphanius[93], Beda[94], Hrabanus

Maurus[95] und Marbod.[96] Über die Fassungen V und P (= Migne 1257B) hinausgehend enthalten die Hss. F (fol. 55^{rv}), Fr (fol. 54^{v}) und W (fol. 98^{v}) erweiterte Erklärungen zur Jaspiswirkung:

»Wenn Blitze und Donner (im Traum) erscheinen und toben, ist es gut für den Menschen, einen Jaspis bei sich zu haben, weil die Traumbilder und Trugbilder der Dämonen dann von ihm fernbleiben und ihn in Ruhe lassen. Denn Blitz und Donner entstanden beim Fall der Engel und sind Gottesurteile. Wenn Blitz und Donner auftreten, werden die bösen Geister unruhig und stellen dem Menschen nach, sofern Gott dies zuläßt. Den Ort jedoch, an dem ein Jaspis aufbewahrt wird, meiden sie wegen der Kraft und Reinheit dieses Steins; ist er doch mit reiner Luft gemischt. Freund gesellt sich zu Freund und geht dem Feind aus dem Wege; so flieht das Unreine vor dem Reinen und die unreinen Geister vor der Reinheit des Jaspis.«

Der Jaspis, der traditionell in der ma. Darstellung als ›Gebärstein‹ und in verwandter Bedeutung auch bei Hildegard figuriert (S. 23 f.), schützt Gebärende und Kind vor bösartigen Dämonen und der ›alten Schlange‹.

Neu ist bei Hildegard, daß der Stein gegen den schädlichen Hauch (*flatus* Struck 48,4; Migne 1257C) einer Schlange eingesetzt wird. Im ›Prüler Steinbuch‹[97] beeinflußt der Jaspis den Schlangenbiß.

In B schließt sich einem Kapitel über den sog. Stein ›Quirin‹ (fol. 66^{v}) ein weiterer Textabschnitt über den Jaspis an (fol. 66^{v}–67^{r}), der mit den Angaben über die Eigenschaft des Karneols, nämlich Nasenbluten zu stillen, übereinstimmt (cf. Meier 1977, 392; Struck 87b).

In diesen Bereich der Jaspiseigenschaften ist schließlich noch eine medizinische Verwendung gegen die *gicht* einzubeziehen, die eine »moderne Verwertung« (Müller 1990, 42ff) in der ›Edelsteinmedizin‹ erfahren hat und in ihrer Entstellung nicht unwidersprochen hingenommen werden kann.

Die Lehre von den Symptomen der *gicht* und der *podagra* ist von Hildegard unmißverständlich, einschließlich der Ätiologiee und Risiken wiedergegeben worden. Sie läßt keine andersartige Deutung zu (cf. Riethe 1996, 40 f.). Der Textabschnitt lautet (Struck 46,4-9; Migne 1257B):

»Auch wenn im Herzen oder in den Lenden oder in irgendeinem anderen Körperteil ein Aufruhr der Säfte, d.h. Gicht, entsteht, lege der Kranke einen Jaspis über die betroffene Stelle und presse ihn dagegen, bis er sich dort erwärmt, und die Gicht wird verschwinden, weil die wohltuende Wärme und Kraft des Steines die zu Unrecht kalten und die zu Unrecht warmen Säfte beruhigt.«

Dazu Hertzka und Strehlow (88):

»Unter diesem an sich harmlos klingenden Text verbirgt sich nicht nur eine Ischiasbehandlung <...> vor allem die Herzwirkung ist ganz großartig. Man darf

sich nur nicht am Wort Gicht stoßen. Das bedeutet bei Hildegard Sklerose, Sklerosierung, Arteriosklerose, Arthrose. Sehr viele Herzbeschwerden gehen auf mangelnde Durchblutung des Herzmuskels zurück und diese wieder auf Sklerosierung der Herzgefäße. Dadurch entstehen die primären Rhythmusstörungen <...>. Gerade bei diesen hilft der Jaspis großartig. Wie ein Schrittmacher...«

Die Interpreten dieses Textes ergehen sich in unstimmigen Zusammenhängen und erwecken falsche Hoffnungen, als könne eine »naturgeladene« »ungefähr 8 mm dicke, geschliffene, einseitig polierte« und dem Herzen angedrückte »Jaspisplatte von 4 bis 6 cm Durchmesser« den elektronischen Impulsgenerator ersetzen.

Belege:

Lat. *iaspis,* mlat. und mhd. *jaspis* (Lüschen 244).

P (fol. 200^{v}) und V (fol. 39^{r}) weisen *nasebosz* (»Nasenschleim«) aus; B (fol. 60^{r}) schreibt *catarium idest nasebuz,* und die Hs. F (fol. 55^{r}) qui reumaticam passionem habet, wobei alle Lesarten die katarrhalische Entzündung meinen.

Bedeutung:

»... heute versteht man unter Jaspis unreinen, undurchsichtigen, auch an den Kanten nicht durchscheinenden Quarz. Je nach den Beimengungen können nahezu alle Farben auftreten« (Lüschen 244).

Die Farben der untergehenden Sonne, die durch Wolken beeinflußt wird, bestimmt bei Hildegard die unterschiedliche Färbung *(diversum colorem)* des Steins. Gleichzeitig charakterisiert sie den Farbenwechsel durch die Beimengungen verschiedener Mineralien.

Berührungspunkte zwischen Hildegards Darstellungen und dem überlieferten Steinwissen ergeben sich aus der übereinstimmenden Angabe einer Reihe von Eigenschaften: Abwehr böser Träume und Trugbilder bei Blitz und Donner, Bewahrung der Gebärenden und des Kindes vor dämonischen Nachstellungen und denen der ›alten Schlange‹.

PRASEM

Historischer Hintergrund:

»Es gibt noch mehrere andere Arten von grünen Steinen: Zur Menge der gewöhnlichen gehört der Prasem (prasius) <...>. Man zieht ihnen den Chrysopras vor, der ebenfalls die Farbe des Lauchsaftes hat, aber ein wenig vom <grünen> Topas nach Gold hinüberspielt« schreibt Plinius.[98]

Die ma. Lapidarien erwähnen den grünen, aber wertlosen Stein, nur am Rande. Er fehlt im Brustschild des Hohenpriesters und in der Apokalypse. Isidor[99] widmet ihm ganze drei, Marbod[100] fünf Zeilen, und Megenberg schreibt:

»Prasius ist ain grüener stain gar schoener« (VI 61, ed. Pfeiffer 456,3).

Der Prasem ist ein grünlicher Quarz, eine Varietät des Chalzedon, der heute »aus dem Edelsteinhandel nahezu verschwunden ist« (Lüschen 259).

Belege:

Lat. *prasius* in allen Hss. Die Hs. B (fol. 61ʳ) hängt an dieses Kapitel den sog. ›Krötenstein‹[101] an, der im Haupte der Kröte entstehen soll.

Bedeutung:

Je nach Färbung werden sehr viele Varietäten des Chalzedon unterschieden, zu denen auch der grüne Prasem zählt.

CHALZEDON

Historischer Hintergrund:

Man geht kaum fehl, wenn man die in den Hss. angedeutete Beziehung des Steins zum Blut auf die Farbe des Chalzedon bezieht und sich diesen als ursprünglich roten Stein denkt.

»Feurigrot« (Lüschen 195) war auch der dritte Grundstein des Neuen Jerusalems (Apoc 21,19). Zwischen dem biblischen Stein und dem heutigen besteht allerdings keine Ähnlichkeit, da der Begriff ›Chalzedon‹ im Ma. einen Bedeutungswandel erfahren und die Farbqualität sich von rot nach bleich verschoben hat.

Unter den Varietäten des Smaragds beschreibt Plinius[102] eine »kalchedonische« Smaragd-Varietät, benannt nach der auf der asiatischen Seite des Bosporus gelegenen Stadt Kalchedon; ferner einen »karchedonischen« Carbunculus aus Carthago.

»Für Plinius ist *carbunculus* Sammelbezeichnung für mehrere rote Edelsteine, die ›Unverbrennlichen‹.[103] Isidor[104] vertritt im Kapitel ›De ignitis‹ (XVI 14) die Auffassung: *Omnium ardentium gemmarum principatum carbunculus habet.*[105] Nach Beda[106] leuchtet der *chalcedonius* mit mattem Schein wie das Feuer einer Öllampe; stark strahlt er nur im Freien, nicht aber im Hause.[107] Marbod[108] schreibt, daß der Stein eine matte Blässe ausstrahlt, die zwischen dem Hyazinth und dem Beryll liegt.

Der Wandel der Farbenbezeichnung kommt auch in der Hs. B (fol. 61ʳ) zum Ausdruck:

»Calcedonius pallidum colorem habet et insculptibilis instultibilis Struck 49a) est, medium habens colorem inter berillum et iacinctum et nascitur apud nasomas«.[109]

Belege:

Lat. *calcedonius,* auch *carcedonius.*

»Chalzedon ist jetzt der umfassende Begriff für mikrokristalline, feinstfaserige Quarze. Die Färbung ist mannigfaltig je nach den färbenden Beimengungen. Einige dadurch entstehende Abarten haben eigene Namen: Karneol, rot oder rötlich. Sarder, braun bis fast schwarz. Plasma, grün. Heliotrop, dunkelgrün mit roten Flecken. Chrysopras, apfelgrün. Chalcedon im engeren Sinn ist alles übrige. Er zeigt meist lichte Töne« (Lüschen 196).

Bedeutung:

Das ursprüngliche Rot erfährt in der literarischen Überlieferung einen Wandel nach *pallidus* (»blaß, bleich«) und wird in der Hs. B (fol. 61^{r}), übereinstimmend mit Marbod, zwischen den Farben des Beryll und Hyazinth angesiedelt.

CHRYSOPRAS

Historischer Hintergrund:

»Chrysopras (Offb 21,20) ist nach heutigem Sprachgebrauch ein apfelgrüner Chalzedon, kann aber nicht sicher bestimmt werden. Der Name läßt an eine goldgetönte Unterart denken.« (Bibellex. II 421).

Plinius beschreibt den Chrysopras *(chrysoprasos)* als dem Goldberyll nahestehende goldfarbene Abart, jedoch blasser (Plin., Nat. hist. XXXVII 77). Eine weitere Varietät des Chrysopras hat die Farbe des Lauchsaftes (Plin., l.c. 113, König u. Hopp 1994, 61, 83).

Im Ma. behält der Chrysopras seine grüne Farbe bei, erhält aber zusätzlich goldene Punkte. So schon bei Isidor[110], dann bei Beda[111], dem Hraban folgt.[112] Der Stein des Ma. ist nicht der heutige Chrysopras.

Belege:

Die Hss. lesen überwiegend *crisoprassus* (F, Fr, W); daneben findet sich *crisoppasus* (V, P) und *ciropassus* (B).

Aus dem Gold-Lauch-Stein *(chrysós* = »Gold«, *práson* = »Lauch«) der Antike wird ein grüner Stein mit goldenen Tropfen.

Bedeutung:

Nach Sonnenuntergang und Einbruch der Nacht, die trübe *(turbidus)* oder auch dunstig im Vergleich mit Luft und Wasser interpretiert werden kann, entsteht bei ab- oder zunehmendem Halbmond der Chrysopras. Die daraus abgeleitete Farbenbezeichnung *grünfar* (»grünfarben«) charakterisiert den Farbton des Steins.

RUBIN

Historischer Hintergrund:

»Rubin. In Jes 54,12 ('eqdach) ist ein roter Stein gemeint; da das Wort von qādach (›anzünden‹) abgeleitet ist, evtl. Granat.« (Bibellex. II 421).

Unter den ›unverbrennlichen Steinarten‹ nennt Theophrastus den Karbunkel: *Er ist roth von Farbe und strahlt im Sonnenschein wie eine brennende Kohle. Er ist sehr kostbar...«*[113]

Für Plinius ist *carbunculus* Sammelname für eine Gruppe roter Edelsteine:[114]

»Den ersten Rang behaupten die Karfunkel (carbunculi),*so genannt wegen ihrer Ähnlichkeit mit dem <Kohlen->Feuer, während sie selbst gegen Feuer unempfindlich sind und deshalb von manchen die ›Unverbrennlichen‹* (akaustoi) *genannt werden.«*

»Nichts ist schwieriger als diese Arten <der Karfunkel> zu unterscheiden.«[115]

»Daß unser Rubin und unser Granat einbegriffen werden, daran ist aus verschiedenen Gründen kein Zweifel« (Lüschen 248).

Die dem Karfunkel von Hildegard zugeschriebene Kraft, er leuchte mehr in der Nacht als am Tage *(ita quod magis in nocte quam in die lucet* Struck 55,13; Migne 1259B), überliefern auch Epiphanius[116], Isidorus[117], und Marbod.[118] Cf. die Erläuterungen zu »Einhorn« im Buch von den Tieren, Riethe 1996, S. 136.

Belege:

»Rein nach dem sprachlichen Befund kommt der Rubin der Idee des mittelalterlichen carbunculus am nächsten« (Lüschen 248). Die Hss. schreiben *carbunculus.*

Bedeutung:

Man wird über Mutmaßungen nicht hinauskommen, wenn man das Werden des *carbunculus* unter dem Einfluß einer Mondfinsternis zu begreifen versucht. Die fabulöse Ursachenverknüpfung steht im Zusammenhang mit der Überzeugung, daß bei der Verfinsterung des Mondes, die im Auftrage Gottes über die Erde hereinbricht, dem Menschen schwere Gefahren bevorstehen. Der Aberglaube daran ist uralt.

Für die im folgenden genannten Eigenschaft, daß der carbunculus mehr in der Nacht als am Tage leuchtet, gibt es Anknüpfungen bei antiken und ma. Autoren.

Merkwürdig mutet die Textstelle an:

»Wenn du den Stein auf Kleider oder beliebig andere Sachen legst, werden sie lange halten und nicht so leicht verschleißen« (Struck 57,8-10; Migne 1259D).

Von einer ähnlichen Form des Aberglaubens berichtet Epiphanius:

»Doch wer ihn trägt, kann ihn nicht verborgen halten; denn mit welchen Gewändern auch immer er ihn zudecken mag, es leuchtet sein Glanz durch die Kleider. Deswegen heißt er auch Karfunkel (carbunculus).«[119]

AMETHYST

Historischer Hintergrund:

»Amethyst ('ahlāmā, 2 Mo 28,19; 39,12) entspricht dem gut bekannten gleichnamigen Stein, einer purpurnen Art transparenten kristallinen Quarzes. So auch in Offb. 21,20« (Bibellex II 421).

Von den männlichen Karfunkeln *(carbunculi)* sind die besten, wie Plinius[120] berichtet, *»die amethystfarbenen, das heißt diejenigen, deren Feuer am Rand in das Violett des Amethysts übergeht.«* Und in XXXVII 121 (König u. Hopp 1994, 89) heißt es:

»Den ersten Platz <unter ihnen> nehmen die indischen Amethyste (amethystoi) *ein <...>. Als Grund für ihren Namen gibt man an, daß ihr Glanz bis zur Farbe des Weines herankommt, aber, bevor er sie annimmt, ins Violette übergeht; nach anderen ist der Grund, daß jenes Purpurrot etwas enthält, was nicht ganz die Farbe des Feuers hat, sondern sich zur Farbe des Weines abschwächt. Alle Amethyste sind aber von einem durchsichtigen Violett und leicht zu schneiden«.*

Die im wesentlichen zutreffenden Angaben über die Farbvarietäten des Amethyst haben Epiphanius[121], Isidor[122], Beda[123], Hraban[124], Marbod[125] und die Hs. B[126] mehr oder weniger ausführlich, übernommen.

Einen Hinweis auf die rauschhindernde Kraft des Amethyst liefert Plinius[127], der in diesem Zusammenhang die Magier zum Gegenstand des Spottes macht:

»In ihrer eitlen Geschwätzigkeit versprechen die Magier, <die Amethyste> würden den Rausch verhindern und hätten daher ihren Namen«.

Die Hs. B[128] und Marbod[129] berichten von der Wirkung des Steins gegen die Trunksucht; ebenso Konrad von Megenberg[130].

»der stein hât die kraft, daz er der trunkenheit widerstêt und macht den menschen wächig und vertreibt die poesen gedänk und pringt guot vernunft.«

Belege:

»Griechisches améthystos wird seit dem Altertum gedeutet als der Unberauschte (methýo bin trunken), und weil selbst unberauscht, kann der Stein gegen Trunkenheit schützen. Diese Kraft wird ihm mit mehr oder minder Glauben durch alle Jahrhunderte zugeschrieben« (Lüschen 169).

ametiste, ametist (mhd. Lexer I 51), *ametistus* in den Hss.

Bedeutung:

Die Hss. geben übereinstimmend die Farbvarietäten des Amethysts seit Plinius wieder: purpurfarben mit Violett gemischt, Flämmchen ausstoßend, ein indischer Stein. Den violetten Quarz, der in Kristallen in den Hohlräumen vulkanischer Gesteine (›Amethystdrüsen‹) vorkommt, beschreibt Hildegard in aller Deutlichkeit. Er wird auch heute noch, wenn auch seltener, in und an der Nahe gefunden.

Die heilkundlichen Empfehlungen werden in den Hss. um eine komplizierte Anwendung des Steins gegen Läuse ergänzt.

Die vor einem Rausch schützenden Qualitäten des Steins überliefert nur die Hs. B (fol. 62^{v}) in Verwandtschaft mit anderen Lapidarien.

Der Verfasser kann den Gedankengängen von Hertzka u. Strehlow (27f.) nicht folgen, die den traditionsüberkommenen ›Spinnenstich‹ eigenwillig in »Zeckenbiss« abändern, und den »Wanderern in Wald und Flur <…> raten«, sich gegen die blutsaugenden Parasiten »mit einem Amethysten bewaffnet auf den Weg zu machen«.[131]

ACHAT

Historischer Hintergrund:

»Achat (schēbō, 2 Mo 28,19; 39,12) entspricht wahrscheinlich dem heutigen Achat, einer durchscheinenden Quarzart mit verschiedenfarbigen Bändern, oder dem sehr ähnlichen Onyx. In Jes 54,12 und Hes 27,16 könnte mit ›ein roter Stein‹ (kadkod) Karfunkel, roter Jaspis oder ein Rubin (LÜ) gemeint sein (vgl. Hes 27,16, wo Symmachus karchedonion, d.i. Karfunkel, liest)« (Bibellex. II 421).

»Der Achat (achates) *stand einst in großem Ansehen, jetzt besitzt er keines mehr; man fand ihn zuerst auf Sizilien neben dem Flusse gleichen Namens*[132], *später in sehr vielen Ländern …«.*[133]

Plinius (l.c.) unterscheidet zwölf Achatvarietäten, wobei es sich beim antiken Achat wohl um solche des Chalzedons handelt.[134]

»Eine Bedeutungsverschiebung ist seit der Antike vor sich gegangen. Heute versteht man <…> unter Achat gebänderte Quarze <…>. Gebänderte Edelsteine werden aber bei Plinius (37, 91) und Isidor (XVI 8,3) unter Onyx beschrieben, Achat dagegen scheint im Altertum gebräuchlich gewesen zu sein für buntgefärbte, gestreifte, gefleckte, geäderte Gesteine...« (Lüschen 167f.). Megenberg kommentiert die Varietät des Achats:[135]

»Man spricht auch, daz der stain gar schoenes angeporns gemaels hab zwischen seinen straimeln und daz daz allez ainer varb sei.«

Die medizinisch-magischen Verwendungsweisen des Achats bei Hildegard spiegeln die breitgefächerte Tradition dieses Steins. So wird ihm seit altersher nachgesagt, daß er gegen Spinnen- und Schlangengift wirksam sei oder einen Menschen bei bloßem Kontakt mit der Haut tüchtig, verständig und beredt mache (Struck 63,1-4; Migne 1260CD; cf. B fol. 63r). *Plinius: »... man glaubt, er* [der Korallachat aus Kreta] *nütze gegen die Stiche von Spinnen und Skorpionen.«*[136] Dasselbe gilt, wie unten angeführt, für zwei weitere Achatvarietäten.[137] Von der Wirkung des Achats gegen Skorpione berichtet auch Solinus (Coll. 5, 26, ed. Mommsen 53,19-54,1).

Nach dem Damigeron[138] heilt der *lapis achates* angebunden *(alligatus)* oder gepulvert und mit Wasser aufgetragen oder mit Wein getrunken die Bisse von Skorpionen und Schlangen. Als Schutzmittel getragen macht er darüber hinaus beredt *(facundus)*, mächtig, einnehmend *(gratus)*, überzeugend und den Amulett-Träger bei Gott und den Menschen beliebt. (cf. dazu Hs. B fol. 63^{r}, S. 28). Im Traditionsstrom liegen gleichfalls Epiphanius[139] und Marbod.[140]

Facundumque facit, gratumque, bonique coloris, Epiphanius empfiehlt den löwenfellfarbigen Achat (cf. Plin., l.c. 142) gegen Skorpion-, Schlangen- und andere tierische Gifte (cf. Damigeron l.c.). Generell gegen ein Gift, insbesondere das der Viper, schützt der Stein bei Marbod; darüber hinaus schenkt ein wachsgelber Achat seinem Träger willkommene Gaben.

»Ein Mensch der fall- und mondsüchtig ist, trage den Stein immer bei sich, u.z. auf bloßer Haut; dann wird es ihm besser gehen.«[141]

Belege:

Griech., lat., mlat. und mhd. *achat(es)* (Lüschen 163; Lexer I 18).

Bedeutung:

Nach Hildegard führen einzelne Mineralkörnchen des Sandes eines ausgetrockneten Flußbettes unter der steinbildenden Kraft von Sonnenglut und reiner Luft in einem Prozeß der Petrifizierung zur Bildung dieses Edelsteins. Für die Translokation der Achate vom Entstehungsort zum Fundort »in andere Länder« sorgt der hochwasserführende Fluß. Nach dem oben Gesagten (S. 101 ff.) scheint es sicher, daß Hildegard Gelegenheit hatte, die Verlagerung von Eruptivgesteinen (Achatmandeln[142]) innerhalb der Nahe nach Überschwemmungen von einem Ort zum anderen zu beobachten.

Eine Begehung des Hauses, die kreuzweise mit dem Achat vorgenommen wird, schützt vor Diebeszügen.

DIAMANT

Historischer Hintergrund:

»Diamant (yāhalōm, 2 Mo 28,18; 39,11; Hes 28,13) ist nicht sicher zu bestimmen. Der heutige Diamant war in atl. [alttestamentlicher] Zeit wohl unbekannt...« (Bibellex. II 422).

»Den höchsten Wert unter den Gütern des Menschen, nicht nur unter den Edelsteinen, hat der Diamant (adamas), *lange Zeit nur den Königen und auch unter ihnen nur wenigen bekannt. <...> ihre Härte ist unbeschreiblich, und zugleich haben sie eine Widerstandskraft dem Feuer gegenüber und erwärmen sich niemals, woher sie auch den Namen erhalten haben (er bedeutet im Griechischen ›unbezwingbare Kraft‹). <...> Jene unbesiegbare Kraft <des Diamanten>, Verächterin der beiden heftigsten Mächte der Natur, des Eisens und des Feuers, wird durch Bocksblut*[143] *gesprengt, jedoch nicht anders als in frischem und warmem <Blut> eingeweicht und auch so nur durch viele Schläge; auch dann noch zerbricht er nicht ganz vorzügliche Ambosse und eiserne Hämmer; durch wessen Erfindung oder durch welchen Zufall wurde dies entdeckt?«*[144]

Plinius unterscheidet sechs Diamantarten, darunter den *lapis indicus*, den auch die Hs. B. (63^{rv}) einschließlich der Überlieferung von der Wirkung des Bocksblutes nicht ausklammert.

Der Bocksblutpassus liegt in einer allegorischen Auslegung im griechischen ›Physiologus‹ vor (Seel 1960, 46ff.; cf. Ohly 1976, 15f.) und ist bei Solinus[145] beschrieben. Einem Einzelzug von B[146] liegt Isidor zugrunde. Dieser berichtet:

»Der Diamant ist ein kleiner und unschöner indischer Stein, der eine eisengraue Farbe hat und den Glanz des Kristalls; dennoch fand man niemals einen, der größer als ein Haselnußkern gewesen wäre. Dieser weicht keinem Stoff, weder dem Eisen noch dem Feuer, noch wird er jemals warm; von daher hat er auch seinen Namen, der im Griechischen ›unbezähmte Kraft‹ bedeutet. Doch während er der unbesiegbare Verächter des Eisens und Feuers ist, wird er durch Bocksblut gebrochen, nachdem er in frisches und warmes [Bocksblut] eingeweicht wurde«.[147]

Hrabanus Maurus[148] wiederholt wortwörtlich Isidor. Einer kürzeren Textstelle vergleichbaren Inhalts begegnet man bei Marbod.[149]

Einen weiteren Beleg liefert Megenberg (VI 3, ed. Pfeiffer 433,5f.): »*... aber man zerpricht in mit vrischem pockspluot ...*«.

Die Überlieferung von der Wirkung des Diamanten gegen Gift, Wahnsinn und grundlose Angstzustände (Plin., Nat. hist. XXXVII 61) hat Fischer, H (74) veranlaßt zu kommentieren: »Mit Plinius verwendet Hildegard den Diamanten gegen Geisteskrankheiten.«

»*Aber auch wer gehirnkrank ist und lügnerisch und jähzornig, trage diesen Stein immer im Munde, und seine Kraft wird dieses Übel von ihm abwenden*« (Struck 67,9-11; Migne 1261 D).

F (fol. 58^{rv}), Fr (fol. 57^{r}) und W (fol. 103^{r}) schreiben:

»*Denn Wahnsinn, Lüge und Jähzorn dringen vom Mark aus, das vom Knochen wie von einem harten Stein genährt wird, in den Menschen ein und schwächen ihn; dies alles besiegt die feurige Wärme dieses Steins in Verbindung mit der Wärme des menschlichen Speichels.*«

»*Der Teufel ist diesem kleinen Stein feindlich gesonnen, weil er der Kraft des Teufels widersteht. Daher verabscheut ihn der Teufel bei Tag wie bei Nacht*« (Struck 70,5-8; Migne 1262A).

»*Wenn er sich im Hause befindet, so gehet dort weder ein böser Geist ein noch wird irgend ein Übel darin befunden und der Mensch, der über ihn verfügt, besiegt jede teuflische Macht*« (›Physiologus‹ 42, Seel 62).

Dazu Creutz (304f.): »Wenn man will, ist hier ein entfernter Anklang an Hildegards Auffassung« [zu bemerken] (cf. Fühner 79). Auch der Damigeron[150] und Marbod[151] lassen sich vergleichend heranziehen.

Belege:

Zu Diamant: Das Wort geht zurück auf griech. *adamas* »der Unbezwingliche«, lat. *adamas;* auch mlat. und mhd. zumeist *adamas* (Lüschen 203).

Bedeutung:

Es ist auffallend, daß mit Ausnahme der notorisch abweichenden Hs. B keine andere Hs. von der Einwirkung des Bocksbluts auf den Diamant berichtet. Angesichts der Tatsache, daß diese fabulöse Geschichte außerordentlich weit verbreitet war (cf. Ohly 1976), ist fast sicher anzunehmen, daß Hildegard sie bewußt übergangen hat.

Ebenfalls nur in der Hs. B (fol. 63^{rv}) tritt der Diamant als ›Stein der Liebe und Gemme der Versöhnung‹ in Erscheinung. Der Stoff war in den Kapiteln vom Magnetstein bei Damigeron[152] und Marbod[153] vorgegeben.

Ob die hildegardische Darstellung der Wirkung des Diamanten gegen ›Wahnsinn‹

bzw. ›teuflische Macht‹, von Plinius, dem ›Physiologus‹ oder Marbod abhängig ist, wie vermutet wurde, steht dahin.

MAGNETSTEIN

Historischer Hintergrund:

Die Lithika und Lapidarien, die neben mineralogischen Angaben auch magisch-medizinische Kräfte der Steine behandeln, geben u.a. auch Kenntnis von der eisenanziehenden Kraft des Magnetsteins.

Eisen *»wird vom Magnetstein angezogen <...> ›Magnet‹ wird er, wie Nikander*[154] *berichtet, nach seinem Entdecker genannt – er wurde auf dem Berg Ida gefunden; man findet ihn indessen auch an anderen Stellen <...>. Sein Entdecker soll ihn aber gefunden haben, als er seine Herde weidete und die Nägel von seinen Sandalen und die Spitze seines Speers <an ihm> hängen blieben. Sotacus*[155] *beschreibt fünf Arten des Magnetsteins <...>. Der erste Unterschied liegt darin, ob er männlichen oder weiblichen Geschlechts ist, der nächste in der Farbe...«*[156]

Bei dem männlichen Magnetstein handelt es sich um Magneteisenerz (König u. Bayer 1989, 197; Lüschen 268ff.).

»Der Physiologus sagt vom Magnetstein, daß er das Eisen an sich hängen bleiben lasse: er klebt das Eisen am Steine fest, und so bleibt es daran hängen« (Seel 57).

Isidor sagt, der Stein sei eisenfarbig und werde daran erkannt, daß er mit Eisen zusammengebracht, dasselbe an sich reiße; man nenne ihn darum auch *ferrum vivum* (»lebendiges Eisen«).[157]

Der Steinbericht begegnet in verwandter Form bei Marbod[158] und Hildegard.[159]

Die Behauptung, daß »kein Vergleich mit Marbod <...> möglich [sei], da dieser Stein dort nicht vorkommt« (Portmann 81), ist schlichtweg falsch.

Das Wunder des Magnetsteins bezeugt auch Megenberg (IV 50, ed. Pfeiffer 451f.).

Belege:

»Häufigste Bezeichnungen: Herakleía líthos o.ä., Magnetis o.ä. (die Bedeutung beider war schon der Antike unklar). Die Beobachtung des Magnetismus ist sehr alt« (Pauly III 886). Lat. *magnes,* so auch in den Hss.

»Die heutige Deutung ist: magnetischer Stein. Magnesia ist der Name einer thessalischen Landschaft und mehrerer Städte in Griechenland und Kleinasien. Somit war die Bezeichnung magnetischer Stein mehrdeutig. Sie wurde im Altertum auf ganz verschiedene Mineralien angewendet« (Lüschen 268).

Bedeutung:

Für die phantastische Geschichte der tierischen Entstehung des Magnetsteins konnte literaturgeschichtlich keine vergleichbare Textstelle ermittelt werden.

Hildegard beschreibt die Farbe und die Anziehungskraft des *magnes,* dessen Eigenschaften in den ma. Lapidarien, vornehmlich bei Isidor, Hraban und Marbod in vergleichbarer Form wiedergegeben werden.

Die abergläubischen Heilanwendungen des Steins überliefern alle Hss. mit Ausnahme von W. (Die Hs. B enthält kein *magnes*-Kapitel.)

Auch die mhd. Wortformen, wie etwa *snecko* in P, und V, *snecke* in F und Fr, *snekko* in W sind unverwechselbar hildegardisch.

Es ist eine Frage des Standpunktes zu folgern, »das ganze Kapitel sei von Inhalt und Form her fragwürdig« (Portmann 80) oder »gehe in dieser Form sicher nicht auf ein Hildegarddiktat zurück« (Hertzka-Strehlow 149).

LIGUR

Historische Überlieferung:

»Lynkurer (leschem, 2 Mo 28,19; 39,12) wird allg. für einen gelben Stein gehalten…« (Bibellex. II 422).

Ein gewisser Diokles (Plin., Nat. hist. XXXVII 52f.) bringt als erster die Fabel vom Luchsstein *(lynkurion),* die Theophrastos und andere Autoren übernahmen:

»Der Luchstein ist so dicht als Stein, so elektrisch als Bernstein <…>. Er ist vollkommen durchsichtig und besitzt ungemein viel Feuer. Die vorzüglichsten kommen aus Wildnissen, auch sind die von männlichen Thieren besser als die von weiblichen. Außerdem hat die verschiedene Nahrung und Lebensart, der Gesundheitszustand, die trockene oder feuchte Natur des Thiers großen Einfluß auf die Güte der Steine. Nur geübte Sucher können sie finden, denn wenn das Thier seinen Harn gelassen hat, so scharrt es Sand darüber…« [160]

Den Verwandlungszauber bringt auch Ovid[161]:

»Indien hat, das besiegte, dem rebenumwundenen Gott die Luchse gegeben, von denen erzählt wird, es werde, was ihren Blasen entflossen, zu Stein und gerinne, sobald es die Luft rührt.«

Der bekannteste Beleg des zu einem Edelstein erhärteten Luchsharns stammt von Plinius:[162]

»Der Harn, den der Luchs dort, wo er heimisch ist, abläßt, gerinnt oder erhärtet zu Edelsteinen, die dem Karfunkel ähnlich sind, feurig glänzen und ›Luchsstein‹

genannt werden; es haben deshalb viele berichtet, der Bernstein entstehe auf diese Weise. Die Luchse wissen dies ganz genau und scharren neidisch Erde auf den Harn, wodurch er aber nur um so schneller hart wird.«

Im Zusammenhang mit dem Bernstein kommt Plinius[163] wiederum auf den Lykurer zu sprechen:

»... er [der Luchssstein] *habe aber wie der Bernstein eine feurige Farbe, lasse sich schneiden und ziehe nicht nur Blätter oder Spreu an sich, sondern auch Blättchen von Kupfer und Eisen, was auch Theophrastos*[164] *einem gewissen Diokles glaubt. Ich halte dies für ganz falsch, und zu unserer Zeit wurde kein Edelstein unter dieser Bezeichnung gesehen.«*

Ohne Zweifel ist der Luchsstein mit dem aus fossilen Harz erhärteten Bernstein identisch.

Untrügliche Zeichen setzen Feuer und Farbe, Durchsichtigkeit und nicht zuletzt die durch Reiben entwickelten elektrischen Kräfte, die im Altertum und Mittelalter bekannt waren. Als Synonym für Bernstein wird auch ›Elektron‹ gebraucht (cf. auch *ellectorius* in Hs. B (fol. 66^{r}); Struck 87, 99f.; *electrum* [Plin., Nat. hist XXXVII 37f.]; Lüschen 188f.).

Die dem Luchsurin zugeschriebenen Eigenschaften lehnen Plinius (l.c.) und Dioskurides (II 100, ed. Berendes 194) als erfundene Geschichten ab, nicht so Aelian[165] und Solin[166], die den fabulösen Stoff des Theophrastos überliefern, wie nach ihnen auch Isidor[167], Hraban[168], Marbod[169] und andere. Noch Megenberg (VI 48, 450f.) schreibt:

»Ligurius haizet luhsstain und ist der zwelf stain ainer, sam daz puoch ze latein spricht. <...> der luhsstain tropfet von des luhss wammen, sam Plinius spricht, und die tropfen werdent sô hert, daz ain stain dar auz wirt.«

Epiphanius »... weiß den Namen des Steins nicht von der Entstehung, sondern aus der Farbähnlichkeit mit diesem Tier erklärt: der Stein gleiche dem Schwanz (Oyrá) des Tieres« (Meier 1977, 326). Marbod läßt ihn aus den Schamteilen des Luchses *(ab inguine lyncis)* als Flüssigkeit vergießen und erst im Sand zu Stein werden.

»Aus den biblischen Steingruppen hat in der Allegorese die Entstehung des Ligurs (oder Lynkurers), des Luchssteins, eines Steins im Brustschild des Hohenpriesters, das meiste Interesse auf sich gezogen. Die übrigen biblischen Edelsteine boten – von Perle und Kristall abgesehen – für diese Eigenschaft nach dem Naturbericht keinen vergleichbaren Ansatz. Die Entstehung ist für den Ligur das spezifische Merkmal und damit seine in der Auslegung dominierende Proprietät. Trotz der freilich bei Isidor schon verschwiegenen Skepsis des Plinius der tatsächlichen Existenz dieses Steines gegenüber <...> (Plin., nat hist. 37 53) setzt sich der

Stein, durch die Bibel legitimiert, in der Allegorese mit seiner eigenartigen Entstehung aus tierischer Substanz für Jahrhunderte durch, bis spät erst erneute Zweifel seine Wirkung beenden...« (Meier 1977, 325).

Diese sehr ins Detail gehenden Bemerkungen mögen zeigen, daß der literarhistorische Wert einer Stoffgeschichte nicht dadurch bedeutungslos wird, daß man sie »als nicht hildegardisch« einstuft und ganz einfach »wegläßt« (Hertzka und Strehlow 42). Noch weit mehr wichtige Quellen zu Einzelfragen und Teilaspekten des Themas werden von Meier (op. cit., 325ff.) behandelt, so daß eine Beschränkung hier vertretbar ist.

Belege:

Zwei Namensformen werden unterschieden: Der Urin des Luchses (griech. *lyngurion;* Theophrastos § 28, ed. Eichholz 36 u.a.; Dioskurides II 100, ed. Berendes 194; lat. *lyncurium,* auch *langurium,* Plin., Nat. hist. XXXVII 34) und der Luchsstein *ligurius,* der als ligurischer Stein gedeutet und dessen Name im Mittelalter dominierte (Lüschen 267; cf. auch König u. Winkler 1957, 224).

Ahd. mhd. *luhs* (Palander 54f.; Lexer I 1981); »... auch ahd. linc ist aus dem lat. lynx, lync-em <...> entlehnt« (Palander 55). Cf. *luchs-stein, luchsstein, ligurius* (Lexer I 1981) und *»ligûrjus* ein edelstein« (Lexer I 1916). Cf. dazu Creutz 298; Fischer, H. 72; Fühner 104. Die Hss. schreiben *ligurius* bzw. *ligarius* (Fr).

Bedeutung:

Der fabulösen Geschichte des Theophrastos folgte die Antike und das Mittelalter. Zwischen den Kapiteln des Tier- (Kap. XXIX) und des Steinbuches (Kap. XIX) besteht, bei aller Verschiedenheit der Texte, ein selbstverständlicher Zusammenhang. Deutet das *excepto ligurio* (Migne 1330D) schon in auffälliger Weise eine Ausnahmestellung an, erhält der Luchsharnstein seine klassische Bedeutung im speziellen Kapitel XIX. – De Ligurio (Struck 73,1-75,20; Migne 1662A-1263C) des Buches von den Steinen.

»Von Inhalt und Form her ist dieses Kapitel fragwürdig; es dürfte von einem Bearbeiter beigefügt worden sein!« (Portmann 1983, 83). »Die Bedenken gegen die Echtheit des ganzen Bernsteinkapitels bleiben auf alle Fälle.« (Hertzka und Strehlow 1986, 45).

Die Stoffgeschichte des in allen Hss. enthaltenen *Ligurius*-Kapitels erhellt in Wirklichkeit in typischer Weise die Fähigkeit Hildegards, traditionelles Wissen in ihre eigene Betrachtungsweise umzusetzen. Der Stein, der schon im Brustschild des Hohenpriesters seinen Platz hatte, verdient es nicht, einfach übergangen zu werden, er verdient vielmehr, daß man sich ernsthaft mit ihm beschäftigt.

Historischer Hintergrund:

»Kristall (gābīsch, Hiob 28,18a) ist ein lichtdurchlässiger Stoff (vgl. 'elgābisch, ›Hagel‹) <...> Qerach (Hes 1,22) wird an anderen Stellen mit ›Frost‹ oder ›Eis‹ übersetzt. In Offb 4,6; 21,11; 22,1 (krystallon, krystallizo) kann es sowohl mit Bergkristall als auch Eis wiedergegeben werden« (Bibellex. II 421).

»*Er* [der Kristall] *wird durch eine heftigere Kälte verfestigt; man findet ihn wenigstens nur dort, wo die winterlichen Schneemassen am meisten starren, und es ist sicher, daß er aus Eis besteht, woher ihm die Griechen den Namen gegeben haben. Der Orient liefert ihn auch, denn kein Kristall erfährt höhere Schätzung als der indische <...>*[170]*, vorzüglich ist er aber in Europa von den Gipfeln der Alpen. <...> Sicher ist, daß man ihn an wasserreichen Stellen nicht findet, wenn die Gegend auch noch so kalt ist oder wenn die Flüsse bis auf den Grund gefrieren; er kann notwendigerweise nur aus Regenwasser und reinem Schnee entstehen. Daher verträgt er die Wärme nicht und wird nur für kalte Getränke verwendet. Den Grund, weshalb er sich mit sechseckigen Seiten bildet, kann man nicht leicht finden...*«[171]

Solinus[172] referiert, daß der Kristall in Europa und Asien gefunden wird, wobei der wertvollste Stein aus Skythien komme. Darüber hinaus stellt er fest, daß der Stein nicht aus Eis bestehe, da er sonst in warmen Regionen nicht heimisch wäre.

Nach Isidor[173] entsteht der Kristall in Asien und Cypern sowie in nördlichen Gegenden (Alpen), Hrabanus Maurus[174] schließt sich den Fundorten wortwörtlich an. In den Hss. F (fol. 59va), Fr (fol. 58^{v}) und W (fol. 104^{r}) heißt es:

»*In heißen Gegenden aber wird wegen der glühenden Hitze – diese gepaart mit Luftfeuchtigkeit – und wegen der warmen Feuchte der Erde in jenen Ländern der Kern der Wasser an den Ufern zu einem Kristall zusammengeballt und ausgehärtet, so wie Brot im Ofen gebacken wird. Dieser Kristall strahlt Feuer aus und ist reiner und kostbarer als der Kristall, der in kalten Gegenden wächst, und er ist fast so kostbar wie der Beryll.*«

Mit der Deutung des Plinius und Solinus befaßt sich Megenberg (VI 9, ed. Pfeiffer 441,3-6):

»*Cristallus der stain wirt auz eïs, wan daz verhertt in vil jâren. iedoch widerspricht daz Solînus und spricht, daz man die cristallen vinde in vil landen, dâ nümmer kain frost noch kain eis hin köm...*«

Belege:

Griech.: *krýstallos* = »Eis«, »bezeichnet aber auch alles Eisartige, eben auch den wasserhellen und durchsichtigen kristallisierten Quarz, den jetzt so genannten Bergkristall, das Berg-Eis« (Lüschen 187).

Die Hss. schreiben das lat. bzw. mlat. *cristallus* bzw. *crystallus;* mhd. *kristalle, kristal.* Cf. *der kristalle ist von wazzer zu einem steine worden* (Lexer I 1736).

Bedeutung:

Seit der Antike bis weit ins Ma. wird die Entstehung des Bergkristalls auf die Wirkung der gleichen Kräfte zurückgeführt.

Das griechische *krýstallos* (»das, was gefroren ist«), deckt sich mit dem aus Wasser zu Eis erstarrtem *crystallus* Hildegards: *»Der Kristall entsteht aus bestimmten gefrorenen Gewässern...«* (Struck 76,1; Migne 1263C). Die von Plinius[175] vertretene Auffassung, daß der Kristall hierauf *»durch eine heftigere Kälte verfestigt wird«* findet sich auch bei Hildegard:

»Die später wieder einsetzende Kälte verdichtet den Klumpen [das Eisartige] *immer mehr <...>. Dieser ist nunmehr von solcher Festigkeit, daß er durch die Wärme nicht mehr aufgelöst werden kann, obwohl das ganze Eis ringsherum wegschmilzt, et sic cristallus exsurgit, et cristallus est«* (Struck 77,1f.; Migne 1263D).

Der Entstehungsprozeß des Edelsteins ist unverwechselbar hildegardisch, doch liegen ihm spätantike und ma. Quellen[176] zugrunde.

PERLEN

Historischer Hintergrund:

»Perlen (penīnīm) werden im AT in Hiob 28,16b erwähnt. Dasselbe hebr. Wort erscheint in Spr 3,15; 8,11; 20,15; 31,10 und Klgl 4,7 (manche verbessern damit auch den Text von Ps 45,14). An all diesen Stellen liest die LÜ ›Perlen‹, ausgenommen Klgl 4,7, wo es ›Koralle‹ heißt. Unger's Bible Dictionary (1957, S. 742) vermutet, daß die rosafarbenen Perlen des Roten Meeres gemeint sind, und dies würde das Problem von Klgl 4,7 lösen, wo es um einen roten Stein geht.

Daß margarites im NT ›Perlen‹ bedeutet, steht außer Frage. Sie werden als weibliche Schmuckartikel (1 Tim 2,9; Offb 17,4) und als Handelsware (Mt 13,45f; Offb 18,12.16) erwähnt. Die Tore des neuen Jerusalem bestehen aus je einer einzigen großen Perle oder vielleicht auch aus Perlmutt (Offb 21,21). Das Himmelreich gleicht einer kostbaren Perle, die ein Mensch auch um den Preis seines gesamten Besitzes zu erlangen sucht (Mt 13,45f). Die christl. Botschaft Menschen vorzulegen, die sie nicht zu schätzen wissen, ist genauso töricht, wie Perlen vor die Säue zu werfen (Mt 7,6; cf. Didache 9,5, wo der Ausschluß Ungetaufter vom Herrenmahl mit diesem Ausspruch Christi gerechtfertigt wird)« (Bibellex. II 424).

Die Griechen übernahmen den Perlenluxus des Orients, der durch die Feldzüge

Alexander des Großen bekannt wurde (Keller II 352; Pauly III 1020f.). Theophrastos überliefert das früheste Zeugnis von Perlen, die hellenische Frauen als Halsschmuck trugen.[177] Die Römer stuften die indischen und arabischen Perlen *(margaritae)* nach den Diamanten als beliebtesten Schmuck ein.[178]

Zwei Beispiele:

»Die Perlen werden am Kopf, die Edelsteine an den Fingern getragen.«[179]

»Es ist der Ehrgeiz der Frauen, sie [die Perlen] *an die Finger und je zwei oder drei an die Ohren zu hängen.«*[180]

Die Prunksucht der Epoche löste bei Plinius lebhaftes Mißfallen aus, wie die treffend charakterisierenden Anekdötchen über Lollia Paulina, Kleopatra, Aesopus u.a. zeigen.[181]

Über eine zweite Art von Perlmuscheln neben der Perlauster in den Flüssen Britaniens berichten Julius Caesar und Tacitus: *Gignit et Oceanus margarita, sed subfusca et liventia* (Tacitus, Agricola 12), d.h. »bräunliche und bleifarbige«. Dazu Keller (II 552f.): »Selbst so sorgfältige Autoren wie Tacitus glaubten, sie lebe im Meere«.[182]

Die Entstehung der Perle aus dem Tau des Himmels ist eine indische Sage, der wir bei Plinius[183], Solinus[184] u.a. begegnen. Der ›Physiologus‹ schildert sie so:

»Die Perle entsteht aber dadurch, daß die Muschel in früher Morgenstunde an die Oberfläche des Meeres kommt, sich öffnet und den Tau des Himmels mit den Strahlen von Sonne, Mond und Sternen einsaugt; daraus wächst dann im Inneren der Muschel die Perle« (Lauchert 35; Seel 66f.).

»Von der Befruchtung durch Sonne, Mond und Sterne ist sonst nicht die Rede, jedoch sind hier die Gestirne vermutlich an die Stelle des Blitzes getreten, der bei Aelian,[185] Athenaios u.a. als diejenige Kraft erscheint, die die Perle befruchtet. Bei Ammianus Marcellinus (23,6,85) ist umgekehrt der Blitz die Ursache, daß die vom Tau empfangene Perle durch eine Fehlgeburt zugrundegeht« (Seel 118f.).

»Die Naturmythe von Tau und Perle und die seltener bezeugte, aber vielleicht nicht minder alte Mythe von Blitz und Perle verbinden den Himmel und die Muschel durch einen zeugenden Einfall von oben, hier des Taues, dort des Blitzes, die beide den Ursprung der Perle bewirken« (Ohly 1974, 264).

Belege:

Die Perlen der Flußperlmuschel (ahd. *perala,* Graf III 347; mhd. *berle, perle,* aus mlat. *perula;* Lexer I 194f.; cf. auch BMZ I 106f.) sind mit *berlin/berlen* in den Hss. ausgewiesen, obwohl sie nach Hildegard *»in mari«* falschliegend beschrieben werden. Die Perle der Großen Seeperlmuschel heißt griech. *margarítes,* lat. *margarita.* So auch in den Hss.

Griech. *margarites,* lat. *margarita,* neben *unio* (»einzelne große Perle«, »Zahlperle«; auch »Zwiebel«) und *perna.* Nach Plinius[186] »*... werden nie zwei völlig gleiche* [Perlen] *gefunden; daher hat ihnen auch der römische Luxus den Namen ›Einmalige‹ [uniones] gegeben«* (Cf. dazu Marbod, De lapid. § 50 vv. 627–639 ed. Riddle 84; Migne, PL 171, 1766A).

Lat. *perna* bedeutet zunächst »Hinterkeule«, besonders (beim Schweine), Schinken, dann eine Muschelart, die nach Plinius (Nat. hist. XXII 154) wie ein Schweineschnitzel aufrecht im Sande steht.

»Alle drei Bezeichnungen, margarita, unio, perna blieben im mittellateinischen gebräuchlich ...« (Lüschen 290f.).

Margarita gelangte im 9. Jh. ins Ahd.: *marigreoz,* auch *perala,* mhd. *mergrieze* (»Meeressandkorn«).

»Die ältere deutsche Form Berle, Berlein, denkt man sich entstanden durch Anlehnung an Beere« (Lüschen 291 ; cf. auch DWB I 1525; Kluge 621; Lexer I 194f.).

Die Hs. B (fol. 65^{V}) hängt an das Kapitel von den ›perlin‹ den Text ›elitropia‹ (= »Heliotrop«) (S. 194) an. Dieser Text fußt weitgehend auf Plinius (Nat. hist. XXXVII 165), der zudem die *impudentia* der Magier geißelt.[187]

Bedeutung:

Die Beschreibung der Seeperlen ist möglicherweise aus dem Gedächtnis reproduziert, wobei die Entstehung der Perlen in salzigem Wasser und der Name *margarita* im antiken Schrifttum belegt ist.[188]

Die Flußperlen erzeugen die Muscheltiere durch die Aufnahme von Unrat und durch eigenes Gift, das sie absondern. Die Qualität der *berlen,* unrein oder klar, ist abhängig von dem Aufenthalt des Muscheltieres am Grunde, in der Mitte oder an der Oberfläche des Wassers.

Bemerkenswert ist, daß Hildegard auf eine allegorische Deutung der Perle verzichtet.

KARNEOL

Historischer Hintergrund:

Der Karneol »ist Bezeichnung für den roten oder rötlichen Chalzedon geworden« (Lüschen 249).

In Indien gibt es nach Plinius[189] drei Arten ›Sarder‹, darunter eine rote Varietät.[190]

Wegen der roten Farbe des Steins nahm man an, daß er Blutungen zum Stehen bringen könnte. So Ps.-Aristoteles[191], Marbod[192] u.a.[193]

Megenberg beschränkt sich auf die knappe Mitteilung, *daz sardius und corneolus ain stain sein* (VI 69, ed. Pfeiffer 461,25).

Belege:

Alle Hss. schreiben *cornelion,* B und V daneben auch *cornolion.*

»Der Name ist mittellateinisch. Die häufigste Form ist corneolus, daneben cornelius, corniol und ähnl. Herleitung <...>. Aus latein. cornus Kornelkirschenbaum (Diminuitiv corneolus), Cornum Kornelkirsche.[194] <...> Die Beschreibungen des Karneols in den Steinbüchern vergleichen die Farbe des Steines auch mit der des Fleisches oder des Spülwassers von Fleisch« (Lüschen 249).

Bedeutung:

Die Alten nannten den Karneol Sarder. Die Farben des Karneol mit Übergängen zum Sarder galten in der Tradition als stillendes Mittel bei verschiedenen Blutungen. Nach Hildegard hat der Karneol übereinstimmend mit dem Jaspis eine spezielle Funktion: *contra sanguinis fluxum ex naribus,* wie alle Hss. belegen. Karneol (und Jaspis) stoppen den Blutfluß verschiedener Genese.

ALABASTER

Historischer Hintergrund:

»Das Wort Alabaster (alábastron, Mk 14,3; Mt 26,7; Lk 7,37), ursprünglich das Neutrum des Adjektivs alábastros, bezeichnete langhalsige Alabasterfläschchen, in denen man Parfüm aufbewahrte. Wollte man den Inhalt verwenden, mußte man den Hals abbrechen. Mit dem Wort bezeichnete man aber auch derartige Fläschchen aus jedem anderen Material ...« (Bibellex. II 421).

»Dioskurides und Plinius haben als Synonym für Alabastrites noch Onyx, eine Bezeichnung, die nur angemessen erscheint für farbig gestreifte Gesteine« (Lüschen 166).

»Der Alabasterstein (alabastrites), *kommt zu Alabastron in Ägypten und zu Damaskos in Syrien vor; er ist weiß, hin und wieder mit verschiedenen Farben gesprenkelt; mit Steinsalz gebrannt und zerrieben, soll er Krankheiten im Munde und an den Zähnen lindern.«*[195]

Das aus Alabaster hergestellte Salbengefäß bewahrt die Salben unverdorben auf, die »im Altertum meistgerühmte Eigenschaft des Alabastrites«[196] (Lüschen 166).

Belege:

Griech. *alábastos (-tros, -tron);* im Lat. entsprechend *alabaster, alabastrum,* ebenso mlat. *alabastrum.*

»alabastrites: der Stein, aus dem die Salbengefäße hergestellt wurden <...> wahrscheinlich ein Onyxmarmor« (König u. Hopp 1994, 166).

»Alabaster ist feinkörniger durchscheinender weißer Gips ...« (Lüschen 166).

Bedeutung:

Hildegard widmet dem Alabaster nur zwei Sätze, die sich auf seine Eigenschaften beziehen und ausdrücklich eine medizinische Qualität in Abrede stellen.

KALK

Historischer Hintergrund:

In der Abhandlung von den Steinarten verwechselt Theophrastus (§ 58, 59) den Kalk mit dem Gips, wenn er berichtet:

»Wunderbar ist die Schlüpfrigkeit und Erhitzung des Gipses, wenn er angefeuchtet wird. <...> Man braucht ihn beym Bauen, um die Mauersteine damit einzufüttern, oder wenn sonst etwas befestigt werden soll. Man zerstampft ihn, schüttet Wasser darauf und rührt in mit Stecken um, denn mit der Hand kann man das wegen der Hitze nicht. Man löscht ihn erst kurz vor dem Gebrauche; denn wenn er gelöscht stehen bleibt, so wird er in kurzer Zeit steinhart, daß man ihn nicht wieder trennen kann...« (Schmieder 76ff.; cf. Mieleitner 444).

»Kalk und thrakischer Stein erhitzen sich durch Wasser...«[197], d.h. »gebrannter Kalk erwärmt sich beim Löschen mit Wasser« (König u. Winkler 1984, 160).

Die Art und Weise wie sich der Kalk verhält, erregte im Ma. staunende Bewunderung. (Cf. Isidor[198] und Megenberg.)[199]

»Calx bezeichnet den rohen wie den gelöschten Kalk <...>. Der ungelöschte Kalk hieß calx viva, lebendiger Kalk« (Lüschen 246).

Belege:

Aus dem Griechischen *chálix* (»kleiner Stein, Kies, Kalkstein, Kalk«) ist lat. *calx* entlehnt, das seinerseits den Ausgangspunkt für das dt. Lehnwort »Kalk« bildete.[200]

„Kalk ist nächst dem Quarz das häufigste Mineral in der Erdrinde, vorkommend in mehr oder minder reinen und in zahlreichen Ausbildungsformen, die besondere Namen erhalten haben: Kalkstein, Kalkspat, Kalktuff ... usw.« (Lüschen 246).

Bedeutung:

Der Text des Cap. XXV. – De Calce beginnt mit den Worten: *»Calx calidus est, de quo creta fit, cun incensus fuerit ...«* (M 1265 B), d. h. der Kalk ist warm, wenn man ihn brennt, entsteht daraus gebrannter Kalk. Das ist zunächst unverständlich, weil Hildegard lat. »creta« für den gebrannten Kalk reserviert. Diesem, der die Qualität »warm« aufweist, setzt sie dt. »crida« (»Cride« Kreide) entgegen (M 1266A), der die Qualität »kalt« eignet. Die einzig mögliche Erklärung für den dargestellten Sachverhalt ist die, daß Hildegard (im LSM II 13/M 1214C) die Kreide meint, dafür den deutschen Ausdruck verwendet, damit keine Verwechslung mit dem üblichen lateinischen Terminus »creta« statthaben kann, mit dem sie – untypischerweise – »gebrannten Kalk« bezeichnet. (Zur Ableitung des Wortes creta cf. Goltz 189; Kluge 485; Lüschen 257.)

Hildegard kennt sowohl den Naturkalk (Kalkstein, M 1266B) als auch sein Derivat, den gebrannten Kalk (Calciumoxid, CaO). Den gelöschten Kalk (Calciumhydroyd, Ca [OH]) erwähnt sie nicht.

MARMOR

Historischer Hintergrund:

Eine Orientierung über den von Hildegard unter die »übrigen Steine« eingereihten Marmor gibt Isidor, der zwischen (›gewöhnlichen‹) Steinen und Marmor unterscheidet:

»Denn Marmorsteine heißen außerordentliche Steine, die sich durch Flecken und Farben empfehlen.«[201]

Belege:

lat. *marmor*, ahd. *marmul, murmel*, mhd. *marmel* (DWB XII 1661ff.; Lüschen 272).

»Während die Bezeichnung für den Stein als Marmor erneuert wird, hält sich die alte Form der Bezeichnung für das Spielgerät« (Kluge 541).

Bedeutung:

»Im heutigen Handel ist der Name eingeschränkt auf Kalksteine, soweit sie polierfähig und polierwürdig sind. In der Wissenschaft heißt nur der kristallinischkörnige Kalkstein Marmor« (Lüschen 273).

Die Hs. B (fol. 66^r) gibt im Anhang zum Steinbuch einen Marmor-Text[202], der sich an Isidor (s.o.) und Plinius[203] anlehnt.

Neben »Marmor« bringt das Kapitel XXVI – De caeteris lapidibus eine Reihe von Steinen mit landessprachlichen Bezeichnungen: »*... grieszstein, calckstein, ducksteyn, wacken et similes ...*« (Struck 86,15-87,6; Migne 1266B).

SANDSTEIN

Belege:

Ahd. *grioz,* mhd. *griez* heißt »Sand, Sandkorn, Kies« (Kluge 338, Lüschen 233); auch »Kiessand, Sandkorn, Sand- und Mühlstein.« Zu letzterem cf. Lexer I 1081 *(die mülen sollen mit guten griezstain fürsehen sein)* und DWB IX 285 *(›gute grieszsteine‹ in alten müllerordnungen).*

Die Hss. schreiben *grieszstein, gristain, gryszstein* und *gryszsteyn.*

KALKSTEIN

Belege:

Zur Etymologie von »Kalk« s.o. Die Hss. weisen die Graphien *calcstein, calckstein, calksteyn* und *calgstein* auf.

TUFFSTEIN

Belege:

Ahd. *tufstein, tub-, (tuh-)stein;* mhd. *tuft-, (tupf-)stein* (Kluge 840). Die Schreibungen in den Hildegard-Hss. variieren: *duchstein* (F, Fr, W), *ducstein* (W), *duckstein* und *ducksteyn* (V, P).

»Dem Lateinischen ›tufus‹ fügte man im 11 . Jh. das erläuternde ›Stein‹ hinzu. In der Schreibung ›Duftstein‹ (Duft = Nebel) drückte sich die Lockerheit des Steins aus, während das ndtsch. ›Duckstein‹ sich lokal für bestimmte Varietäten erhalten hat« (Lüschen 336f.).

»Nach heutiger Definition ist Tuff ein lockeres, poröses Gestein, teils Absatz aus Wasser (Kalktuff), teils verfestigtes vulkanisches Material« (Lüschen 337; cf. DWB II 1947).

Bedeutung:

Der *duckstein* Hildegards kommt dem Kalktuff wie auch dem Schiefermergel des Rupertsberger Umfeldes am nächsten.

WACKE

Belege:

Die Wacke oder der Wacken, ahd. *waggo, wacko,* mhd. *wacke,* bedeutet »Kiesel, Flußkiesel, Felsblock« (Lüschen 232).

»*wacke* feldstein, nackt aus dem boden hervorstehender Steinblock« (Lexer III 625f.).

»*wackenstein* in flieszenden wassern fortgeschobener oder auf dem felde frei liegender stein« (DWB XXVI) 216).

»... das, was man zu Bingen im Fuldischen für ›wacken‹ ausgibt, ist nichts anderes als Quarz usw.« (1802, Emmerling I 2 S. 188; zit. nach Lüschen 233).

»Eine gleiche Art der Entstehung (Verwitterungsprodukt, Verwitterungsprozeß des Taunusquarzits) besitzen die im Binger Walde und auf seiner Gegenseite, im Taunus, häufig sich findenden sog. Rosseln[204] (wohl soviel wie Gerölle, ›Rollsel‹), die, ein unregelmäßiges Haufwerk von kantigen und eckigen Quarzbrocken darstellend, von den Steilhängen der Quarzitrücken oft in beträchtlicher Breite und Mächtigkeit [an vielen Stellen des Binger Waldes] in die Täler herabziehen« (Erckmann 29f.).

Bedeutung:

Die ›Wacke‹, der ›Wacken‹ gehören zum regionalen Wortschatz. Wir sind sicher daß Hildegard damit die ›vor ihrer Haustüre‹ sich findenden ›Rosseln‹, d.h., das am Ort greifbare Geröll und dessen Geschiebe, meinte.

ZUR LATEINISCHEN TEXTVORLAGE

Die Prinzipien der Textgestaltung wurden o. S. 39 ff. mitgeteilt.

Zugrunde gelegt wurde der Text der Struckschen Edition. Die Stellen, an denen von ihr abgegangen werden mußten, werden im folgenden Register aufgelistet. Sie zerfallen in drei Kategorien: a) Stellen, an denen Struck seine Florentiner Leiths. (unsere Sigle: F) nicht richtig gelesen hat; b) Stellen, an denen F verderbt ist, der Text aber aus der Parallelüberlieferung geheilt werden kann; c) Stellen, an denen die gesamte Überlieferung fehlerhaft ist und Zuflucht zu Konjekturen genommen werden muß.

Das Register ist so eingerichtet, daß auf die Referenz (Seiten- und Zeilenzahl der Struckschen Ausgabe) die Strucksche Lesung folgt, die von einer eckigen Klammer abgeschlossen wird. Nach der Klammer erscheint die Lesart, die übersetzt wurde. Ein auf diese Lesart folgendes einfaches F erscheint in den Fällen, in denen Struck F nicht richtig transkribiert hat. Die Siglen der übrigen Hss. Fr (Freiburg, UB, 178a), W (Wolfenbüttel, H.-A.-B., Guelf. 56.2 Aug. 4°), P (Paris, B. N., lat. 6952), V (Rom, B. A. V., Ferrajoli 921) und B (Brüssel, B. R., 2551) stehen hinter den von ihnen überlieferten Lesarten. Die konjektural verbesserten Stellen sind durch die Sigle *cj.* gekennzeichnet.

1,9	penitentiam] presentiam F
2,10	suum] suum reuertuntur *Fr, V, P, B*
3,15	querunt] querit *Fr, V, P, B*
8,2	fugat] fugant *Fr*
8,10	oculorum] uisum oculorum eius *Fr*
9,5	bonam] bonam uirtutem *Fr*
9,7	excitate] excitata *Fr*
9,13	laxiuam] lexiuiam *Fr* lixiuiam *V, P, B*
10,14	scito] cito *Fr, W, V, P, B*
12,15f.	dolorem] dolore *F*
12,16	interim] iterum *Fr, W, V, P, B*
13,3	in te] te *Fr, W*
15,17	sit] fit *F*
17,2	hic] hoc *F*
18,3	hic] hoc *F*
20,16	scane] scaue *F*
21,4	diluat] diluit *W* dissoluit *Fr*
21,16	arbor] ardor *Fr*
22,13	solis] solis nascitur *Fr, V, P, B*
22,14	homo] homo eum *Fr, V, P, B*
23,14	habebit] habebunt *Fr, V, P, B*
24,2	cum] tam *Fr, W*
24,10	nec] ut *Fr, V, P, B*
24,11	temperatus] aliquantum temperatus *Fr, V, P, B*
24,13	habet] habet, saphirum in manu sua teneat et eum in ipsa sine igne calefaciat et tunc cum gutta uini madefaciat et uel in oculo suo *Fr, V, P, B*

(sua *om. B;* et tunc cum uini madefaciat *om. V, P;* uell *B;* statt uel: pelliculam *Fr; suo om. B)*
25,3 rubent] oculi rubent *Fr, V, P*
25,4 se rigent] serigent *F*
25,11 saliue] saliue si *cj.*
25,11 similiter] simul *F*
29,4 est] est, purus est *Fr, W*
29,6f. maligni] malignus *Fr*
30,10f. fantasticata] fantasmata *Fr* fantastica *W*
30,11 dyabolicorum] dyabolicarum *Fr, W*
31,6 omnes] amens *Fr, W, V, P, B*
31,18 pammolum] pannolum *Fr*
33,14 illa[1]] *om. Fr, W*
33,14 insanitatem] in sanitatem *F*
33,15 ad hoc] adhuc *F*
33,16 predictis] predicta *F*
33,18 adhoc] adhuc *F*
34,6 pro eodem] procedit *Fr, W*
34,9 pro] per *F*
34,10 lignum] bonum *Fr, W*
34,11 homine] homine est *Fr, W*
34,19 mihi] in *F*
35,9 apparuit] apperuit *F*
35,14 eam pugnanti] cum pregnanti *Fr, W*
35,16 eiusdem femine] claustra eiusdem femine *Fr*
36,7 glauco] glarico *Fr*
36,12 sudat] sudat uelud mare schum(e)t cum magna feditas in ipso est *Fr, W, V, P* (swadet *V, P;* magna *om. V, P;* fetidas *P)*
37,3 aura que] auraque *cj.*
37,6 abscondit] abscedit *Fr*
37,8f. nec … in ipso est] *transpositum ex 36,12*
37,18 potes] potest *Fr, V, P, B*
39,6 homini] homo *cj.*
39,7 confident] consideret *cj.*
39,17 rumpentur] rumpetur *Fr, V, P, B*
40,1 duru] dura *Fr*
43,7-9 et per … habebit] et tunc ita oleo intinctum super locum ubi dolet striche et melius habebit *Fr, V, P, B (statt* locum: cor suum *Fr;* cor suum et locum illum *B; statt* striche: trahendo circumferat *Fr)*
46,3 uirium] narium *Fr*
47,2 quis] quid *F*
49,15 et contrita] in contrita *Fr, W*
50,9 iram] unde *Fr, V, P, B*
50,12 hominis] hominis tranquillam facit, quoniam mens et hominis interdum secundum *Fr, W*
51,6 intemperato] in temperato *F*

52,4	accidit] accurrit *F*
52,4	proficitur] perficitur *F*
52,9	sit] fit *F*
52,9	colorem] calorem *V, P, B*
52,18	aque] eque *F*
53,6	in ea] in eo *Fr, V, P*
54,18	dyabolica] dyabolici *Fr, W ex. corr.*
55,2	intedio] in tedio *F*
55,12	incremento] in cremento *F*
56,8	uel motionem] uel modicam montionem *Fr, V, P, B*
56,15	contraheret] adheret *Fr, W*
57,11	cum] tam *Fr, W*
59,1	recto] recente *cj.* recento *Fr*
60,17	aque] aqua *Fr*
62,5	quam] quoniam *Fr, W*
63,6	optundunt] absconderunt attenuat *Fr, W*
63,17	aquam] aquam illam *Fr, V, P*
64,3	quisquid] quicquid *F*
64,3	aquam] aqua *F*
64,4	decem] per decem *Fr, V, P*
64,10	eundem] eadem *Fr, W*
64,11	aquam] aqua *F*
64,13	sanat] sanatur *Fr*
65,7	calefactam aquam] calefacta aqua *F*
65,7	illius] illius infirmetur, cibi eiusdem hominis cum ipsa aqua condiantur, et potus illius *W, V, P*
65,15	preualebunt] preualebunt et ibi uires suas in furando minus habebunt *Fr, V, P, B* (ibi uires suas *om. V, P)*
66,2	nascire] nature *F*
66,4	cristallo] cristalli *cj.* cristalle *W*
66,15	malinosi] maliuoli *F*
67,13-15	superant … debilitat] intrat in hominem et hominem debilitat; que omnia igneus calor lapidis huius cum calore saliue hominis temperatus superat *cj.*
67,14	calidor] calor *Fr, W*
68,1	eidem] eadem *Fr, W*
68,14	calorum] calori *Fr*
69,1	melacholiam] melancholiam *F*
69,5	melacholie] melancholie *F*
69,10	in eis] munitus (?) *F*
72,3	de calido] de calido *ueneno cj.* de calido calore *Fr*
72,17	ferrum] uenenum *cj.*
73,1	calidineam] calibineam *W (cf. 75,4)*
76,2	sub nigri] subnigri *F*
76,2	et calidus et humidus est] *om. F*
77,7	hoc] hec *Fr*
77,13	humintes] humentes *F*

78,2 euanescet] euanescent *V, P*
78,12 in fumum fugit] intumuit fugat *Fr, W*
78,18 aquarum] et aquatilis *Fr, W*
79,2 auferunt] aufert *cj.*
79,2 quia] qui a *Fr, W, V, P, B*
81,5 hec] hee *F*
81,15 a noxiis] bibentem a noxiis *Fr, W*
81,17 temperibus] timporibus *F*
82,14 mediate] medietate *Fr*
85,2 aere] arena *Fr, W, V, P, B*
86,14 morientur] morerentur *F*
86,14 eodem] eidem *cj.*
86,14 ulceratio] ulcerato *F*
87,4 ubi] ut *cj.*
87,5 humiditas] nimia humiditas *cj.*

ANMERKUNGEN

EINFÜHRUNG – VORWORT

1 Die Zahlen bei Struck beziehen sich auf die Seiten und Zeilen seiner Edition, die Zahlen und Großbuchstaben bei Migne auf die Spalten und Spaltenabschnitte des Textes in Mignes Patrologia latina, Bd. 197.

2 R. Struck, Hildegardis De lapidibus ex libro simplicis medicinae. Kritische Edition unter Vergleich anderer Lapidarien. Med. Diss. Marburg. Marburg 1985.

HERKUNFT DER EDELSTEINE

3 cf. Meier 1977, 344f.; dies. 1992, 124; ferner LCM II (ed. Kaiser) p. 48, 27-34. Siehe auch die Beobachtung und Kenntnis Hildegards über die Verlagerung von Eruptivgesteinen innerhalb eines Flusses (S. 144 f.).

4 Zu Hildegards »Steinuhr« cf. Müller 1990, 36ff.

QUELLEN

5 Zu diesen cf. Meier 1977, 111ff.

6 Abb.: Sancti Patris Epiphanii Episcopi <...> De XII Gemmis <...> Cum Corollario Conrad Gesneri, Zürich 1566, S. 16.

Zu medizinische und magische Wirkungen:

7 Kein anderer Schriftsteller überliefert nur annähernd so viele mineralogische Angaben wie C. Plinius Secundus d.Ä. in seinen Büchern 33–37 der ›Naturkunde‹. Das in zahlreichen Hss. und Fragmenten überlieferte Werk (Borst 1994, 5ff.; König u. Winkler 1973, 332, 337ff.) wurde im Ma. als grundlegende Quelle zu Naturgeschichte und Edelsteinkunde bewertet. So habe Karl der Große empfohlen, »daß jedes Kloster einen Plinius haben sollte« (Böttiger 47, in: Pfannenstiel 1958, 46f.; zit. nach Borst, l.c. 5).

8 »<...> weil sie [scil. die Lithika] das meiste über Edelsteine berichtet und unter dem höchst verführerischen Schein der Heilkunde sich zu abenteuerlichen Mitteilungen verstiegen haben« (Plin. nat. hist. XXXVII 54; König u. Hopp 47).

9 Das Steinbuch der Kyraniden in der uns überlieferten Redaktionsstufe (2. Jh. n. Chr.) enthält ausdrückliche Anweisungen zur Herstellung von Amuletten und Talismanen.
In den vierundzwanzig Kapiteln des ersten Buches werden »alphabetisch geordnet jeweils Pflanzen, Vögel, Fische und Steine mit gleichem Anlaut (der Buchstabe ist Sympathieband) in ihrer medizinischen Heilkraft erläutert« (Pauly III 681).
Medizinisch-magische Kräfte werden dadurch erzielt, daß man Vogel- und Fischbilder sowie die dazugehörigen Pflanzenbilder in den Stein eingraviert. So in den Stein eingelassen, bilden die vier sympathisierenden Objekte ein ausgewogenes Ganzes und wirken auf den Menschen, der diesen Stein trägt, mit medizinisch-magischer Heilkraft.
»Die Wirkung der Kyraniden auf die abendländische Steinkunde setzt erst spät ein ...« (Meier 1977, 59). Dazu: Kyraniden, 1. Buch, ed. De Mély-Ruelle II, 3ff.; Friess 6; Fühner 17f.; (Meier l.c., Fußnoten 146–148); RE XIII 1, Sp. 747–769, Art. ›Lithika‹ v. Hopfner; RE XXIII, Sp. 130-132, Art. ›Kyraniden‹ v. Ganszyniec u. Kroll; Wellmann 1935, 86-149; ders. 1930, 35ff.; Wirbelauer 48ff.

10 »Aus der Vorlage des Damigeron <...> schöpft auch das einzige hexametr. ant. Lapidarium, die Lithika des Ps. Orpheus (4. Jh. n. Chr.), der vorgibt, die Menschen im Auftrag des Hermes über die mag. Kräfte der Steine aufzuklären« (Pauly III 681). Die 774 Hexameter behandeln darüber hinaus die Heil- und Abwehrkräfte der Steine gegen giftige Schlangen. Friess 6f.; Fühner 18; Meier 1977, 60 (Fußnoten 149–152); Orphei Lithica, ed. Abel, 15ff.; RE XIII 1, Sp. 752 l. c.; Schmidt 41; Wellmann 1935, l.c.; Wirbelauer 2ff.

11 »Die ältesten Lithika repräsentiert der Damigeron Latinus. <...> Er ist z.T. die lat. Wiedergabe eines verlorenen griechischen Steinbuches <...>, welches auch bei Plin. nat. 37, 139–185 erkennbar wird« (Pauly III 681).

Damigeron, zus. m. Orphei Lithica, ed. Abel, 157-198; Friess 6f.; Führer 20; Meier 1977, 66, 362; RE XIII 1, l.c.

12 John M. Riddle, ed. Marbode of Rennes' (1035-1123) De lapidibus. <...>, Wiesbaden 1977; Liber lapidum seu de gemmis: Migne PL 171, 1735–1770; Liber lapidum seu de gemmis, hg. von J. Beckmann, Göttingen 1799.

13 »<...> sic Deus nec decorem nec uirtutem pretiosorum lapidum istorum perire dimisit, sed uoluit ut in terra essent in honore et benedictione et medicina« (Struck 4,14-16; Migne 1250A).

Zu Apotropäische Wirkung:

14 »O tu, turpissime spiritus, ab hoc homine festinanter recede, sicut in primo casu tuo gloria splendoris tui a te citissime cecidit« (Struck 28,12-14; Migne 1254 B).

15 Die Textstelle findet sich mit Ausnahme von B in allen Hss.; sie kann daher nicht als »unecht« (Portmann 1984, 51) betrachtet werden.

Zu Gebärende Steine:

16 »Die Paeanitides-Steine (paianitides), die einige Gaeamis-Steine (gaianides [gaianis: ›der Erdstein‹] nennen, sollen schwanger werden, gebären und den Gebärenden helfen« (Plin. nat. hist. XXXVII 180; König u. Hopp 1994, 123, 193).

17 *»Die Adlersteine (aëtitae) genießen auf Grund ihres Namens einen großen Ruf. Man findet sie in Adlerhosrten, <...> der in Afrika vorkommende sei klein und trage im Innern wie in einem Leib eine angenehme weiße Tonerde. Da er zerreißbar ist, hält man ihn für den weiblichen, für den männlichen aber den in Arabien vorkommenden, der hart <...> ist und im Inneren einen harten Stein hat«* (Plin. nat. hist. XXXVI 149f.; König u. Hopp 1992, 101f.,192; cf. Hopfner, RE XIII 1, Sp. 756).

18 Collect. 9,22, ed. Mommsen p. 74.

19 De lapidibus § 34, vv. 491-495 ed. Riddle; Migne, PL 171, 1760A.

20 »Von allen ›Jaspissteinen‹ sagt man, sie würden als Amulette zur Beschleunigung der Geburt getragen, indem sie um die Hüften gebunden werden« (Dioscurides, Kap. 159 [160]; Berendes 1987, 551).

21 »Appositusque juvat mulierem parturientem, Et tutamentum portanti creditur esse« (Marbod, De lapidibus § 2, vv. 98f. ed. Riddle; Migne, PL 171, 1743A).

22 »Er ist gût den wiben die des chindes genesen sol. ob si danne getrinchet. oder uber den nabel gebintet« (p. 37,11f. ed. Wilhelm).

Zu Praktiken des ›Besprechens‹:

23 »Allgemeine Bezeichnung für pathologische Störung der psychischen Funktion« (Pschyrembel 1990, 376).

24 »Ego, aqua, super lapidem istum te fundo in uirtute illa, qua Deus solem cum currente luna fecit« (Struck 53,2f.; Migne 1258D).

25 »Sed et aerei spiritus eumdem lapidem aliquantulum abhorrent« (Struck 44,9f.; Migne 1256D).
Der Zug findet sich in vergleichbarer Form bei Damigeron: »omnia daemonia vincit« (De lap. XLVII 10, ed. Abel 194), Marbod: »Contra nocturnos fortis <...> Daemones exterret <...>« (De lapidibus § 11, vv. 188–190; Migne, PL 171, 1747A) und Megenberg: »wer den stain in golt tregt, den sichert er vor naht vorhten« (VI 23, 15f.; S. 442); cf. Fühner 71; Meier 1977, 417.

26 Der Diamant »vertreibt den Wahnsinn und verscheucht grundlose Angstzustände aus dem Gemüt« (Plin. nat. hist. XXXVII 61; König u. Hopp 1994, 51); cf. Isidor: »Fertur quoque <...> maleficis resistere artibus« (Etym. XVI 13,3). »von hier aus erfolgt die Aufnahme in spätere Enzyklopädien und die Exegese« (Meier 1977, 415).
Der griechische Physiologus und seine orientalischen Übersetzungen schreiben: »Adamas aber wird er genannt, weil er alles bezwingt, selbst aber nicht bezwungen wird. Wenn er aber in einem Haus gefunden wird, kann weder der Teufel dort eindringen, noch wird irgend etwas Böses gefunden; der aber, welcher ihn besitzt, besiegt jede teuflische Einwirkung.« (Physiol. § 59: Peters 96f.)

27 ›Tu furens malum cede in virtute illa qua Deus virtutem de coelo ruentis dyaboli in bonitate hominis mutavit; et ille sensus suos recipiet (Struck 72,8-10; Migne 1262C).

28 »Quod si homo de pluribus pestibus et infirmitatibus in capite dolet, ita quod inde uelut amens efficitur, sardium aut in pilleo, aut in panno, aut in corio super uerticem eius liget, et dicat: ›Sicut Deus primum angelum in abissum dejecit, ita insaniam hanc de te, N., abscidat et bonam scientiam tibi reddat,‹ et curabitur.« (Struck 31,5-10; Migne 1254D).

29 scil. febris: akuter Fieberzustand (cf. LCM II p. 85,24 u.ö. ed. Kaiser).

30 »rite, ritte <...> *fieber; <...> der tägliche, drîviertägleiche rite* (Lexer II 463).

31 Zu Fieber: Hildegard verwendet hier den Ausdruck ›acuta‹ für die Erhöhung der Körpertemperatur und den Ausdruck ›riddo‹ für das Wechselfieber. Darüber hinaus unterscheidet sie zwischen Tagesfieber (febris cotidiana), dreitägigem (tertiana), und viertägigem (quartana) Fieber (DWB III 1620ff.; Höfler 138; LCM, Index, p. 246 ed. Kaiser). Von medizinisch-magischem Charakter ist auch der Textabschnitt über ›febres, id est fiber‹ in Kap. VIII ›De Topazio‹: Struck 38,9-39,9; Migne 1255D–1256A).
Hildegard schreibt häufiger vor, daß die Praktiken des ›Besprechens‹ dreimal zu wiederholen sind. »Man könnte versucht sein, dies als Kennzeichen des Magischen zu deuten, aber natürlich ist die Drei auch eine christliche Zahl und kann bei Heilungszeremonien ebensogut wie in der Liturgie zu Ehren der Trinität Anwendung finden« (Kieckhofer 84), wobei die ›fünf‹ (Beryll) und die ›neun‹ (Saphir) zahlensymbolisch nicht in die christliche Tradition einzubinden sind.

32 Cf. Riethe 1996, 23.

Zu Förderung geistiger Funktionen:

33 Zum Behandlungselement des ›In-den-Mund-Nehmens‹ vgl. Meier 1977, 456.

Zu Das Kreuz als schützendes Zeichen:

34 »Deus, qui omnem pretiositatem lapidum de dyabolo abiecit, cum praeceptum eius transgressus est, de te, N., omnia fantasmata et omnia magica uerba abiiciat, et de te dolorem amentie huius absoluat.« (Struck 12,11-16; Migne 1251AB).

35 »Et iterum eundem lapidem per calidum panem illum transuersum trahens, dic: ›Sicut splendor quam dyabolus in se habuit propter transgressionem suam ab eo ablatus est, sic etiam hec amentia que te, N., per diuersas fantasias et per diuersa magica fatigat, a te auferatur et a te deficiat.« (Struck 12,16-13,5; Migne 1251B).

36 »Edelsteintherapie: ungenaue Bezeichnung, weil die E. keine eigenständige Behandlungsform ist für die Verwendung von Edelsteinen in diagnostischen und therapeutischen Zusammenhängen, z.B. in verschiedenen bioinformativen Zusammenhängen <...>. Gemeinsame Wirkungshypothese ist die elektromagnetische Informationsübertragung der Edelsteine auf die Menschen, die jedoch wissenschaftlich nicht belegt ist.« (Pschyrembel-Naturheilkunde 1996,69).

Zu Zubereitungen für den inneren Gebrauch:

37 Über gleichsinnige Zubereitungsvorschriften und ihre allegorische Bedeutung, cf. Meier 1977, 408ff.

38 »Der Beryll hat es aber in sich! Die Konstanzer Apotheke hat drei hydraulische Pressen beim Versuch, den Beryll zu pulvern, verdorben, weil dieser Stein dafür zu hart war. **Man wird jedenfalls gut tun, dieses Pulver für den Notfall vorrätig zu halten«** (Hertzka-Strehlow 47). Die Prämisse des Schlusses könnte bei örtlich wirkenden Giften, z.B. auf die Schleimhäute von Mund, Speiseröhre und Magen zu einer gefährlichen Fehleinschätzung führen.

Zu Zubereitungen für den äußeren Gebrauch:

39 »seltener ist salben im sinne von 'bestreichen, einreiben'« (DWB XIV 1689ff.; cf. Amethyst u.a.).

40 Mit geistvollen Kombinationen und in tiefem Zusammenhang mit der Ernährung und Verdauung begegnet uns das Sekret der Speicheldrüsen im LCM (II p. 130,36; 131,17; IV 188,16 ed. Kaiser). Im einzelnen sind die Eigenschaften des Speichels vielfältig und verschiedenartig. Ein Einzelzug, der zur apotropäischen Wirkung des Sekrets und einer Reihe von Edelsteinen im LSM überleiten kann, darf herausgeschält werden:
»So ist also der Speichel wie eine gute Salbe, wie eine Salbe, die Gesundheit herbeiruft« (Übers. Schipperges 1957, 196; cf. auch LCM II p. 131,14f.; Schulz 125ff.).

41 cf. DWB XIII 1723; DWB XXIII 1073; s. auch Smaragd, Sarder u.a.m.

Zu Krankheiten und ihre Behandlung:

42 »Homo autem, quem uermes in aliquo loco comederit« (Struck 85,17f.; Migne 1265B-1266A).

43 LCM II p. 50, 31-51,7 ed. Kaiser; cf. Schipperges 1957 II 112f.; ders. 1987, 64ff. E. Schöner, Das Viererschema in der antiken Humoralpathologie, in: Sudhoffs Archiv, Beiheft 4, Wiesbaden 1964.

Zu Symptome:

44 »Similia similibus curentur«.

45 Die Alten nannten den Karneol Sarder.

46 »Sed et qui gelesocht habet, simili modo in nocte cum urina et sardio, ut prefatum est, faciat« (Struck 33,8-10; Migne 1255A).

47 Hildegard unterscheidet ferner zwischen Tagesfieber (febris cotidiana), dreitägigem (tertiana) und viertägigen (quartana) Fieber.
Alle vier Fieberarten sind in VII 15 genannt. In einer weiteren Differenzierung der Fieberlehre geht Hildegard im LCM auf ein akutes und ein zweitägiges Fieber ein (p. 85, 24; 138, 19 u.a. ed. Kaiser; cf. Riethe 1996, 38).

48 »Unde qui in corde, aut in stomacho, aut in latere <...> dolet ...« (Struck 6,12f.; Migne 1249B).

49 »Sed et qui in corde, aut in stomacho, aut in uentre alicubi dolet...« (Struck 78,12f.; Migne 1264A).

50 »Quod si homo de pluribus pestibus et infirmitatibus in capite dolet...« (Struck 31,5f.; Migne 1254D). Im LCM dagegen wird der ›dolor capitis‹ mehrfach begründet (LCM p. 90, 18; 36; 122,3; 126,37 u.ö. ed. Kaiser; cf. Schipperges 1957, 174 u.a.)

51 »Durch das Sehvermögen der Augen werden Gehör, Geruch sowie die Vernunft im Sprechen und Begreifen beherrscht und erkannt, damit so nach allen Seiten eingesehen werden könne, was sei und auf welche Weise es sei; so wird auch durch Sonne, Mond und Sterne der Gesamtverband der Welt regiert und erleuchtet. Mit den Augen sieht nämlich der Mensch, was er mit dem Verstand erkennt: dies begreift er dann durch Gehör, Geruch und Geschmack und nimmt es in seinen Besitz« (LDO – Migne: PL 197, 833B; Übers. Schipperges 1957, 174; cf. Schipperges 1965, 102-108 u.a.; ders. 1972, 139f. u.a.).

52 LCM p. 248f. ed. Kaiser; cf. ›Index Rerum et Nominum; Schipperges 1952, 330, Sachregister.

53 Zu ›caligo‹ cf. LCM p. 85, 32; 122,7 u.ö. ed. Kaiser.

54 »ougen-vel <...> glaucoma <...> ein fleck od. fel in einim aug, ein fel ob den augen <...>« (Lexer II 189); »Saphirus der ist lazouruar. unte ist dem gvot. dér daz vel vnte cinche indemo vogen hat« (›Prüler Steinbuch‹ p. 38,43f. ed. Wilhelm. – Zu cincho = »Zacken«, »weißer Fleck im Auge«, albugo vgl. Graff V 681). – In den Hss. wechselt der mhd. Terminus ›uel‹

mit dem lat. Terminus ›pellicula‹ (»Fellchen«, »Häutchen«) ab. Gemeint ist eine Augentrübung, vielleicht der Star.

55 De lapid. § 5, v. 126 ed. Riddle; Migne, PL 171, 1744A.

56 »Menschen mit weichem und grobporigem Gewebe, welche dem starken Wein in übermäßiger Trunksucht ergeben sind, werden häufig von einem Leiden heimgesucht, das man ›gutta‹ nennt. Bei Leuten mit weichlichem Gewebe fallen nämlich infolge der unmäßigen Trunksucht die schlechten Säfte in ihrem Innern plötzlich über irgendein Organ her und zerstören es, so wie brennende Pfeile oder gewaltige, unvorhergesehene Überschwemmungen, die zuweilen die Mühlen und andere Gebäude in der Nähe vernichten. In gleicher Weise würden diese Säfte jene Organe, über die sie herfallen, zerstören, wenn es nicht die Gnade Gottes und der Lebensgeist in ihrem Organismus verhinderten. Gleichwohl zerstören sie doch manches Organ und machen es unbrauchbar, als wenn es schon abgestorben wäre« (LCM p. 161,27-162,2 ed. Kaiser; Übers. Schipperges 1957, 243; ders. 1987, 69).

57 Der LCM kennt die Termini ›gutta‹ und ›podagra‹. Er gebraucht ›paralysis‹ und ›gutta paralysis‹ für eine lähmungsartige (gichtige) Schwäche, sowie die volkssprachlichen Bezeichnungen ›giht‹, ›gide‹ und ›trofo‹. Ausschließlich auf Füße und Beine beschränkt ist der Terminus ›podagra‹.
Der LSM bevorzugt die Termini ›gicht‹, ›git‹, ›paraly(i)sis‹, kennt aber auch den Ausdruck ›gutta paralisis‹ (Riethe 1996, 40f.; cf. Schipperges 1957, 248).

Zu Krankheitsgruppen:

58 »Jaspis multum ualet. ad fluxum sanguinis. si imponitur uino« (›Prüler Steinbuch‹ p. 37,13f. ed. Wilhelm). »Er ist och gvot des daz er daz plout verstrettet. daz uz der wnten oder den nasan fliuzzet. ob er darane gebunten wirdet.« (op. cit. p. 38,19-21. – Zu verstraeten – »stillen« vgl. Lexer III 253).

EIGENSCHAFTEN DER STEINE

59 W: ebullit, id est usboszet. Vgl. Lexer I 336f.: bozen »schlagen«; BMZ I 190b-191a: bozen »stoßen«.

60 vlins »kiesel, harter stein« (Lex. III 405f); flint »Feuerstein« (Lüschen 218).

DAS BUCH VON DEN STEINEN

Zu Smaragd:

1 Theophrastos aus Erasos auf Lesbos, griech. Philosoph um 370-287 v. Chr., war Schüler und Freund des Aristoteles. Sein Gesamtwerk umfaßt etwa 200 Titel aus vielen Wissensgebieten (Pauly V 720ff.). Das auf uns gekommene Fragment ›Über die Steine‹ ist nicht nur das älteste, sondern auch das wissenschaftlich wertvollste Buch der Mineralogie unter den Lithika der Antike.

„Die Anhäufung dieser Körper [Bildungsarten der Steine] wird theils durch die Hitze, theils durch die Kälte bewirkt; auch können einige durch beyde entstehen. Überhaupt scheinen die Erdarten durch Feuer zu erhärten. Übrigens werden alle Mineralien durch jene entgegengesetzten Kräfte bald gebildet, bald aufgelöst« (§ 3, Schmieder).

Die Beziehung der Steinarten zum Feuer, verbrennliche und unverbrennliche Arten, die Theophrastos eingehend beschreibt, wurde von keinem der späteren Autoren weiter verfolgt:

»Einige sind schmelzbar, andere feuerfest; einige brennbar, andere unverbrennlich; auch verhalten sich jene im Glühen und Verbrennen sehr verschieden.«

Bemerkenswert auch der Satz von den Steinen, die in Tieren entstehen sollen:

»Die wunderbarste und größte Kraft muß denjenigen Steinen beywohnen, welche thierischer Erzeugung sind, wenn dies anders keine Fabel ist« (§ 4 ed. Schmieder 4, 5, 8).

Außergewöhnlich bei Theophrastos ist, daß er nur einmal die medizinische Wirkung eines Edelsteins andeutet (Smaragd s. o.) sowie die Fabel des Lynkurios (§ 27), die er durch Diokles als bekannt voraussetzt (Schmieder 26f., 32ff.).

Plinius zitiert den griechischen Autor an mehreren Stellen: Nat. hist. XXXVII 33, 53, 74, 97 u.a.

2 Theophr., De lap. § 23, ed. Schmieder 23ff.

3 In den letzten beiden Büchern der ›Naturkunde‹ berichtet Plinius über die Steine: Edelsteine, Gemmen, Bernstein.

4 Plin., Nat. hist. XXXVII 62–75; König u. Hopp 1994, 53–61.

5 Damigeron, De lap. VI, ed. Abel 168f.

6 »Smaragdus a nimia viridate vocatus; omne enim satis viride amarum dicitur. Nullis enim gemmis vel herbis major huic austeritas est; nam herbas virentes frondesque exsuperat, inficiens circa se viriditate repercussum aerem« (Isid., Etym. XVI 9, 1-13, ed. Lindsay 196f.).

7 »Smaragdus nimiae viriditatis est, adeo ut herbas virentes, frondesque et gemmas superet omnes, inficiens circa se viriditate repercussum aerem, qui merito et viridi proficit oleo, quam vis natura imbuatur ...« (Beda, Apoc. III 21 Migne, PL 93, 198C).

8 Hrab. Maur., Univ. VII: Migne, PL 111, 466CD.

9 »Omne virens superat forma viridante smaragdus <...>«

Quorum luce vireus vicinus tinqitur aer;
Quos neque sol mutat, nec clara lucarna, nec umbrae ...« (Marbod, De lapid. § 7, vv. 134, 143f. ed. Riddle 45; Migne, PL 171, 1744B-1745A).

10 Avicenna, De congelat. et conglut. lap., ed. Holmyard-Mandeville, S. 45, 46, 47, 48, 51f.; vgl. Arnoldus Saxo, Encykl., ed. Stange, S. 41 (De generatione lapidum) (zit. nach Meier, l.c., Fußnote 451).
»Avicenna (Ibn Sina), arabischer Philosoph, auch Arzt 981–1037, vermittelte die aristotelische Philosophie in neuplatonischer Interpretation an den Orient. Er beeinflußte <...> Albertus Magnus und Thomas von Aquino und ermöglichte dadurch frühzeitiges Eindringen aristotelischer Gedanken in das abendländische Geistesleben« (Lex. d. Alten Welt 1, 421).

11 Nach ma. Vorstellung hüten die Greife im hohen Norden das dort in großen Mengen vorkommende Gold, nach einer anderen Version auch Edelsteine *ut smaragdi et iaspides et cristalli,* die ihnen die einäugigen Arimaspen, ein mythisches Volk im skytischen Norden, zu entreißen suchen (Meier 1977, 352; Riethe 1994, 152).

12 Zu Grün: Meier 1972, 280ff., 292ff.; 1977, 152f.; Riedel 12ff.; Schipperges 1957a, 301–310 u. Anm. 321; zu Grünkraft (viriditas): ders. 1965 und 1972 (s. Sachregister); Vollmann 1993, 41. »...Von nun an bleibt das Wort und Bild dieses Grüns vor uns stehen, Hildegards Herzwort, dieses ihr häufigstes, dunkelstes, innigstes, lichtestes Wort <...>: viriditas!« (Schipperges 1957b, 150; cf. Vollmann 41).

13 De lapidibus § 7, v. 155 ed. Riddle 45; Migne, PL 171, 1745B.

14 De lap., ed. Rose 385.

15 ›De oculorum attenuatione‹, in: LCM III p. 169,30-170,13 ed. Kaiser. Cf. auch LSM II 2 ›De aqua‹ (Migne 1211A).

16 »... quoniam nihil omnio viridius comparatum illis viret« (Plin., Nat. hist. XXXVII 62; König u. Hopp 1994, 53).

17 »Omne virens superat forma viridante smaragdus« (Marbod, De lapid. § 7, v. 134 ed. Riddle 45; Migne, PL 171, 1744B).

Zu Hyazinth:

18 Plin., Nat. hist. XXXVII 125; König u. Hopp 1994, 91; Solinus, Coll. 30, 32f., ed. Mommsen 135,22-136,9.

19 »Iacinthus ex nominis sui flore vocatus. Hic in Aethiopia invenitur, caeruleum colorem habens« (Isid., Etym. XVI 9, ed. Lindsay 200).

20 Beda, Apoc. III 21; Migne, PL 93, 201D–202AB.

21 Hrab. Maur., Univ. XVII 7: Migne, PL 111, 469D–470AB.

22 Epiphanius, De gemmis 25, ed. Guenther 753,5–12. Zur Gewinnung des Hyacinths cf. Epiphanius, l.c. 746, 13ff.; Meier 1977, 353f.

23 »Iacincti species docti tres esse loquuntur; Nam sunt granati, sunt citrini, venetique« (Marbod, De lapid. § 14, vv. 214f. ed. Riddle 52; Migne, PL 171, 1748AB-1749A).

24 Das älteste Dokument arabischer Herkunft ist die Schrift des Pseudo-Aristoteles, die in lat. Bearbeitung (ed. Rose 1875) erhalten geblieben ist. Das sog. Steinbuch des Aristoteles enthält zweiunddreißig Kapitel über die Edelsteine, deren Arten, Farben und apotropäischen Wirkungen. (Cf. auch Friess 19ff.; Lüschen 241, 355).

25 *slahte, slaht* = »Art, Gattung« (Lexer II 961); *grûzelot* = »körnig« (Lexer I 1109); *tiurost, tiure, tiur* = »von großem Wert« (Lexer II 1445ff.); *zuoblâzet, zuo* = »zu, hinzu«, *blâzen* = »blasen« (Lexer III 1180f.); *lûter* = »hell, klar, rein« (Lexer I 1996); *doln* = »dulden, ertragen« (Lexer I 446); *werren* »Beschwerden bereiten« (Lexer III 931); *wrmegez,* »wurmig«, hier: »von Wurmkrankheiten heimgesucht« (Lexer III 1008); *varn* = »fahren, reisen« (Lexer III 25).

Zu Onyx:

26 Theophr., De lapid. § 31, ed. Schmieder 36.

27 Plin., Nat. hist. XXXVII 90f.; König u. Hopp 1994, 69.

28 Zu Ähnlichkeit der Farbe mit dem menschlichen Nagel: Epiphanius, De gemmis 44, ed. Günther 756,1-6).
»Onyx appellata quod habeat in se permixtum candorem in similitudinem unguis humanae. Graeci enim unguem ›onycha‹ dicunt. Hanc India et Arabia gignit« (Isid., Etym. XVI 8,3, ed. Lindsay 199); Hraban, Univ. XVII 7: Migne, PL 111, 470D-471AB = Isidor l.c.; Marbod, De lapid. § 9, v. 177 ed. Riddle 47; Migne, PL 171, 1746B.

29 »Onichinus lapis est indicus et arabicus permixtum in se habens colorem ad similitudinem humani unguis. Greci enim ungue<m> onicem dicunt« (B fol. 57^{v}).

30 Marbod, op. cit. v. 174.

31 Zähre DWB XXXI 190ff., mhd. zeheren »tränen vergießen«, (Lexer III 1045f.)

Zu Beryll:

32 Plin., Nat. hist. XXXVII 76; König u. Hopp 1994, 61.

33 Aquamarin: »meerfarbene, d.h. seegrüne bis blaue Abart des Berylls« (Lüschen 174).

34 Heliodor: »Gelbgrüne Abart des Berylls ...« (Lüschen 236); cf. Solinus, Coll. 52, 62, ed. Mommsen 195,5f.; Isid., Etym. XVI 7,6, ed. Lindsay 197.

35 Chrysopras: »Über den antiken und mittelalterlichen Chrysopras ist keine Klarheit zu gewinnen <...>. Der jetzt so genannte Chrysopras ist ein Chalzedon, der durch geringe Beimengungen eines Nickelsilikats prachtvoll apfelgrün gefärbt ist« (Lüschen 198f.; Solinus, l.c., ed. Mommsen 195,6f.; Isidorus, l.c.).

36 Plin., Nat. hist. XXXVII 113; König u. Hopp 1994, 83.

37 hyacinthfarben: »hyacinthizontas, scilicet qui hyacinthos prope referant« Solinus, Coll. 52,63, ed. Mommsen 195,7f.

38 luftfarbig: König u. Hopp (1994, 164) deuten »himmelblau, vielleicht ein aquamarinähnlicher Stein«.

39 wachsfarben: farbloser Beryll, Goshenit (Hochleitner 9; König u. Hopp 1994, 164).

40 oliv-ölfarbig: »Heliodor« (?) (König u. Hopp 1994, 164); »Oleo similes lymphaeve marinae« (Marbod, De lapid. § 12, v. 195 ed. Riddle 50; Migne, PL 171, 1747B).

41 kristallähnlich: »Bergkristall« (?) »wahrscheinlich ein farbloser Beryll« (König u. Hopp 1994, 164. Cf. Plin., Nat. hist. XXXVII 76–78; König u. Hopp 1994, 61-63.

42 Die meisten Berylle bilden sechsseitige prismatische Kristalle (Isid,, Etym. XVI 7,5, ed. Lindsay 197; Beda, Apoc. III 21: Migne, PL 93, 200B; Plin., Nat. hist. XXXVII 79; König u. Hopp 1994, 63).

43 »viridem et aliquantum pallidum colorem habet, et dicitur habere sex angulos, et est lapis indicus viriditatem habens similem smaragdo sed tamen pallore politur.«

Zu Sardonyx:

44 »Demostratos = Damostratos, röm. Senator, Historiker und Paradoxograph der frühen Kaiserzeit« (König u. Hopp 1994, 252).

45 Bei Martial, epigr. II 29,2, wird »die sardonyxgeschmückte Hand (sardonychata manus) eines Emporkömmlings erwähnt« (König u. Hopp 1994, 165).

46 Plin., Nat. hist. XXXVII 85f.; König u. Hopp 1994, 67.

47 »Ex istius litoris sinu Polycrati regi advecta sardonyx gemma prima in orbe nostro luxuriae excitavit facem« (Solinus, Coll. 33, 18, ed. Mommsen 152,10f.

48 »... est enim ex onychis candore et sardo. Constat autem tribus coloribus; subterius nigro, medio candido, superius mineo« (Isid., Etym. XVI 4, ed. Lindsay 199).

49 Marbod, De lapid. § 8, vv. 161-163 ed. Riddle 46; Migne, PL 171, 1746A.

50 VI 68, ed. Pfeiffer 460,11-15.

Zu Saphir:

51 Plin., Nat. hist. XXXVII 120; König u. Hopp 1994, 87.

52 »Saphire (sappheiroi); gemeint ist aber wahrscheinlich der Lapis lazuli...« (König u. Hopp 1994, 175).

53 »Sapphirus caeruleus est cum purpura, habens pulveres aureos sparsos; optimus apud Medos, nusquam tamen perlucidus« (Isid., Etym. XVI 9,2, ed. Lindsay 200).

54 »Sapphiri species <...> puroque simillima coelo <...>
Ille sed optimus est, quem tellus medica gignit.
Qui tamen asseritur nunquam transmittere visum«
(Marbod, De lapid. § 5, vv. 103f., 109f. ed. Riddle 42; Migne, PL 171, 1743AB).

55 VI 66,21–26, ed. Pfeiffer 457,19–26.

56 Im Buch ›Scivias‹ steht die ›Weisheit‹ als »eine überaus schöne Gestalt« auf einem von sieben Marmorsäulen getragenen Sockel dem »Turm der Kirche« gegenüber (Böckeler, 289, Taf. 30; cf. auch U. Mielke, Art. ›Sapientia‹, in: LCI IV, Sp. 39-43).

57 »Pterygium: 1. Flügelfell; dreiecksförmige, gefäßreiche Bindegewebshaut zwischen innerem, selten dem äußeren Augenwinkel und Hornhaut: degen. Veränderung: bei Fortschreiten in Hornhautmitte ggf. Operation...« (Pschyrembel 1990, 1379f.).

58 Dioskurides, V 156 (157), ed. Berendes 550.

59 Zit. nach. Lüschen 310.

Zu Sarder:

60 Theophr., De lapid. § 30, ed. Schmieder 35f.

61 Plin., Nat. hist. XXXVII 86, 105; König u. Hopp 1994, 67, 79. Cf. dazu den Kommentar, op. cit. 170.

62 »In der Antike verstand man unter Sardonyx einen schwarz-weiß gebänderten Onyx, der auch noch die rote Farbe des Sarders (<...> ein rötlicher Chalzedon, auch Karneol genannt) besaß« (König u. Hopp 1994, 166).

63 »Der Name des Steins leitet sich wahrscheinlich vom persischen Sard = gelbrot ab und hat demnach nichts mit dem Ort Sardes (Plin., Nat. hist. 5, 110) zu tun. Sardonyx: aus sarda und onyx entstandene Bezeichnung« (König u. Hopp 1994, 170).

64 »Sardius dicta eo quod reperta sit primum a Sardis: haec rubrum habet colorem marmoribus praestans, sed inter gemmas vilissima. Genera ejus quinque (Isid., Etym. XVI 8,2, ed. Lindsay 199).

65 Beda, Apoc. III 21: Migne, Pl 93, 199D.

66 Hraban, Univ. XXVII 7: Migne, PL 111, 467C.

67 »rubei solet esse coloris« (Marbod, De lapid. § 10 v. 180 ed. Riddle 48; Migne, PL 171, 1747A).

Zu Topas:

68 Plin., Nat. hist. XXXVII 107-114; König u. Hopp 1994, 79ff.

69 Plin., Nat. hist. XXXVII 109; König u. Hopp 1994, 81. *chroysopteros,* der »mit goldenen Flügeln (Federn)« versehene Stein (griech. *chrysos* »Gold«).

70 Plin., Nat. hist. XXXVII 113; König u. Hopp 1994, 83. *prasoides,* der »lauchähnliche« Stein (griech. *prason* »Lauch«).

71 »Agatharchides, 2. Jh. v. Chr. aus Knidos, griechischer Historiker, Geograph und Philologe...« (Tusculum Lex. 1982, 18).

72 »... tanto magis est pretiosus.
Hic species tantum binas perhibetur habere.
Alterius puro color est vicinior auro.
Clarior alterius tenuisque magis reperitur.«
(Marbod, De lapid. § 13, vv. 206-209 ed. Riddle 51; Migne, PL 171, 1718A).

73 »Topazion ex virenti genere est omnique colore resplendens« (Isid., Etym. XVI 8,9, ed. Lindsay 197).

74 »Qui duos habere fertur colores: unum auri purissimi, et alterum aetherea claritate relucentem. Pinguedo rosea, verecundaque puritas, vicinus lapidi chrysopraso magnitudine vel colore ...« (Beda, Apoc. III 21: Migne, PL 93, 197C = Hrab. Maur., Univ. VII: Migne, PL 111, 200C).

75 Vgl. dazu Epiphanius, De gemmis 11, ed. Günther 746,26f.

Zu Chrysolith:

76 »Hyacinthos Aethiopia mittit et chrysolithos aureo fulgore tralucentes ...« (Plin., Nat. hist. XXXVII 126; König u. Hopp 1994, 91; cf. den Kommentar, op. cit. 176.

77 »Est spissus, lucidus, similis auro« (Damigeron, De lap., ed. Abel 194).

78 »Chrysolithus auro similis est cum marini coloris similitudine. Hunc [et] Aethiopia gignit« (Isid., Etym. XVI 15,2, ed. Lindsay 207).

79 »Chrysolithus lapis quasi aurum fulget, scintillas habens ardentes <...> quod ejusdem lapidis genus quoddam caerulei viridisque coloris invenitur« (Beda, Apoc. III 21: Migne, PL 93, 197D-198AB).

80 Hrab. Maur., Univ. XVII 7: Migne, PL 111, 468AB.

81 »Auro crisolitus micat, et scintillat ut ignis.
Iste mari similis...« (Marbod, De lapid. § 11, vv. 185f. ed. Riddle 49; Migne, PL 171, 1747A).

82 Hinsichtlich der Beziehungen der Steinarten zum Feuer vgl. auch Theophrast: »Einige sind schmelzbar, andere feuerfest; einige brennbar, andere unverbrennlich, auch verhalten sich jene im Glühen und Verbrennen sehr verschieden« (Theophr., De lap. § 4, ed. Schmieder 5f.).

83 »omnia daemonia vincit« (Damigeron, De lapid. XLVIII, ed. Abel 194).

84 »Daemones exterret« (Marbod, De lapid. § 11, v. 190 ed. Riddle 49; Migne, PL 171, 1747A).

Zu Jaspis:

85 Plin., Nat. hist. XXXVII 115; König u. Hopp 1994, 85; dazu op. cit. 173. Cf. LSM IV 10: »sed tamen magis de aere quam de aqua vel de igne est« (Struck 44,19f.; Migne 1257A).

86 Dioskurides V 159 (160), ed. Berendes 551f.

87 »... et mullorum colorum est. Omnium autem optimus et validissimus in colore est lucidissimus« (Damigeron, De lapid. XIII 19, ed. Abel 173).

88 Epiphanius, De gemmis 28–30, ed. Günther 751,3-752,3.

89 »Iaspis de Graeco in Latinum viridis gemma interpretatur <...> Est autem smaragdo subsimilis, sed crassi coloris« (Isid., Etym. XVI 7,8, ed. Lindsay 197).

90 »Jaspidum multa sunt genera. <...> Alius smaragdi habens similitudinem, sed crassi coloris ...« (Beda, Apoc. III 21: Migne, PL 93, 197C).

91 Hrab. Maur. Univ. XVII 7: Migne, PL 111,465C.

92 Marbod, De lapid. § 4, vv. 95f. ed. Riddle 41; Migne, PL 171, 1743A.

93 »... phantasiis dicitur esse remedium ...« (Epiphan., De gemmis 29, ed. Günther 751,20).

94 »... quo omnia phantasmata autumant <...> vanos timores fugat ...« (Beda, Apoc. III 21: Migne, PL 93,197C).

95 Hrab. Maur., Univ. XVII 7: Migne, PL 111, 465CD = wortwörtlich Beda.

96 »... fantasmata noxia pellit« (Marbod, De lapid. § 4, v. 101 ed. Riddle 41; Migne, PL 171, 1743A).

97 »Er ist gûôt fur aller slahte wrmbaize [»Schlangenstich«]. ob du in dar angelegist daiz gehechet [bair. *hecken* = »stechen« (von Schlangen etc.)] sie, dazeiter verit uzder wnden« (Wilhelm 38,15f.).

Zu Prasem:

98 Plin., nat hist. XXXVII 113; König u. Hopp 1994, 83.

99 »Prasius pro viridanti colore dictus, sed vilis ...« (Isid., Etym. XVI 7,4, ed. Lindsay 197).

100 Marbod, De lapid. § 40, vv. 545–549 ed. Riddle 77; Migne, PL 171, 1762AB.

101 »Propandien lapis est preciosus, palidus aut varius, qui ut dicitur in bufonis capite inuenitur« (cf. Lüschen 258f.).

Zu Chalzedon:

102 Plin., Nat. hist. XXXVII 72, 92ff.; König u. Hopp 1994, 59, 71; dazu op. cit. 161f., 167.

103 König u. Hopp, l.c. 167; cf. Theophr., De lapid. § 18, ed. Schmieder 21ff.

104 Isid., Etym. XVI 14,1, ed. Lindsay 206.

105 Cf. Etym., XVI 14,5 zu einem weiteren ›Lichtstein‹, der Carchedonia.

106 Beda, Apoc. III 21: Migne, PL 93, 198B: »Chalcedonius quasi ignis lucernae pallenti specie renitet, et habet fulgorem sub dio, non in domo«.

107 Hraban, Univ. XVII 7: Migne, PL 111, 466B folgt auch hier Beda wortwörtlich.

108 Marbod, De lapid. § 6, vv. 129f. ed. Riddle 44; Migne, PL 171, 1744B:
»Calcedon lapis est hebeti pallore refulgens,
Inter iacinthum medioximus atque beryllum.«

109 Der karchedonische Stein (s.o.) kommt bei den Nasamonen in den Bergen vor (Plin., Nat. hist. XXXVII 104). »Nasamonen: in Nordafrika an der großen Syrte« (König u. Hopp 1994, 77, 170). Cf Isid., Etym. XVI 14,5: »Nascitur apud Nasamonas imbre, ut fertur, divino.«

Zu Chrysopras:

110 »Chrysoprasius Indicus est, colore porri succum referens, aureis intervenientibus guttis…« (Isid., Etym. XVI 7,7).

111 »Chrysoprasus est viridis aureaeque commisturae, quoddam etiam purpureum jubar trahens, aureis intervenientibus guttis…« (Beda, Apoc. III 21: Migne, PL 93, 201CD).

112 Hrab. Maur., Univ. XVII 7: Migne, PL 111, 469C.

Zu Rubin:

113 Theophr., De lapid. § 18, ed. Schmieder 21ff.

114 Plin., Nat. hist. XXXVII 92; König u. Hopp 1994, 71.

115 Plin., Nat. hist. XXXVII 98; König u. Hopp 1994, 73.

116 »…non uideri per diem sed per noctem« (Epiphanius, De gemmis 23, ed. Günther 749,20).

117 »Carbunculus autem dictus quod sit ignitus, ut carbo, cuius fulgor nec nocte vincitur; lucet enim in tenebris adeo ut flammas ad oculos vibret. Genera eius duodecim, sed prae-

stantiores qui videntur fulgere et veluti ignem effundere« (Isid., Etym. XVI 14, 1-3, ed. Lindsay 206).

118 »Sed graeca lingua lapis idem dicitur anthrax
Hujus nec tenebrae possunt extinguere lucem ...« (Marbod, De lapid. § 23, vv. 344f. ed. Riddle 62; Migne, PL 171, 1754B).

119 »... sed qui eum portat, eum latere non potest; nam quibuslibet uestimentis occulat, splendor extra uestimenta conlucet, unde et carbunculus appellatus est ...« (Epiphanius, De gemmis 23, ed. Günther 749,26-28).

Zu Amethyst:

120 Plin., Nat. hist. XXXVII 93; König u. Hopp 1994, 71.

121 De gemmis 41, ed. Günther 754,26–29.

122 »Inter purpureas gemmas principatum amethystus Indicus tenet. Amethystus purpureus est permixto violacio colore; et quasi rosae nitor, et leniter quasdam flammulas fundens« (Isid., Etym. XVI 9,1, ed. Lindsay 200).

123 »Amethistus purpureus est permisto violaceo colore et quasi rosae nitore, quasdamque leniter flammulas fundens...« (Beda, Apoc. III 21: Migne, PL 93, 202B).

124 Hrab. Maur., Univ. XVII: Migne, PL 111, 470B (wie Beda, ebd.).

125 »Purpureus color ac violaceus est ametisto.
Vel quasi gutta meri solet aut rosa mundi videri ...«. (Marbod, De lapid. § 16, vv. 240f. ed. Riddle 54; Migne, PL 171, 1749AB).

126 »Ametistus purpureum colorem habet uiolaceo colore permixtus et flammas ex se emittit, et est lapis indicus« (fol. 62r).

127 Plin., Nat. hist. XXXVII 124; König u. Hopp 1994, 89.

128 »Valet contra ebrietatem et malam cogitationem et confert bonum intellectum« (fol. 62v).

129 De lapid. § 16, v. 245 ed. Riddle 54; Migne, PL 171, 1749B.

130 VI 1, ed. Pfeiffer 432,1–3.

131 Cf. Müller 1990, 43.

Zu Achat:

132 Wahrscheinlich der Fluß Carabi (Canatello) (König u. Hopp 1994, 179).

133 Plin., Nat. hist. XXXVII 139; König u. Hopp 1994, 99; cf. Solinus, Coll. 5, 25–27, ed. Mommsen 53,11–54,6; Isid., Etym. XVI 11,1, ed. Lindsay 202f.; Hrab. Maur., Univ. XVII 7: Migne, PL 111, 471C; Marbod, De lapid. § 2, vv. 50–52 ed. Riddle 38; Migne, PL 171, 1741A.

134 »Wohl ein der Koralle ähnlicher Achat, wie der Saphir mit goldenen Pünktchen bestreut; nicht näher bestimmbar« (König u. Hopp 1994, 179).

135 VI 2, ed. Pfeiffer 432,21-23.

136 »quoniam putant contra araneorum et scorpionum ictus eam prodesse« (Plin., Nat. hist. XXXVII 139; König u. Hopp 1994, 99; cf. Fühner 22, 49).

137 Plin., Nat. hist. XXXVII 140f.; König u. Hopp ebd.

138 »... valet ad scorpionis morsus; alligatus enim vel illinitus cum aqua statim tollit dolorem; tritus et vulneribus aspersus vel in potione cum vino datus, viperarum sanat morsus. Portatus autem in tutamentum erit, et facundum et potentem et gratum et suadentem facit eum qui portat, sed et robustum; et colorem bonum facit et ad deum et ad homines amabilem« (Damigeron, De lap. XVII, ed. Abel 177,6-14).

139 »...qui cum aqua tritus et inlitus super loca, quae morsu contracta sunt uiperae uel scorpii ceterorumque serpentium, uenena depellit...« (Epiphanius, De gemmis 40, ed. Günther 754,22-24).

140 »Portantem munit viresque ministrat achates,
Facumdumque facit, gratumque, bonique coloris,
Et persuasorem, mundoque deoque placentem«
(l.c., vv. 70-72 ed. Riddle 38; Migne 171, 1741B-1742A).

141 »Et homo qui caducum morbum habet et qui lunaticus est, achatem ad cutem suam positum semper habeat...« (Struck 63,10-12; Migne 1260D).
Zu *lunaticus* bzw. *lunatica passio* volkstümlich für Epilepsie: Meier (1977 375–378).
»Tritt für die Epilepsie der als volkstümlicher geltende Name lunatica passio ein, so verändert sich die Auslegung entsprechend der Bezeichnung und dem in ihr als Element zur Deutung enthaltenen Ding Mond.
Die Abhängigkeit von der Unbeständigkeit des Mondes oder von mit dem Mondkreislauf wirkenden Dämonen – auch so wurde die lunatica passio erklärt – wird, wo die gesunde Beständigkeit verloren ist, zum Kernpunkt des Sündenübels.« (Meier 1977, 377).

142 »›Achatmandeln‹ entstehen als Blasenauskleidung oder -ausfüllung in vulkanischen Gesteinen, indem sich verschiedene Quarzvarietäten (Chalzedon, Opalmasse, Quarz) in meist sphärisch gelagerten Schichten absondern. Je nach Farbe und Form der Bänderung und Zeichnung werden <...> zahlreiche Abarten unterschieden« (Lüschen 168).

Zu Diamant:

143 Zur Traditions- und Auslegungsgeschichte von Diamant und Bocksblut, cf. Ohly 1976, 9ff. mit Lit.

144 Plin., Nat. hist. XXXVII 55-60; König u. Hopp 1994, 47ff.; cf. auch Plin., Nat. hist. XX 2.

145 »at illi quos primos significavimus nec ferro vincuntur nec igni domantur: verum tamen si diu in sanguine hircino macerentur, non aliter quam si calido vel recenti, malleis aliquot ante fractis et incudibus dissipatis aliquando cedunt atque in particulas dissiliunt. quae fragmenta scalptoribus in usum insigniendae cuiusce modi gemmae expetuntur« (Solinus, Coll.52,56, ed. Mommsen 194,1-6.

146 »Adamas est lapis indicus paruus et indecorus ferrugineum habens colorem et splendorem cristallinum, numquam tamen ultra magnitudinem nuclei auellane est repertus. Hic nulli cedit materie nec ferro nec igni nec umquam incalescit; hirci rumpitur sanguine calido...« (fol. 63^{r}).

147 »Adamas indicus lapis parvus, et indecorus, ferrugineum habens colorem et splendorem crystalli, nunquam autem ultra magnitudinem nuclei Avellani repertus. Hic nulli cedit materiae, nec ferro quidem nec igni; nec unquam incalescit; unde et nomen interpretatione Graeca indomita vis acceptit. Sed dum sit invictus ferri ignisque contemptor, hircino rumpitur sanguine recenti et calido maceratus...« (Isid., Etym. XVI 13,2, ed. Lindsay 204f.; cf. ebd. XII 1,14, sowie die Erläuterung beider Textstellen durch Ohly 13f.).

148 Hrab. Maur., Univ. XVII 9: Migne, PL 111, 473C.

149 »Quae tamen hircino calefacta cruore fatiscit,
Incudis dampno, percussorumque labore...» (Marbod, De lapid. § 1, vv. 30f. ed. Riddle 36; Migne, PL 171, 1740A).

150 Damigeron, De lapid. III 5f., ed. Abel 166.

151 »Ad magicas artes idem lapis aptus habetur,
Indomitumque facit mira virtute gerentem;
Et noctis lemures, et somnia vana repellit.

Atra venena fugat, rixas et iurgia vincit.
Insanos curat, durosque reverberat hostes.
Clausus in argento lapis hic, aurove feratur,
Cingat et hinc laevum fulgens armilla lacertum« (Marbod, De lapid. § 1, vv. 43-49 ed. Riddle 36; Migne, PL 171, 1740B).

152 »Dormiente uxore subtus caput posuerunt latenter lapidem, et si quidem erat casta ab omni altero viro, sic ad maritum suum accedebat somnians volutabunda, et amplexabat eum tamquam impulsa per aliquem« (Damigeron, De lap. XXX 20f., ed. Abel 185f.) Cf. dazu Meier 1977, 439f.

153 »Nam qui scire cupit sua num sit adultera conjux,
Suppositum capiti lapidem stertentis adaptet;
Mox quae casta manet petit amplexura maritum,
Non tantum evigilans. Cadit omnis adultera lecto...« (Marbod, De lapid. § 19, vv. 294-297 ed. Riddle 58; Migne, PL 171, 1752A).

Zu Magnetstein:

154 »Nikandros aus Kolophon, griech. Dichter des 2. Jh. v. Chr.; er verfaßte neben einigen verlorenen Werken zwei Lehrgedichte über Heilmittel gegen den Biß giftiger Thiere (Thēriaká) und über Heilmittel gegen Vergiftungen aller Art (Alexiphármaka)« (König u. Hopp 1992, 248).

155 »Sotakos, griech. Schriftsteller, Ende des 4. Jh. v. Chr.; <...> schrieb ein Buch über wertvolle Steine (perì lithôn). Darin bemühte er sich um die Klassifizierung der Mineralien und gab besonders ihre Verwendung in Medizin und Magie an« (König u. Hopp, ebd.).

156 Plin., Nat. hist. XXXVI 127f.; König u. Hopp 1992, 89-91; cf. Plin., op. cit. XX 2; Solinus, Coll. 52, 57, ed. Mommsen 194,7-10.

157 »Est autem colore ferrugineus, sed probatur cum ferro adiunctus eius fecerit raptum. Nam adeo adprehendit ferrum ut catenam faciat anulorum: unde et eum vulgus ferrum vivum appellat« (Isid., Etym. XVI 4,1, ed. Lindsay 189; = Hrab. Maur., Univ. XVII 4: Migne, PL 111, 463C).

158 »Hic ferruginei cognoscitur esse coloris.
Et vi naturae vicinum tollere ferrum«
(Marbod, De lapid. § 19, vv. 286f. ed. Riddle 58; Migne, PL 171, 1752A).

159 »...et ideo magnes ferrugineum colorem habet, et ferrum naturaliter post se trahit« (Struck 71,14f.; Migne 1262C).

Zu Lynkurer:

160 Theophr., De lap. § 27, ed. Schmieder 33; vgl. auch Eichholz 36f., 67f., 107ff; Mieleitner 436f.

161 Ovid, Metam. XV 413ff.; Rösch 577.

162 Plin., Nat. hist. VIII 137; König u. Winkler 1976, 105.

163 Plin., Nat. hist. XXXVII 52f.; König u. Hopp 1994, 47.

164 »... und er solle nicht allein Heu und Holzspäne, sondern auch Kupfer und Eisenpfeilspäne an sich ziehen, wie Diokles sagt ...« (Theophr., l.c.).

165 »Et lynx etiam urinam suam in terram occultat; quae ubi concreverit ac congelarit, lapis efficitur...« (Aelian., Nat. anim. IV 17, 188).

166 »In hoc animalium genere numerantur et lynces, quarum urinas coire in duritiem pretiosi calculi fatentur qui naturas lapidum exquisitius sunt persecuti. <...> ut Theophrastus perhibet, <...> lyncurium dicitur« (Solinus, Coll. 2,38f., ed. Mommsen 40,16-41,4).

167 »Lyncurius vocatus quod fiat ex urina lyncis bestiae tempore indurata. Est autem, sicut et sucinum, fulva, adtrahens spiritu folia propinquantia« (Isid., Etym. XVI 8,8, ed. Lindsay 200).

168 Hrab. Maur., Univ. XVII 7: Migne, PL 111, 471B = Isid., Etym. l.c.

169 »Vertitur in lapidem quod stillat ab inguine lincis.
Ligurium vocitant, et calculus est pretiosus,
Nam credunt ipsas hoc persentiscere linces,
Quae mox egestum certant operire liquorem,
Dum super accumulant congestae pondus arenae,
Scilicet invidia, ne nostros cedat in usus.
Electro similem Theofrastus habere colorem
Hunc ait ...«
(Marbod, De lapid. § 24, vv. 349-356 ed. Riddle 62; Migne, PL 171, 1754B-1755A).

Zu Kristall:

170 »...gignitur in asia...« B (fol. 64^{r}).

171 Plin., Nat. hist. XXXVII 23-26; König u. Hopp 1994, 29ff.

172 »Istic et crystallus, quem licet pars maior Europae et particula Asiae subministret, pretiosissimum tamen Scythia edit. <...> putant glaciem coire et in crystallum corporari: sed frustra: nam si ita foret, nec Alabanda Asiae nec Cypros insula hanc materiam procrearent, quibus admodum calor iugis est.« (Solinus, Coll. 15, 29-31, ed. Mommsen 88,5-13).

173 Isid., Etym. XVI 13, 16f., ed. Lindsay 204.

174 Hrab. Maur., Univ. XVII 9: Migne, PL 111,472C.

175 Plin., Nat. hist. XXXVII 23,; König u. Hopp 1994, 29.

176 Cf. Isid., Etym. XVI 13, 14, ed. Lindsay 204; hieraus Hrab. Maur., Univ. IX: Migne, PL 111, 472C; übereinstimmend Marbod, De lapid. § 41, vv. 550-556 ed. Riddle 77; Migne, PL 171, 1762B.

Zu Perlen:

177 »Zu den Edelsteinen gehören auch die sogenannten Perlen, wenn sie durchsichtig sind, in welchem Falle sie in kostbarem Halsschmuck dienen. Sie entstehen in einer Art von Auster, ingleichen auch in den Keaffmuscheln. Indien und einige Inseln im Erythräischen Meer [rotes Meer, Mieleitner 438] bringen die schönsten hervor« (Theophr., De lapid. § 34, ed. Schmieder 39ff.).

178 Plin., Nat. hist. XXXVII 62 (König u. Hopp 1994, 53); IX 1076; Aelian., Nat. anim. XV 8, 828f.).

179 Plin., Nat. hist. XXXVII 50; König u. Hopp 1994, 45.

180 Plin., Nat. hist. IX 114; König u. Winkler 1979, 87.

181 Plin., Nat. hist. IX 117-122 (König u. Winkler 1979, 89-93); Keller II 552ff.

182 *Margaritae Brittanicae:* Solinus, Coll. 53, 28, ed. Mommsen 200,20-201,1.

183 Plin., Nat. hist. IX 107; König u. Winkler 1979, 81-83.

184 Solinus, Coll. 53, 23-26, ed. Mommsen 199,14-200,12.

185 »...cum in apertas conchas fulgura adfulserint« (Aelian., Nat. anim. X 13, 556).

186 Plin., Nat. hist. IX 112; König u. Winkler 1979, 85.

187 »...sein Name kommt daher, daß es [das Heliotropion], wenn man es in ein Gefäß mit Wasser wirft, das einfallende Sonnenlicht durch blutroten Widerschein verändert; dies gilt vor allem für das äthiopische. Außerhalb des Wassers nimmt der Stein die Sonne wie in einem Spiegel auf und nimmt deren Verfinsterungen wahr, indem er den sich vor die Sonne schiebenden Mond zeigt. <Dieser Stein> ist ein sehr deutliches Beispiel für die Schamlosigkeit der Magier; sie behaupten nämlich, derjenige, der den Stein Heliotrop zusammen mit der Pflanze Heliotrop bei sich trage, werde unsichtbar, wenn er dazu gewisse Gebetsformeln spreche« (König u. Hopp 1994, 115). Dazu: Plin., op. cit. 83; Solinus, Coll. 27, 36f., ed. Mommsen 123,15-124,4; Isid., Etym. XVI 7,12, ed. Lindsay 198; Marbod, De lapid. § 29, vv. 420-440 ed. Riddle 67f.; Migne, PL 171, 1757AB-1758A; Struck 84.

188 »Die Flußperlen <...> führen bei Hildegard den schönen griechischen Namen Margariten« (Hertzka und Strehlow 149f.; s. Belege).
Zu *magaritae* in ›Scivias‹ cf. Portmann 87f.; Struck 92f.; zur Perlenallegorese cf. Meier 1977, 94ff. LCI III 393f.; Seel 66f.

Zu Karneol:

189 Plin., Nat. hist. XXXVII 105; König u. Hopp 1994, 79.

190 Zu Karneol = Sarder cf. Lüschen 249, 311.

191 »Et valet contra fluxum sanguinis de quacunque parte corporis emanaverit, et ad menstrua mulieris« (Ps. Arist., De lapid. 5, 23-24, ed. Günther 387).

192 »Sanguinis ex membro sistit quocunque fluorem.
Praecipue talem patitur si femina fluxum.«
(Marbod, De lapid. § 22, vv. 339f. ed. Riddle 61; Migne, PL 171, 1754AB).

193 »Daß die rote Farbe bei der Anwendung gegen Nasenbluten Pate gestanden hätte (Sympathie-Wirkung), halte ich nach allem, was ich über die Schreib- und Arbeitsweise Hildegards weiß, für ausgeschlossen. Sie hat fast sicher weder einen Karneol noch einen Sarderstein gesehen und beim Schreiben des Steinbuches wahrscheinlich überhaupt keinen Edelstein vor sich gehabt...« (Hertzka u. Strehlow 1986, 95).
- Die Verknüpfung mit Blut, Blutfarbe und Blutstillung ist assoziiert mit der roten Farbe des Karneols (Lüschen 249; Meier 1972, 270ff.; 1977, 148, 392ff. und Fußnoten 33, 1331f.).
- Daß Hildegard weder einen Karneol (Sarder) noch einen Edelstein beim Schreiben vor sich hatte, ist eine Hypothese. Sie konnte sich am ästhetischen Anblick der reichen Amethyst- und Achatvorkommen und anderer Mineralien in unmittelbarer Nachbar-

schaft ihrer Klöster delektieren, was die Beschreibung der Amethystdruse und der Achatmandel augenscheinlich macht.
- Wir sind ebenfalls sicher, daß auch die ›Flußperlen‹ (IV 22) für Hildegard keine Unbekannten waren, wie das ichthyologische Kapitel (V 19) belegt.
- Gegen diese unbewiesene Annahme spricht ferner der Briefwechsel zwischen Tengswich, der Meisterin des Kanonissenstiftes St. Marien in Andernach, die Hildegard die Prachtentfaltung in ihrem Konvent vorwirft (Führkötter 1965, 201; cf. Kerner 101f.; Scivias, II 5: Migne, PL 197, 480C). Zwar standen die *edel gesteine* (mhd., DWB III 28) im Ma. nicht jedermann zur Verfügung, doch dürfte sich die ›feudale Ordnung‹ der adeligen Benediktinerinnen kaum mit Imitationen zufriedengegeben haben.
- Auch die »Steine« im Nachlaß des Siwards von Uppsala geben Anlaß, der Behauptung zu widersprechen.

Die Annalen des Disibodenbergs vom 13. März 1138 berichten (MGH SS XVII,25; Büttner 1934, S. 36), »daß der Altar der Bekenner in dem Heiligtum des neuen Klosters, auf der Nordseite gelegen, von dem Bischof Siward aus Upsala geweiht worden ist. Dieser verehrungswürdige Vorsteher, aus seiner Kirche zu Unrecht vertrieben, kam in das Bistum Mainz, das zu dieser Zeit einer leitenden Stelle entbehrte. Er weihte dort viele Kirchen und Altäre mit Erlaubnis der Mainzer Kirche...«

Diese Nachrichten werden durch Joannis (1724-1726, S. 235f.) bestätigt und ergänzt. Cf. Riethe 1952, S. 30.

Das Datum seiner Ankunft und seines Wegganges aus der Mainzer Diözese läßt sich nicht feststellen. Aus der Bibliothek Siwards führte Rattinger (1893) einzelne Bücher und Autorennamen an. May (1911, S. 35f.) übernimmt diese Werke in seine Lebensbeschreibung und spricht die Vermutung aus: »Ob wohl der merkwürdige Mann, der sicher länger auf dem Disibodenberg weilte, nicht die hlg. Hildegard zu ihren naturwissenschaftlichen Studien anregte?«

May schließt dies aus den neben Plato, Horaz und Boethius angeführten Schriften über Arzneikunde, Botanik und Gesteinskunde.

Auch Wasmann (1913, S. 462) vermutet, »daß der schwedische Bischof Siward von Upsala, der eine für die damalige Zeit ansehnliche Bibliothek hinterließ, bei seinem Aufenthalte in Deutschland mit Hildegard bekannt wurde und sie zu ihren naturwissenschaftlichen Studien anregte.«

»Siward war eine großer Naturliebhaber und feiner Kenner der Welt der Dinge, und durch ihn scheint Hildegard veranlaßt worden zu sein, sich mehr, als es damals Sitte war, mit der sie umgebenden Natur zu beschäftigen.« (Riefenstahl 1927, 24).

Die Historia Monasterii Rastedensis berichtet in Cap. 15 (MGH SS XXV, 502f.):

»...Nachdem der Abt Symon gut und lobenswert dieses Kloster viele Jahre lang geleitet hat, starb er und wurde bei seinen Vorgängern beerdigt. Darauf wählten die Konvente eben denselben Bischof Siward, da er ein religiöser und frommer Mann war, einmütig (zum Abte). Dies aber, was eben dieser Bischof mit seinen Pontifikalhandlungen erdient hatte, übertrug er diesem Kloster zusammen mit den unten aufgeführten Kleinodien...«

Von seinem Eifer für den Dienst Gottes und für die Wissenschaft zeugt sein Testament.

Aus dem Nachlaß interessieren uns, als zum Thema gehörig, <...> zwei Marmorsteine, und eine Silberplatte. Aus seiner Bibliothek ein Kräuterbuch *(herbarius)* und ein Steinbuch *(lapidarius)* in einem Bande *(herbarium lapidarium in uno volumine)* <...> der Isidor, <...> ›Physiologus‹, <...> sechs medizinische Bücher <...> und schließlich Plato. Dieser Bischof oder Abt Siward starb <...> im Jahre 1158.
Die Nachforschungen, Titel und Autorennamen der ›Medicinales sex‹, des ›herbarius‹ und ›lapidarius‹ zu finden, um von ihnen aus auf von Hildegard benutzte Quellen zu schließen, blieben erfolglos (Riethe 1952). Lübbing (1951, pers. Mitt. Staatsarchiv Oldenburg), der sich mit der Geschichte des Klosters Rastede beschäftigte, schreibt: »...von den ganzen ehemaligen Bücherschätzen des Klosters, von seinen Kleinodien, Altargeräten, Gewändern usw. ist leider nichts mehr vorhanden.«

194 Die Kornelkirsche zählt zu den Obstbäumen Hildegards in: LSM III – De Arboribus. Cap. XL. – De Erlizbaum (Migne 1240BC).
»...Cornus mas L., Kornelkirche: heißt in Württemberg noch heute Erlitze...« (Fischer-Benzon, v. 216; cf. l.c. 149f.).

Zu Alabaster:

195 Plin., Nat. hist. XXXVII 143f.; König u. Hopp 1994, 101.

196 »Alabastrites lapis candidus, intertinctus variis coloribus, ex quo Evangelici illius unguenti vasculum fuit. Cavant enim hunc ad vasa unguentaria, quoniam optime servare incorrupta dicitur« (Isid., Etym. XVI 5, 7, ed. Lindsay 194).

Zu Kalk:

197 »... calx aqua accenditur et Thracius lapis ...« (Plin., Nat. hist. XXXIII 94; König u. Winkler 1984, 7).

198 »Calx viva dicta quia dum sit tactu frigida, intus occultum continet ignem, unde et perfusa aqua statim latens ignis erumpit. Natura eius mirum aliquid facit. Postquam enim arserit, aquis incenditur, quibus solet ignis extingui...« (Isid., Etym. XVI 5,10, ed. Lindsay 189).

199 »lebentiger kalk, daz is newer [ungelöschter] kalk, hât verporgenz fewer. wenn man in rüert mit der hant, sô ist er kalt, und sô man ain kaltz wazzer dar auf geuzt, sô gibt er hitz, und daz ist ain wunder, daz der kalk von wazzer enzünt wirt, daz doch ander feur lescht, und erlischt von paumöl, dâ mit man ander feur enzünt.« (Megenberg VI 27, ed. Pfeiffer 443,21-26).

200 »Die Germanen lernten die Verwendung des Kalks mit dem Steinbau von den Römern kennen und entlehnten mit der Sache das Wort. In ihrer ursprünglichen Bauweise benutzten sie Lehm« (Kluge 419).

Zu Marmor:

201 »Nam inter lapides et marmora differentia est. Nam marmora dicuntur eximii lapides, qui maculis et coloribus comendantur...« (Isid., Etym. XVI 5, 1, ed. Lindsay 194).

202 »Marmor greco sermone uocatur. secundum ysidorum sunt autem marmora lapides eximii. Marmorum multa sunt genera, non tamen omnia a rupibus inciduntur, sed multa sub terra sparsa sunt ut marmor lacedemonium viride et preciosum; similiter et marmor sephices, quia maculis serpentis simile est; plumbo et non ferro nec alio metallo lapides marmorei diuiduntur et separantur«.

203 »non omnia autem in lapicidinis gignuntur, sed multa et sub terra sparsa, pretiosissimi quidem generis, sicut Lacedaemonium viride <...> differentia eorum est ab ophite, cum sit illud serpentium maculis simile«. (Plin., Nat. hist. XXXVI 55; König u. Hopp 1992, 47).

Zu Wacke:

204 »Von einer solchen, unterhalb sich hinziehenden Rossel hat auch der bekannte Aussichtsturm auf dem Niederwalde seinen Namen« (Erckmann 30).

Tab. 1: Namen der Steine

Kap.	Migne: PL 197 SP 1247C–1266B (und Hss.)	heutige Namensgebung	Chem. Zusammensetzung (Formel)	Mineralgruppe	Farbenbezeichnungen
I	Smaragdus	Smaragd	Beryllium-Tonerde-Silikat (Al_2Be_3)[Si_6O_{18}])	Beryll	grün; durchsichtig
II	Jacinctus (Iacinctus)	Hyazinth	Zirkonerde-Silikat (Zr[SiO_4])	Zirkone	gelbrot oder rot; durchsichtig
III	Onychinus (Onichilus)	Onyx	Kieselsäure (SiO_2)	Chalzedon	lagig-verschiedenfarbig, schwarz-weiß gebändert; undurchsichtig
IV	Beryllus (Berlillus)	Beryll	Beryllium-Tonerde-Silikat s. Smaragd	Beryll	farblos, rosa, blau, grün, rot, gelb; durchsichtig
V	Sardonix	Sardonyx	s. Onyx	Chalzedon	braun oder braunrot (= Sarder) u. weiß (= Onyx); undurchsichtig
VI	Saphirus (Sapphirus	Saphir	wesentliche Tonerde (Al_2O_3)	Korund Varietät	blau, gelb, rosa, grün, gelbrot (= Padparadscha); durchsichtig
VII	Sardius	Sarder	s. Onyx	Chalzedon-Varietät	rot-rötlich braun; undurchsichtig
VIII	Topazius (Topacius)	Topas	Fluorhaltiges Aluminium-silicat ($Al_2[F_2/SiO_4]$)	Topas	farblos, gelb, braun, rose, grün; (halb)durchsichtig
IX	Chrysolithus (Crisolitus)	Chrysolith	Eisen-Magnesium-Silikat ($(Mg, Fe)_2[SiO_4]$)	Olivin (Peridot)	grün, gelbgrün; durchsichtig
X	Jaspis (Iaspis)	Jaspis	s. Onyx	Chalzedon	rot, braun, grün; undurchsichtig
XI	Prasius	Prasem	s. Onyx	Quarz	grün; undurchsichtig
XII	Calcedonius	Chalzedon	s. Onyx	Quarz	grau, weiß, bläulich, gelblich, rot; halbdurchscheinend, undurchsichtig
XIII	Chrysoprasus (Chrisoprassus)	Chrysopras	s. Onyx	Chalzedon	gelbgrün bis smaragdgrün; durchscheinend, undurchsichtig
XIV	Carbunculus	Rubin (ält. Bez.: Karfunkel)	Aluminiumoxyc (Tonerde) (Al_2O_3+Cr+Fe)	Korund	rot, dunkelrot mit violettem Stich, bräunlichrot mit gelb; durchsichtig

Kap.	Migne: PL 197 SP 1247C–1266B (und Hss.)	heutige Namensgebung	Chem. Zusammensetzung (Formel)	Mineralgruppe	Farbenbezeichnungen
XV	Amethystus (Ametistus)	Amethyst	s. Onyx	Quarz	violett gefärbter Quarz; durchsichtig
XVI	Achates	Achat	s. Onyx	Chalzedon	mehrfach gebändert, weiß, grau, blau, grün, rot u. a.; undurchsichtig
XVII	Adamas (Adamans)	Diamant	Kohlenstoff (C)	Diamant	farblos, weiß, gelb, grün, blau, rot u. a.; durchsichtig bis undurchsichtig
XVIII	Magnet	Magnetstein	Magnetit (Fe_3O_4)	cf. Lüschen 267f.	
XIX	Ligurius	Bernstein (ält. Bez.: Luchsharnstein	Organisch ($C_{40}H_{64}O_4$)	organisch	gelb bis braun; rotbraun (evtl. mit Einschlüssen); durch(halb)durchscheinend, undurchsichtig
XX	Crystallus (Cristallus)	Bergkristall	s. Onyx	Chalzedon (kristallbildend)	farblos (braun bis schwarz gefärbt); durchsichtig
XXI	Margaritae (Margarite)	Perlen	Kalziumkarbonat ($CaCO_3$)	organisch	weiß, rosa, silbergrau, schwarz u.a.; undurchsichtig
XXII	Berlin (Perlin)	Flußperlen	Kalziumkarbonat ($CaCo_3$)	organisch (cf. Riethe S. 152 ff., 187 f.)	
XXIII	Cornelion	Karneol	s. Onyx	Chalzedon	gelbrot bis dunkelrot; durchscheinend
XXIV	Alabastrum	Alabaster	Gipsart ($CaSO_4 \cdot 2H_2O$)	Gipsvarietät	reines Weiß; durchscheinend
XXV	Calx	Kalk	kohlensaures Kalzium ($CaCO_3$)	Kalk	weiß; undurchsichtig
XXVI – – – – – –	Caeteri lapides marmor grieszstein calckstein ducksteyn wacken et similes				(cf. Riethe, S. 122 ff., 157 ff.)

Tab. 2: Namen der Steine in der Brüsseler Hs.

Elitropia (fol. 65^{v}) d. i. »Heliotrop« (Lüschen 236)	cf. *Plin.* nat. hist. XXXVII 165; *Solinus,* Coll. 27,36f.; ed. Mommsen 138f.,; Damigeron, De lap. II, ed. Abel 165; *Isidorus,* Etym. XVI 7,12; ed. Lindsay 198; *Marbod,* De lapid. § XXIX, v. 420–440, ed. Riddle 67f.; Migne: PL 171, 1742AB; *Megenberg,* VI 34,26; ed. Pfeiffer, 445f.
Ellectorius (fol. 66^{r}) d. i. »Bernstein« (Lüschen 185f.)	cf. Plin. l.c. 30f., 33,37ff.; *Isidorus* l.c. 13,8f.; 205f.; *Marbod,* § III, v. 74, 39f.; Migne 1742 AB; Megenberg, VI 6,33; 434f.
Celidonius (fol. 66^{r}) »Lat. chelidonia(ius) ›Schwalbenfarbiger‹ Stein (Lüschen 194)	cf. *Plin.* l.c. 155; Damigeron, l.c. X 171; *Isidorus,* l.c. 9,6; 201; *Marbod,* § XVII, v. 251, 54f.; Migne 1750AB; *Megenberg,* VI 17,8; 440. Celidonius haizet swalbenstain« »nicht bestimmbar« (König u. Hopp 1994, 185)
Iris (fol. 66^{r}) d. i. (Berg)kristall, »der unter einem Dach von der Sonne beschienen Gestalt und Farben eines Regenbogens an die Wand wirft« (Lüschen 242)	cf. *Plin.* l.c. 136f; *Solinus,* l.c. 33,20; 169; *Isidorus,* l.c. 13,6; 205; *Marbod,* § XLVII, v. 610, 82f.; Migne 1765A; *Megenberg,* VI 46,17; 450. »Iris haizt der regenpog«
Gagates (fol. 66^{r-v}) d. i. gagat »dichte und polierfähige Kohle« (Lüschen 221f.) »Pechkohle« (Kluge 294)	Damigeron, l.c. XX, 179; *Isidorus,* l.c. 4,3; 190; *Marbod,* § XVIII, v. 268, 55f.; Migne 1751AB; *Megenberg,* VI 39,10; 447
Dyamas (fol. 66^{v}) Diamant (?)	cf. »Dyamas est lapis que diuitias amans que eum habet diues efficitur« (fol. 66^{v})
Dionisius (fol. 66^{v}) »Dionysias: wahrscheinlich nach Dionysos (Bacchus) dem Gott des Weines, benannt« (König u. Hopp 1994, 186)	cf. *Plin.* l.c. 157; *Solinus,* l.c. 37,18; 178; *Isidorus,* l.c. 4,7; 11,8; 190f.; 203; *Marbod,* § LVIII, v. 668, 89f.; Migne 1768B
Cotis (fol. 66^{v}) nicht bestimmbar	cf. Cotis est lapis sic dicens eo quod ferrum ad incidendum acuat <…>« (B fol. 66^{v}) »Cotis nomen accepit quod ferrum ad incidendum acuat <…>« (Isidorus, l.c. 4,6; 188)
Quirin (fol. 66^{v}) nicht bestimmbar	cf. »Quirin est lapis que inuenitur in indulis epuparum <…>« (B fol. 66^{v}); *Megenberg,* VI 64,9; 457. »Quirin haizt withopfenstein«
In weiteren Passagen werden gelistet:	
Corallus (fol. 64^{v}) d. i. »<…> in früheren Jahren stets eine rote Edelkoralle« <…> (Lüschen 255)	*Plin.* l.c. 164; Damigeron, l.c. VII, 169; *Isidorus,* l.c. 15,25; 210; *Marbod,* § XX, v. 312–329, 59f.; Migne 1753AB; *Megenberg* VI 15,10; 439; »Corallus ist ain gar rôter stain«
Ceraunus (fol. 64^{v}) d. i. »Donnerstein« (Lüschen 195, 203ff.)	*Plin.* l.c. 134–135; Damigeron, l.c. XII, 173; *Isidorus,* 13,5; 205; *Marbod,* § XXVIII, v. 401–419, 66 f. Migne 1756B–1757A; *Megenberg,* VI 21,31; 441 »Ceraunus haizet donrstain«
Alabastrus (fol. 61^{v}) Alabaster (Lüschen 166f.)	s. S. 118, 155 f.
Propandiem (fol. 61^{r}) d. i. »Krötenstein« (Lüschen 258)	cf. »Propandiem lapis est preciosus palidus aer quod ut dicitur in bufonis capite« <…> (B fol. 61^{r}) *Megenberg,* VI 12,34; 436f. »Bovax ist ain Krotenstain, den tregt ainrlai krot in dem haupt«

Anm: Im Vergleich mit den anderen Hss. überliefert B zusätzliche Steinnamen, die mit antiken und ma. Steintraktaten übereinstimmen. Die ›cotis‹ und ›quirin‹ benannten Steine konnten bei Isidor und Megenberg nachgewiesen, jedoch nicht bestimmt werden.

NACHWEIS DER ABBILDUNGEN

LITERATURVERZEICHNIS

1. Allgemeine Abkürzungen:

ahd.	althochdeutsch
add.	addidit
AT	Altes Testament
B	Hildgard-Hs. der Bibliothèque Royale, Brüssel, Codes 2551
BMZ	Mittelhochdeutsches Wörterbuch von Benecke–Müller–Zarncke
Cap.	Kapitel
cf.	verglichen
cj.	Konjektur
1 2 Chr	1. 2. Chronik
Cod.	Codes
CSEL	Corpus scriptorum ecclesiasticorum Latinorum
Dan	Daniel
Dtn	Deuteronomium (5 Mose)
DWB	Deutsches Wörterbuch v. J. u. W. Grimm
F	Hildegard-Hs. der Bibl. Mediceo-Laurenziana, Florenz, Ashb. 1323
Fr	Hildegard-Hs. der Univ. Bibl. Freiburg, Hs. 178a
HDA	Handwörterbuch des deutschen Aberglaubens
Hes	Hesekiel
Hld	Hohelied
Hs.(s)	Handschrift(en)
Jes	Jesaja
Joh	Ev. nach Johannes
Klgl	Klagelieder
1 Kön	1 (3) Könige
2 Kön	2 (4) Könige
Kvv.	Kirchenväter
LCI	Lexikon der christliken Ikonographie
Lk	Lukas
LXX	Septuaginta (griech. Übers. des AT)
Ma. (ma.)	Mittelalter (mittelalterlich)
MGH	Monumenta Germaniae Historica
Migne, PL	J. P. Migne, Patrologia cursus completus, series latina
M	Migne, Patrol. Lat. 197, 1287–1312 (= Hildegard v. Bingen, »Physica«)
Mk	Markus
1 Mo	1. Mose (Genesis)
2 Mo	2. Mose (Exodus)

mhd.	mittelhochdeutsch
Mt	Matthäus
N	National
Nat. anim.	De Natura animalium
NF	Neue Folge
NT	Neues Testament
Ö	Österreich
Offb	Offenbarung
om.	Omisit
P	Hildegard-Hs. der Bibliothèque Nationale Paris, Codex 6952
PL	Patrologiae cursus completus. Series latina, Paris 1841–64
1 Petr	1. Petrusbrief
Ps	Psalm(en)
RAC	Reallexikon für Antike und Christentum, 1941ff.
RE	Realenzyklopädie der classischen Altertumswissenschaft, Neue Bearbeitung 1894ff.
Reg.	Register
Spr	Sprüche (Sprichwörter)
Tab.	Tabelle
Tim	Timotheus
V	Hildegard-Hs. der B.A.V., Rom, Ferrajoli 921
Vf.	Verfasser
W	Hildegard-Hs. der Herzog-August-Bibliothek, Wolfenbüttel, Guelf. 56.2 Aug.4°

2. Autorennamen und Werke:

Ael.	Aelianus
Nat. anim.	De Natura animalium
Arist.	Aristoteles
Ps.-Arist.	Pseudo-Aristoteles
Beda	Beda Venerabilis
Diosk.	Pedanius Dioskurides Anazarbeus
Ps.-Diosk.	Pseudo-Dioskurides
Epiph.	Epiphanius von Salamis
Hildegard	Hildegard von Bingen
CC (= LCM)	Causae et Curae
LCM	Liber compositae medicinae
LDO	Liber divinorum operum
LSM (= Physica)	Liber simplicis medicinae
LSu	Liber subtilitatum diversarum naturarum creaturarum

LVM	Liber vitae meritorum
OD	De operatione dei
Scivias	Wisse die Wege
Vita	Migne: Patrol. lat. 197, 91–130
Hrab. Maur.	Hrabanus Maurus
Univ.	De rerum naturis seu De universo, Migne: Patrol. lat. 111
Isid.	Isidorus von Sevilla
Etym.	Etymologiae, Migne: Patrol. lat. 82
Marbod	Marbod von Rennes
Physiol.	Physiologus
Plin.	C. Plinius Secundus d. Ä.
Nat. hist.	Naturkunde
Solin.	Solinus
Coll.	Collectanea rerum memorabilium
Theophr.	Theophrastus

3. Ausgaben und Übersetzungen:

Ps.-Aristoteles: De lapidibus, hg. von V. Rose, Zschr. f. dt. Altertum *18,* 321–455 (1875)

Ps.-Aristoteles: Das Steinbuch des Aristoteles, hg. und übers. von J. Ruska, Heidelberg 1912, S. 126–182.

Âvicenna: De congelatione et conglutinatione lapidum, being sections of the KITÂB AL-SHIFÂ, The Latin and Arabic Texts edited with an English translation of the letter and with critical notes by E. J. Holmyard–D. C. Mandeville, Paris 1927, zit. n. Meier 1977, S. 513.

Beda Venerabilis: Explanatio apocalypsis; Migne: PL 93, Sp. 129–206.

Constantinus Africanus: De gradibus, in: Omnia opera Ysaac in hoc volumine contenta: cum quibusdam aliis opusculis, Basel 1515.

Damigeron: De lapidibus, 1. Teil, hg. von E. Abel, Orphei Lithika, Berlin 1881 (Neudr. Hildesheim 1971, S. 155–195)

Pedanius Dioskurides Anazarbeus: De materia medica libri quinque, hg. von M. Wellmann, 3 Bde. Berlin 1907–1914 (Neudr.: Berlin 1958).

–, Arzneimittellehre in fünf Büchern, Übers. von J. Berendes, Stuttgart 1902 (Neudr. Vaduz 1987).

Epiphanius von Salamis: De (XII) gemmis, hg. von O. Günther, Epistulae imperatorum pontificum aliorum Pars II, CSEL 35, 2 Prag–Wien–Leipzig 1898, S. 743–773.

Hildegard von Bingen: Abbatissae subtilitatum diversarum naturarum creaturarum libri novem, ed. v. C. Daremberg u. F. A. Reuss. In: Migne, J. P., Patrologiae cursus completus. Series latina Bd. 197, Paris 1855, Sp. 1117–1352 (Nachdr.: Turnhout 1952).

Hrabanus Maurus: De universo libri XXII, Migne: PL 111, Sp. 457–480.

Isidor von Sevilla: Etymologiarum sive originum libri XX, 2 Bd., hg. von W. M. Lindsay, Oxford 1911.

Joannis, G. Chr.: Tabularum litterarumque spicilegium ... Frankfurt 1724–1726.
Lautere Brüder von Basra: Mineralogie, Die Philosophie der Araber im X. Jahrhunder n. Chr., Bd. 5, übers. von F. Dieterici, Leipzig 1876.
Marbod von Rennes: Liber lapidum seu de gemmis, hg. von J. Beckmann, Göttingen 1799.
Marbod von Rennes: Liber lapidum seu de gemmis, Migne: PL 171, Sp. 1737–1780.
Marbode ov Rennes (1035–1123): De lapidius. J. M. Riddle, in: Sudhoffs Archiv, Beiheft XX (m. engl. Übers. v. C. W. King), Wiesbaden 1977.
Monumenta Germaniae historica inde ab a. C. 500 usque a 1500, Indices von O. Holder-Egger–K. Zeumer, Hannover–Berlin 1826ss, Scriptores Bd. XVII, Bd. XXV.
Orphei Lithika, hg. v. E. Abel, Berlin 1881. (Nachrr.: Hildesheim 1971).
Physiologus: Geschichte des Physiologus v. F. Lauchert, Strassburg 1889.
–, Der Physiologus. Tiere und ihre Symbolik, Übertr. und erläutert von O. Seel, 5. Aufl. Zürich und München 1960.
C. Plinius Secundus d. Ä.: Naturalis Historiae Liber VIII, hg. und übers. von R. König in Zusammenarbeit mit G. Winkler, Heimeran Verlag 1976.
–, Naturalis Historiae Liber XXXVI, hg. und übers. von R. König in Zusammenarbeit mit J. Hopp, Zürich 1992.
–, Naturalis Historae Liber XXXVII, hg. und übers. von R. König in Zusammenarbeit mit J. Hopp, Zürich 1994.
Michael Psellus: Peri Lidōn, hg. von F. de Mély-Ch.-Em. Ruelle, Les lapidaires Grecs, Paris 1898, S. 201–204.
Prüler Steinbuch, in: F. Wilhelm (Hg.), Denkmäler deutscher Prosa des 11. und 12. Jahrhunderts. München 1916 (Ndr. 1960), S. 37–39.
Publius Ovidus Naso: Metamorphosen, hg. von E. Rösch, 4. Aufl., München 1968.
C. Julius Solinus: Collectanea rerum memorabilium, hg. v. Th. Mommsen, Berlin 1895.
–, Polyhistor, seu rerum orbis memorabilium collectanea, Köln 1520.
Theophrastus: De lapidibus, hg. und übers. von D. E. Eichholz, Oxford 1965.
–, Theophrasts Abhandlung von den Steinarten, aus dem Griech. übers. und mit Anm. begleitet von C. Schmieder, Freyberg 1807.

Literaturhinweise:

Biedermann, H.: Medicina Magica, Metaphysische Heilmethoden in spätantiken und mittelalterlichen Handschriften, Graz 1972.
Birlinger, A.: Von den Steinen (Clm. 536, f. 82^{b}) in: Kl. Deutsche Sprachdenkmäler des XI., XII. Jahrh., Germania, Vjschr. f. dt. Altertumskunde hg. von F. Pfeiffer, 8 Jg. Wien 1863.
Bauer, J. u. V. Bouska: Edelsteinführer, 2. Aufl. Prag 1993.
Blüschel, K. G. und O. Medenbach: Zauber der Mineralien, München 1987.
Böckeler, M.: Hildegard von Bingen, Wisse die Wege, Scivias, Salzburg, O. Müller 1954.
Borst, A.: Das Buch der Naturgeschichte. Plinius und seine Leser im Zeitalter des Pergaments, Heidelberg 1995.

Brusius, H.: Die Magie der Edelsteine. Ihre kosmische Bedeutung, Wirk- und Strahlkraft, 6. Aufl. Genf–München 1990.

Büttner, H.: Studien zur Geschichte vom Disibodenberg, in: Stud. u. Mitt. O.S.B., 52, 1934.

Creutz, R.: Hildegard von Bingen und Marbodus von Rennes (1035–1123) über die Heilkraft der Edelsteine, in: Studien und Mitteilungen zur Geschichte des Benediktiner-Ordens 49, (N. F. 18) 291–307 (1931):

Diehl, C.: C. Julius Solinus, in: RE X, 1; 823–838 (1917).

Faszination Edelstein. Hessisches Landesmuseum Darmstadt, Bern 1992.

Fischer, H.: Die heilige Hildegard von Bingen. Die erste Naturforscherin und Ärztin: Ihr Leben und Werk. In: Münchener Beiträge zur Geschichte und Literatur der Naturwissenschaften u. Medizin. H. *7/8,* 381–538 (1927).

Friess, G.: Edelsteine im Mittelalter. Wandel und Kontinuität in ihrer Bedeutung durch zwölf Jahrhunderte (in Aberglauben, Medizin, Theologie und Goldschmiedekunst), Hildesheim 1980.

Fuchs, E. und U. Gubela: Astro-Mineralogie. Mineralien und Astrologie und ihre praktische Heilanwendungen, München 1988.

Fühner, H.: Lithotherapie. Historische Studien über die medizinische Verwendung der Edelsteine. Ulm 1956.

Führkötter, A.: Die heilige Hildegard (1098–1179), in: Bingen. Geschichte einer Stadt am Mittelrhein, hg. v. H. Mathy, Mainz 1989, S. 217–234.

Ganszyniec, R. u. W. Kroll: Kyraniden, in: RE XII, 1; 127–134 (1925).

Goltz, D.: Studien zur Geschichte der Mineralnamen in Pharmazie, Chemie und Medizin von den Anfängen bis Paracelsus. In: Sudhoffs Archiv, Zschr. f. Wissenschaftsgeschichte, Beiheft 14, Wiesbaden 1972.

Harms, M.: Edelsteine in der Antike, in: Faszination Edelstein, Bern 1993, S. 52–59.

Hermann, A.: Art. Edelsteine, RAC 4, hg. von Th. Klauser u. a. Stuttgart 1959, Sp. 505–552.

Hertzka, G. und W. Strehlow: Die Edelsteinmedizin der heiligen Hildegard, 2. Aufl. Freiburg i. Br. 1986.

Hopfner, T.: Lithika, in: RE XIII, 1; 747–769 (1926).

Jessen, C.: Über Ausgaben und Handschriften der medizinisch-naturhistorischen Werke der heiligen Hildegard. Sitzungsber. d. Kaiserl. Akad. d. Wissenschaf. Math.-naturw. Klasse 45, 97–116 (1862).

Kaiser, P.: Die naturwissenschaftlichen Schriften der heiligen Hildegard von Bingen. Wissenschaftliche Beilage zum Jahresbericht des Königstädtischen Gymnasiums zu Berlin, Berlin 1901, 24 S.

–, Die Schrift der Äbtissin Hildegard über Ursachen und Behandlung der Krankheiten. Therapeut. Monatsh. 16, 299–304, 420–423, 468–471 (1902).

–, Hildgardis causae et curae. Leipzig 1903.

Keller, O.: Die antike Tierwelt, Säugetire, Bd. 1, Leipzig 1909.

Kerner, Ch.: Alle Schönheit des Himmels. Die Lebensgeschichte der Hildegard von Bingen. Weinheim u. Basel, 1993.

Kieckhefer, R.: Magie im Mittelalter, München 1992.

Lauter, W.: Hildegard Bibliographie. Wegweiser zur Hildegard-Literatur, 2 Bde., Alzey 1970–1984.
Lüschen, H.: Die Namen der Steine, 2. Aufl., Thun 1979.
Magische Kräfte edler Steine, in: Schriften des Rheinischen Museumsamtes, 46, Köln 1990.
Manitius, M.: Hildegardis causae et curae. Ed. P. Kaiser. Literarisches Centralblatt 40, 1341–1343 (1903).
Manitius, M.: Geschichte der lateinischen Literatur des Mittelalters, Bd. 3, München: Beck 1931, S. 228–237.
Martin, E.: Im Stein ist Heil. Medizin und Magie in mittelalterlichen Steinbüchern. Die Grünenthal Waage 6, 136–140 (1967).
May, J.: Die heilige Hildegard von Bingen. Aus dem Orden des heiligen Benedikt (1098–1179), Ein Lebensbild, 2. Aufl. München 1929.
Megenberg, K. V.: Das Buch der Natur. Stuttgart 1861 (Nachdr., Hildesheim 1962).
Meier, Chr.: Die Bedeutung der Farben im Werk Hildegards von Bingen, Frühmittelalterliche Studien. 6, S. 245–355 (1972).
–, Gemma Spiritalis, Methode und Gebrauch der Edelsteinallegorese vom frühen Christentum bis ins 18. Jahrhundert, Teil 1, München 1977.
–, Vergessen, Erinnern, Gedächtnis im Gott-Mensch-Bezug. Zu einem Grenzbereich der Allegorese bei Hildegard von Bingen und anderen Autoren des Mittelalters, Verbum et Signum. Beiträge zur mediävistischen Bedeutungsforschung, Friedrich Ohly zum 60. Geburtstag, hg. von H. Fromm, W. Harms u. Ruhberg, Bd. 1, München 1975, S. 143–194.
Meier-Staubach, Chr.: Edelsteindeutung, in: Faszination Edelstein, Bern 1993, S. 113–117, 123–129.
Meigen, D.: Edelsteine in Aberglauben und Magie, in: Faszination Edelstein, Bern 1993, S. 104–112.
Mieleitner, K.: Geschichte der Mineralogie im Altertum und im Mittelalter. In: Fortschr. d. Mineralogie, Kristallographie und Petrographie 7, 427–480 (1992).
Müller, I.: Krankheit und Heilmittel im Werk Hildegards von Bingen. In: Hildegard von Bingen 1179–1979. Festschrift zum 800. Todestag der Heiligen, hg. von A. Ph. Brück, Mainz 1979, S. 311–349.
–,: Die pflanzlichen Heilmittel bei Hildegard von Bingen, Salzburg 1982.
–,: Magie als Theologie im Steinbuch Hildegards von Bingen (1098–1179) und ihre moderne Verwertung als Edelsteintherapie. In: Magische Kräfte edler Steine, Landschaftsverband Rheinland, Rhein. Museumsamt, Köln 1990, S. 33–45.
Ohly, F.: Die Geburt der Perle aus dem Blitz. In: Strukturen und Interpretationen, Festschrift Blanka Horacek zum 60. Geburtstag, hg. v. A. Erbenbauer u. a., Philologica Germanica 1, Wien–Stuttgart 1974, S. 263–278.
–, Tau und Perle, ein Vortrag. In: Festschrift für Ingeborg Schröbler zum 65. Geburtstag, hg. v. D. Schmidtke, H. Schüppert, Tübingen 1973, S. 406–423.
–, Diamant und Bocksblut. Zur Traditions- und Auslegungsgeschichte eines Naturvorgangs von der Antike bis in die Moderne. In: Wolfram Studien 3, hg. v. W. Schröder, Berlin 1975, S. 72–188.

Palander, H.: Die althochdeutschen Tiernamen, Darmstadt 1899.
Palmer, M.: Die verborgene Kraft der Kristalle und der Edelsteine. Wie man ihre Macht findet und anwendet, München 1989.
Raetsch, Chr. u. A. Guhr: Lexikon der Zaubersteine aus ethnologischer Sicht, Graz 1989.
Raphaell, K.: Heilen mit Kristallen. Die therapeutische Anwendung von Kristallen und Edelsteinen, München 1988.
Rattinger, D.: Die Mainzer Weihbischöfe des Mittelalters, in: Der Katholik, Zschr. f. kath. Wiss. u. kirchliches Leben, hg. v. M. J. Raich, 75. Jg. 1, 3. Folge 889 (1923).
Reuss, F. A.: De libris physicis S. Hildegardis Commentatio historicomedica, Würzburg 1835.
–, Der heiligen Hildegard Subtilitatum <...> libri novem. In: Annalen des Vereins für Nassauische Altertumskunde. 6, 50–106 (1859).
Richardson, W. und J. Richardson: Die geistigen Heilkräfte der Edelsteine, Grafing 1987.
Riddle, J. M.: Lithotherapy in the Middle Ages: Lapidaries Considered as Medical Texts, Pharmacy in History 12, 39–50 (1970).
Riedel, I.: Hildegard von Bingen. Prophetin der kosmischen Weisheit, Zürich 1994.
Riethe, P.: Der Weg Hildegards von Bingen zur Medizin unter besonderer Berücksichtigung der Zahn- und Mundleiden. Med. Inaug. Diss., Mainz 1952.
–, Die medizinische Lithologie der Hildegard von Bingen. In: Hildegard von Bingen 1179–1979. Festschrift zum 800. Todestag der Heiligen, hrsg. v. A. Ph. Brück, Mainz 1979, S. 351–370.
–, Hildegard von Bingen. Das Buch von den Steinen. Nach den Quellen übers. u. erläutert v. P. Riethe, 2. Aufl., Salzburg 1986.
–, Hildegard von Bingen. Das Buch von den Fischen. Nach den Quellen übers. u. erläutert von P. Riethe, Salzburg 1991.
–, Hildegard von Bingen. Das Buch von den Vögeln. Nach den Quellen übers. u. erläutert von P. Riethe, Salzburg 1994.
–, Hildegard von Bingen. Das Buch von den Tieren. Nach den Quellen übers. u. erläutert von P. Riethe, Salzburg 1996.
Schipperges, H.: Krankheitsursache, Krankheitswesen und Heilung in der Klostermedizin, dargestellt am Welt-Bild Hildegards von Bingen. Med. Inaug. Diss., Bonn 1951.
–, Hildegard von Bingen. Geheimnis der Liebe. Bilder von des Menschen leibhaftiger Not und Seligkeit. Nach den Quellen übers. u. bearb. von H. Schipperges, Olten und Freiburg, 1957b.
–, Hildegard von Bingen. Heilkunde. Das Buch von dem Grund und Wesen und der Heilung der Krankheiten. Nach den Quellen übersetzt und erläutert v. H. Schipperges, Salzburg, 1957a, 2. Aufl. 1961.
–, Hildegard von Bingen. Welt und Mensch. Das Buch »De Operatione Dei«. Aus dem Genter Kodex übers. und erläutert von H. Schipperges, Salzburg 1965.
–, Der Mensch in der Verantwortung. Das Buch der Lebensverdienste. Nach den Quellen übers. und erläutert von H. Schipperges, Salzburg 1972.
–, Der Garten der Gesundheit. Medizin und Mittelalter, 2. Aufl. München und Zürich 1987.
Schmidt, P.: Edelsteine. Ihr Wesen und ihr Wert bei den Kulturvölkern. Bonn 1948.
Schöner, E.: Das Viererschema in der antiken Humoralpathologie, Sudhoffs Archiv, Beiheft 4, Wiesbaden 1964.

Schrader, M. und Führkötter, A.: Die Echtheit des Schrifttums der heiligen Hildegard von Bingen. Quellenkritische Untersuchungen, Köln–Graz, Böhlau 1956.
Schreincr, K.: »Venus u. Virginitas.« Zur Symbolik des Smaragds und zu seinen »virtutes«. Mittellateinisches Jahrbuch 4, 26–60 (1967), zit. n. Meier, Chr. 1977.
Schulz, H.: Die Äbtissin Hildegard von Bingen. Ursachen und Behandlung der Krankheiten (Causae et curae), München 1933.
Schürmann, K. u. Ch. Schwarte: Zaubersteine. Magie aus dem Mineralreich? Philipps-Univ. Marburg, Mineralogisches Museum, Marburg 1996.
Stricker: Kleinere Gedichte von dem Stricker, hg. von K. A. Hahn, Quedlinburg und Leipzig 1839.
Struck, R.: Hildegardis de lapidibus ex libro simplicis medicinae. Kritische Edition unter Vergleich anderer Lapidarien, Med. Inaug. Diss. Marburg 1985.
Termolen, R. und M. Pawlik: Heilige Hildegard. Heilkraft der Edelsteine, Augsburg 1990.
Vollmann, B. K.: Hildegard von Bingen: Theologische versus naturkundliche Schriften? In: Geistliche Aspekte des Mittelalters, Schriften des Sonderforschungsbereichs 226 Würzburg/ Eichstätt Wiesbaden 1993, S. 40–47.
Wasmann, E.: Die heilige Hildegard von Bingen als Naturforscherin. In: Festschrift der Görres-Gesellschaft für Georg von Hertling, Kempten–München 1913, S. 459–475.
Weis, B. K.: Ausonius Mosella, hg. u. in metrischer Übersetzung vorgelegt von B. K. Weis, Darmstadt 1989.
Wellman, M.: Die Stein- und Gemmenbücher der Antike. Quellen und Studien zur Geschichte der Naturwissenschaften und der Medizin 4, 86–149 (1935).
Wirbelauer, K. W.: Antike Lapidarien, Phil. Inaug. Diss. Berlin 1937.

5. Handbücher und Lexika:

Bächtold-Stäubli, H. u. E. H. Krayer: Handwörterbuch des deutschen Aberglaubens (HDA), 10 Bde., Berlin–Leipzig 1927–1942, Neudr. Berlin–New York, W De G 1986.
Benecke, G. F., W. Müller u. F. Zarncke: Mittelhochdeutsches Wörterbuch, 5 Bd., Neudr. Stuttgart 1990.
Burkhhardt, H., Grünzweig, F., Laubach, F. und Maier, G.: Das große Bibellexikon, 6 Bde., R. Brockhaus–Brunnen 1996.
Duden, Redewendungen und sprichwörtliche Redensarten. 11/Mannheim, Leipzig, Wien, Zürich 1992.
Corpus Clossariorum Latinorum a Gustavo Loewe, ed. G. Goetz, Leipzig und Berlin 1888–1923.
Enzyklopädie des Märchens, hg. v. K. Ranke, Bd. Iff., Berlin–New York 1977ff.
Georges, K. E. u. H. Georges: Ausführliches lateinisch-deutsches Handwörterbuch, Bd. I–II, 10. Aufl. Hannover 1913 (Nachdr. 1959).
Graff, E. G.: Althochdeutscher Sprachschatz oder Wörterbuch der althochdeutschen Sprache, 6 Bde., Berlin 1834–1842.

Grimm, J. u. W.: Deutsches Wörterbuch, Bd. 1–33, Leipzig 1854–1971, Nachdr. München, dtv., 1991.
Kluge: Etymologisches Wörterbuch der deutschen Sprache, bearb. von E. Seebold, 23. erweiterte Aufl., Berlin–New York 1995.
Lexer, M.: Mittelhochdeutsches Handwörterbuch, Bd. I–III, Leipzig 1869–1878.
Lexikon der Alten Welt, hg. von C. A. Andresen u. a., 3 Bde., Augsburg 1995.
Lexikon der christlichen Ikonographie, hg. v. E. Kirschbaum, 8 Bde. Freiburg 1974, Sonderausgabe 1990.
Nemnich, Ph. A.: Allgemeines Polyglotten-Lexicon der Naturgeschichte, Leipzig 1793–1795.
Der kleine Pauly. Lexikon der Antike. Auf der Grundlage von Paulys Realencyclopädie der classischen Altertumswissenschaft unter Mitwirkung zahlreicher Fachgelehrter, bearb. und hrsg. von K. Ziegler – W. Sontheimer, Stuttgart 1979.
Paulys Real-Enzyclopädie der klassischen Altertumswissenschaft (Re), Neue Bearbeitung, hg. von G. Wissowa, Stuttgart 1994ff.
Pschyrembel, Klinisches Wörterbuch mit klinischen Syndromen und einem Anhang Nomina Anatomica, Berlin–New York 1990.
–, Wörterbuch Naturheilkunde u. alternative Heilverfahren, Berlin–New York 1996.
Reallexikon für Antike und Christentum (RAC), hrsg. v. Th. Klauser, Stuttgart 1950ff.
Röhrich, L.: Lexikon der sprichwörtlichen Redensarten. 5 Bde., Freiburg 1994.
Wackernagel, W.: Altdeutsches Handwörterbuch, Basel 1859.
Tusculum – Lexikon griechischer und lateinischer Autoren des Altertums und des Mittelalters, München 1982.